Z-14f

CIP-Titelaufnahme der Deutschen Bibliothek

Räumliche Auswirkungen neuerer agrarwirtschaftlicher Entwicklungen / Akad. für Raumforschung u. Landesplanung. (Autoren dieses Bandes Günter Reinken ...). - Hannover: ARL, 1988
   (Forschungs- und Sitzungsberichte / Akademie für Raumforschung und Landesplanung; Bd. 177)
   ISBN 3-88838-003-0
NE: Reinken, Günter (Mitverf.); Akademie für Raumforschung und Landesplanung (Hannover): Forschungs- und Sitzungsberichte

Best.-Nr. 003
ISBN-3-88838-003-0

Alle Rechte vorbehalten - Verlag der ARL - Hannover 1988
© Akademie für Raumforschung und Landesplanung Hannover
Druck: poppdruck, 3012 Langenhagen
Auslieferung
VSB-Verlagsservice Braunschweig

FORSCHUNGS- UND
SITZUNGSBERICHTE 177

Räumliche Auswirkungen neuerer agrarwirtschaftlicher Entwicklungen

AKADEMIE FÜR RAUMFORSCHUNG UND LANDESPLANUNG

Mitglieder des Arbeitskreises
"Räumliche Auswirkungen neuerer agrarwirtschaftlicher Entwicklungen"

Günter Reinken, Dr.agr., apl. Prof., Abteilungsdirektor bei der Landwirtschaftskammer Rheinland, Bonn, Ordentliches Mitglied der Akademie für Raumforschung und Landesplanung (Leiter)

Viktor Frhr. v. Malchus, Dr.rer.pol., Direktor des Instituts für Landes und Stadtentwicklungsforschung des Landes Nordrhein-Westfalen (ILS), Dortmund, Ordentliches Mitglied der Akademie für Raumforschung und Landesplanung (Stellv. Leiter)

Burkhard Lange, Dipl.-Vw., Wiss. Referent im Sekretariat der Akademie für Raumforschung und Landesplanung, Hannover (Geschäftsführer)

Heinz Ahrens, Dr.rer.pol., Dr. oec.habil., Privatdozent an der Fakultät für Landwirtschaft und Gartenbau der Technischen Universität München, Freising-Weihenstephan

Hellmuth Bergmann, Dr.agr., Chefingenieur der Europäischen Investitionsbank, Luxembourg, Ordentliches Mitglied der Akademie für Raumforschung und Landesplanung

Paul-Helmuth Burberg, Dr.agr., Akad. Direktor am Institut für Siedlungs- und Wohnungswesen der Westfälischen Wilhelms-Universität Münster

Theodor Dams, Dr., Dres.h.c., o. Prof., Ordinarius für Wirtschaftspolitik, Direktor des Instituts für Entwicklungspolitik der Universität Freiburg, Ordentliches Mitglied der Akademie für Raumforschung und Landesplanung

Joachim Herrmann, Dipl.-Landwirt, Regierungsdirektor im Bundesministerium für Raumordnung, Bauwesen und Städtebau, Bonn, Korrespondierendes Mitglied der Akademie für Raumforschung und Landesplanung

Friedrich Hösch, Dr.rer.pol., o. Prof., Lehrstuhl für Volkswirtschaftslehre an der Technischen Universität München, Korrespondierendes Mitglied der Akademie für Raumforschung und Landesplanung

Hans-Joachim Hötzel, Dr., Ltd. Landwirtschaftsdirektor an der Landwirtschaftskammer Rheinland, Bonn

Siegfried Kopp, Dipl.-Vw., Regionalplaner beim Raumordnungsverband Rhein-Neckar, Mannheim

Helmut Krüll, Agrar-Ing., Wiss. Angestellter bei der Forschungsgesellschaft für Agrarpolitik und Agrarsoziologie e.V., Bonn

Jörg Maier, Dr.rer.pol.habil., Dr.oec.publ., o. Prof., Lehrstuhl für Wirtschaftsgeographie und Regionalplanung an der Universität Bayreuth, Korrespondierendes Mitglied der Akademie für Raumforschung und Landesplanung

Eckhart Neander, Dr.sc.agr., Ltd. Direktor und Profesesor, Leiter des Instituts für Strukturforschung des Bundesanstalt für Landwirtschaft, Braunschweig, Korrespondierendes Mitglied der Akademie für Raumforschung und Landesplanung

Friedrich Riemann, Dr.sc.agr., apl. Prof., Göttingen, Ordentliches Mitglied der Akademie für Raumforschung und Landesplanung

Hans-Joachim Roos, Dr.sc.agr., Beauftragter für den Dienst auf dem Lande der Evangelischen Kirche in Hessen und Nassau, Helmenzen

Hartwig Spitzer, Dr.agr., o. Prof., Institut für landwirtschaftliche Betriebslehre (Regional- und Umweltpolitik) der Justus-Liebig-Universität Gießen, Ordentliches Mitglied der Akademie für Raumforschung und Landesplanung

Günther Steffen, Dr.agr., o. Prof., Direktor des Instituts für landwirtschaftliche Betriebslehre der Universität Bonn, Korrespondierendes Mitglied der Akademie für Raumforschung und Landesplanung

Richard Struff, Dr.agr., Leiter der Forschungsgesellschaft für Agrarpolitik und Agrarsoziologie e.V., Bonn

Günther Thiede, Dr.agr., Ministerialrat a.D., Berater der EG-Kommission a.D., Luxembourg, Ordentliches Mitglied der Akademie für Raumforschung und Landesplanung

Winfried v. Urff, Dr.rer.pol., o. Prof., Lehrstuhl für Agrarpolitik an der Technischen Universität München, Freising-Weihenstephan, Korrespondierendes Mitglied der Akademie für Raumforschung und Landesplanung

Vorwort

Mehr denn je steht die Landwirtschaft im Mittelpunkt öffentlichen Interesses. Sie befindet sich in einem schwierigen strukturellen Wandel, der weit hineinwirkt in andere Bereiche von Wirtschaft und Gesellschaft. Die Akademie hatte deshalb einen Arbeitskreis gebildet, der die räumlichen Auswirkungen der neueren agrarwirtschaftlichen Entwicklungen untersuchen sollte.

Der Arbeitskreis hat zunächst generelle Aspekte anhand einzelner sektoraler Analysen dargestellt (gesamtwirtschaftliche Entwicklung, Verhalten der landwirtschaftlichen Bevölkerung, technischer Fortschritt, Agrar- und Umweltpolitik). In einem umfangreichen empirischen Teil wurden dann bundesweit 13 Landkreise eingehend untersucht, die nach naturräumlichen und problemorientierten Gesichtspunkten die Bundesrepublik repräsentativ abbilden. Auf der Grundlage dieser eingehenden empirischen Arbeiten wurden sodann Schlußfolgerungen für bestimmte Gebietskategorien und für die zentralen Politikbereiche von Raumordnungs-, Agrar- und Umweltpolitik erarbeitet.

Die Arbeiten ergaben umfangreiches empirisches Material. Deshalb hat die Akademie sich entschlossen, den Arbeitskreis dazu anzuregen, seine Ergebnisse in einer integrierten Weise darzustellen, die der Gesamtübersicht zugute kommt. Die generellen und zentralen Erkenntnisse aus den sektoralen Analysen werden in komprimierter Form zusammen mit einer die Regionalstudien zusammenfassenden Analyse und den Anregungen für Agrarpolitik, Umweltschutz und Raumordnung als ausführliche Schlußfolgerungen im vorliegenden Band veröffentlicht. Dabei mußte auf die komplette Darstellung der einzelnen Regionalstudien verzichtet werden. Der näher interessierte Leser sei verwiesen auf die Studie gleichen Titels, die parallel veröffentlicht wird und sämtliche sektoralen Beiträge und die regionalen Fallstudien in voller Länge enthält, wobei die Kapitel mit den Schlußfolgerungen in beiden Ausgaben identisch sind.

Wenn im vorliegenden Band nur ein Teil der Arbeitskreismitglieder als Autoren zeichnet, so hat das seinen Grund in der vom Arbeitskreis vorgenommenen Aufgabenverteilung. Es sei ausdrücklich darauf hingewiesen, daß auch die in diesem Band nicht als Autoren genannten Arbeitskreismitglieder an der Erarbeitung der Gesamtergebnisse entscheidend beteiligt waren und der vorliegende Band somit das Ergebnis des Arbeitskreises als Ganzem darstellt.

Der Dank der Akademie gilt dem gesamten Arbeitskreis unter der Leitung von Prof. Dr. G. Reinken, Bonn, für die engagierte und zügige Durchführung des Vorhabens. Der Arbeitskreis hat mit den erarbeiteten Erkenntnissen nicht nur für die Probleme der Landwirtschaft, sondern darüber hinaus auch für die vielfältigen Fragen der Entwicklung ländlicher Räume einen wichtigen Beitrag geleistet.

Akademie für Raumforschung
und Landesplanung

INHALTSVERZEICHNIS

Günter Reinken Bonn	1.	Einführung: Räumliche Auswirkungen neuerer agrarwirtschaftlicher Entwicklung 1
	2.	Entwicklungsfaktoren und Rahmenbedingungen .. 6
Friedrich Hösch München	2.1	Gesamtwirtschaftliche Entwicklung 6
Friedrich Riemann Göttingen	2.2	Einstellungen und Verhalten der landwirtschaftlichen Bevölkerung 12
Günther Thiede Luxembourg	2.3	Agrarpolitik 20
Hans-Joachim Hötzel Bonn	2.4	Umweltpolitik 26
Günther Thiede Luxembourg	2.5	Technischer Fortschritt in der Landwirtschaft 34
	3.	Entwicklungen der Landwirtschaft in ausgewählten Teilräumen der Bundesrepublik Deutschland 40
Viktor Frhr. v. Malchus Dortmund	3.1	Konzept für Regionalstudien ländlicher Gebiete 40
Günter Reinken Bonn	3.2	Wertprämissen 55
Viktor Frhr. v. Malchus Dortmund	4.	Räumliche Auswirkungen landwirtschaftlicher Entwicklungen in verschiedenen Raumkategorien - Zusammenfassende Analyse der Regionalstudien 58
Hellmuth Bergmann Luxembourg Viktor Frhr. v. Malchus Dortmund Günther Steffen Bonn	5.	Anregungen für Agrarpolitik, Umweltschutz und Raumordnung aus den Untersuchungen der ausgewählten ländlichen Räume 107
	6.	Literaturverzeichnis 164

Gliederung

1. Einführung: Räumliche Auswirkungen neuerer agrarwirtschaftlicher Entwicklung (G. Reinken)

2. Entwicklungsfaktoren und Rahmenbedingungen

    2.1 Gesamtwirtschaftliche Entwicklung (F. Hösch)

      2.1.1 Bevölkerungsentwicklung
      2.1.2 Verringerte gesamtwirtschaftliche Wachstumsraten
          2.1.2.1 Abnahme der Arbeitsproduktivität
      2.1.3 Neue technische Entwicklungen
          2.1.3.1 Der Roboter
          2.1.3.2 Telematik
      2.1.4 Anhaltender Strukturwandel
          2.1.4.1 Mögliche Richtung des künftigen Strukturwandels
      2.1.5 Internationalisierung der Güterproduktion
      2.1.6 Gesamtwirtschaftliche Rahmenbedingungen und Landwirtschaft

    2.2 Einstellungen und Verhalten der landwirtschaftlichen Bevölkerung (F. Riemann)

      2.2.1 Zum Wertewandel
      2.2.2 Besonderes Verhalten der landwirtschaftlichen Bevölkerung
      2.2.3 Einflüsse des sozialen Umfeldes
      2.2.4 Einstellungen zum landwirtschaftlichen Beruf
      2.2.5 Einstellungen zum Natur- und Umweltschutz
      2.2.6 Ausblick

    2.3 Agrarpolitik (G. Thiede)

      2.3.1 Einleitung
      2.3.2 Die deutsche Agrarpolitik
          2.3.2.1 Die Entwicklung bis 1983
          2.3.2.2 Die Entwicklung seit 1983
      2.3.3 Die Agrarpolitik der EG
          2.3.3.1 Die Entwicklung bis 1983
          2.3.3.2 Die Entwicklung ab 1984
      2.3.4 Bewertung der bisherigen Agrarpolitik
      2.3.5 Zukunftsaussichten

    2.4 Umweltpolitik (H.-J. Hötzel)

      2.4.1 Agrarpolitik und Agrarumweltpolitik
          2.4.1.1 Verursacherprinzip und Gemeinlastprinzip
          2.4.1.2 Vorsorgeprinzip und Umweltverträglichkeitsprüfung
          2.4.1.3 Kooperationsprinzip und Eingriffsverwaltung
      2.4.2 Agrarumweltpolitische Fragenkreise
      2.4.3 Zusammenfassung

    2.5 Technischer Fortschritt in der Landwirtschaft (G. Thiede)

      2.5.1 Vom Wesen des technischen Fortschritts

- 2.5.2 Technischer Fortschritt in den letzten 35 Jahren
- 2.5.3 Technischer Fortschritt in der Zukunft
- 2.5.4 Auswirkungen in die Zukunft

3. Entwicklungen der Landwirtschaft in ausgewählten Teilräumen der Bundesrepublik Deutschland

   3.1 Konzept für Regionalstudien ländlicher Gebiete (V. v. Malchus)

   - 3.1.1 Zur Aufgabe der Regionalanalysen und zur Auswahl der Untersuchungsgebiete
   - 3.1.2 Zum Inhalt der Regionalstudien
   - 3.1.3 Allgemeine Strukturmerkmale für die Analyseregionen

   3.2 Wertprämissen (G. Reinken)

4. Räumliche Auswirkungen landwirtschaftlicher Entwicklungen in verschiedenen Raumkategorien - Zusammenfassende Analyse der Regionalstudien (V. v. Malchus)

   4.1 Grundlegende Überlegungen zur zusammenfassenden Analyse

   - 4.1.1 Zur Aufgabe
   - 4.1.2 Inhalte der vergleichenden Analyse

   4.2 Entwicklung im ländlichen Umland großer Verdichtungsräume

   - 4.2.1 Lage der Untersuchungsgebiete zu großen Verdichtungsräumen
   - 4.2.2 Veränderungen in der Bevölkerungs- und Wirtschaftstruktur
   - 4.2.3 Flächennutzungs-, Siedlungs- und Infrastrukturentwicklungen
   - 4.2.4 Sozio-ökonomische Entwicklungen in der Landwirtschaft
   - 4.2.5 Stärken und Schwächen der Untersuchungsräume
   - 4.2.6 Vorhersehbare Folgen und Entwicklungen
   - 4.2.7 Vorschläge für die Raum- und Fachplanung

   4.3 Entwicklungen im ländlichen Umland von Regionen mit Verdichtungsansätzen

   - 4.3.1 Lage der Untersuchungsgebiete im Umland verdichteter Räume
   - 4.3.2 Veränderungen in der Bevölkerungs- und Wirtschaftsstruktur
   - 4.3.3 Flächennutzungs-, Siedlungs- und Infrastrukturentwicklungen
   - 4.3.4 Sozio-ökonomische Entwicklung in der Landwirtschaft
   - 4.3.5 Stärken und Schwächen der Untersuchungsräume
   - 4.3.6 Vorhersehbare Entwicklungen und Folgen
   - 4.3.7 Vorschläge für die Raum- und Fachplanung

   4.4 Entwicklungen in ländlich geprägten Räumen

   - 4.4.1 Lage der peripher gelegenen ländlichen Regionen
   - 4.4.2 Veränderung in der Bevölkerungs- und Wirtschaftsstruktur
   - 4.4.3 Flächennutzungs-, Siedlungs- und Infrastrukturentwicklungen
   - 4.4.4 Sozio-ökonomische Entwicklung in der Landwirtschaft
   - 4.4.5 Stärken und Schwächen der Untersuchungsräume
   - 4.4.6 Vorhersehbare Entwicklungen und Folgen
   - 4.4.7 Raum- und Fachplanung

4.5 Zusammenfassende Thesen

5. Anregungen für Agrarpolitik, Umweltschutz und Raumordnung aus den Untersuchungen der ausgewählten ländlichen Räume

    5.1 Ziele und Zielkonflikte von Agrar-, Umwelt- und Raumordnungspolitik

        5.1.1 Die gegenwärtige Lage (H. Bergmann)
        5.1.2 Raumrelevante Ziele und Instrumente der Agrarpolitik (H. Bergmann)
            5.1.2.1 Wandel der agrarpolitischen Leitbilder
            5.1.2.2 Abbau von Überschüssen und Kapazitäten zur Entlastung der Märkte, der öffentlichen Haushalte und zur Verbesserung der Umwelt
            5.1.2.3 Wirkung auf Einkommen und öffentlichen Haushalt
            5.1.2.4 Erhaltung des bäuerlichen Familienbetriebes als soziales und raumwirtschaftliches Ziel
            5.1.2.5 Räumliche Auswirkungen einiger agrarpolitischer Instrumente
        5.1.3 Ziele und Maßnahmen spezieller Umweltpolitiken (G. Steffen)
            5.1.3.1 Spezielle Ziele des Umweltschutzes
            5.1.3.2 Ökologische Situation und Maßnahmen
                a) Naturschutz
                b) Wasserschutz
                c) Bodenschutz
                d) Immissionsschutz
        5.1.4 Ziele und Maßnahmen der Raumordnungspolitik (V. v. Malchus)
            5.1.4.1 Raumordnungspolitische Aufgaben und Leitvorstellungen
            5.1.4.2 Situationen, Ziele und Maßnahmen der Raumordnung und Fachplanung
                a) Situation der Raumordnung und Fachplanung
                b) Ziele der Raumordnung und Fachplanung
                c) Maßnahmen und Instrumente der Raumordnung und Fachplanung

    5.2 Maßnahmen zur Anpassung der Landwirtschaft an die neueren agrarwirtschaftlichen Entwicklungen (H. Bergmann)

        5.2.1 Agrarstrukturwandel und Bodenmarkt
            5.2.1.1 Den Wandel fördern oder bremsen?
            5.2.1.2 Der Bodenmarkt - Hemmschuh der Anpassung
        5.2.2 Künftige Landnutzung
            5.2.2.1 Landwirtschaftliche Nutzung
            5.2.2.2 Nichtlandwirtschaftliche Nutzung

    5.3 Mögliche Auswirkungen agrar- und umweltpolitischer Maßnahmen auf die Wirtschaft ländlicher Räume

        5.3.1 Nahrungsmittelindustrie, Arbeitslose und landwirtschaftliche Voll-Arbeitskräfte als Indikatoren (H. Bergmann)
        5.3.2 Einfluß des zu erwartenden Rückzugs der Landwirtschaft aus der Fläche auf die Wirtschaftskraft der Untersuchungsgebiete (H. Bergmann)
        5.3.3 Auswirkungen von Umweltmaßnahmen auf landwirtschaftliche Betriebe und Räume (G. Steffen)

                5.3.3.1 Naturschutz
                5.3.3.2 Wasserschutz
                5.3.3.3 Bodenschutz
                5.3.3.4 Immissionsschutz

5.4 Folgerungen für Raumordnung und Landesplanung (V. v. Malchus)

     5.4.1 Veränderungen und Probleme im Ländlichen Raum
           5.4.1.1 Zum Gegenstand der Raumplanung
           5.4.1.2 Entwicklungsprobleme der Landwirtschaft
     5.4.2 Konzeptionen und Handlungserfordernisse der Raumordnung und Landesplanung
           5.4.2.1 Veränderungsperspektiven und Konzepte zur integrierten Entwicklung ländlicher Regionen
           5.4.2.2 Wichtige Aufgaben der Raumordnungsinstanzen auf allen Planungsebenen

5.5 Zusammenfassung (H. Bergmann und V. v. Malchus)

6. Literaturverzeichnis

1. Einführung

Räumliche Auswirkungen
neuerer agrarwirtschaftlicher Entwicklungen

Der EWG-Vertrag bestand 1987 30 Jahre. Er hatte sich zum Ziel gesetzt, die Produktivität der Landwirtschaft zu steigern durch Förderung des technischen Fortschritts, bestmöglichen Einsatz der landwirtschaftlichen Produktion und Rationalisierung der Produktionsfaktoren, insbesondere der Arbeitskräfte. Auf diese Weise sollen der landwirtschaftlichen Bevölkerung eine angemessene Lebenshaltung gewährleistet, die Märkte stabilisiert, die Versorgung sichergestellt und der Belieferung der Verbraucher zu angemessenen Preisen Sorge getragen werden.

Betrachtet man die Entwicklung der Europäischen Gemeinschaft, so blieb die Anzahl der Erwerbstätigen in der Neuner Gemeinschaft nahezu gleich, bei einer Abnahme von etwa 10 Mio. in der Landwirtschaft (etwa 7,5 % der Erwerbstätigen). Der Anteil der Arbeitslosen stieg von 2,1 % auf 9,6 %. Das Bruttosozialprodukt der gesamten Volkswirtschaft nahm zu.

1.1 Entwicklung in der Bundesrepublik

Die Bevölkerung der Bundesrepublik nahm von 1960 bis 1986 um 5 Mio. zu. Die Geburtenziffer sank um etwa 50 v.H. Neben einer Überalterung der Bevölkerung ist eine zunehmende Verstädterung festzustellen. Während 1961 noch 18,8 Mio. Einwohner in Gemeinden über 100 000 lebten, waren es 1985 fast 2 Mio. mehr. Die Nettolohn- bzw. Gehaltssummen der Beschäftigten stiegen um mehr als das Vierfache, Lohnsteuer und Sozialbeiträge der Arbeitnehmer auf das Zehnfache.

Die Ausgaben für Nahrungsmittel sind in den letzten Jahren ständig rückläufig. Während beispielsweise 1965 noch 33,5 % des privaten Verbrauchs im Durchschnitt der Haushalte ausgegeben wurden, waren es 1985 22 %. Der Anteil der Verkaufserlöse der Landwirtschaft an den Verbraucherausgaben sank von 47 % (1970/71) für Inlandsnahrungsmittel auf 39 % (1985/86). Dagegen stiegen die Preise für Betriebsmittel, Unterhaltungskosten und Löhne stärker als die Produktpreise.

1.2 Entwicklung in der Landwirtschaft

Aufgrund der sich weiter öffnenden Preis-Kosten-Schere war die Landwirtschaft der Bundesrepublik und der EG-Länder in zunehmendem Maße gezwungen zu rationalisieren, d.h. den Gewinn je Arbeitskraft, je Flächeneinheit und je Tier durch

Erhöhung der Leistung bzw. durch Aufwandsminderung zu mehren. So stieg in der Bundesrepublik der Durchschnittsertrag je Hektar bei Winterweizen von 33 dt (1960) auf 60 dt (1987); die Milchleistung je Kuh von 3 406 kg (1960) auf 4847 kg (1986). Der biologisch-technische Fortschritt wurde mit verfeinerten Methoden der Züchtung, der Pflanzen- und Tierbehandlung, des Nährstoff- und Futtermitteleinsatzes erreicht und wird sich fortsetzen. So stiegen die Stickstoffaufwendungen je Hektar von 43 dt (1960) auf 132 dt (1986/87). Bei fast allen Erzeugnissen, mit Ausnahme von Frischobst, pflanzlichen Fetten und Ölen, besteht in der EG volle Selbstversorgung bzw. Überproduktion (Milch, Zucker, Getreide, Wein, Fleisch). Die Erzeugungsanteile der einzelnen Mitgliedsländer sind sehr verschieden. Die EG ist der größte Nahrungs- und Futtermittelimporteur der Welt; zugleich aber auch der zweitgrößte Exporteur nach den USA.

Ein beachtlicher Prozentsatz der Betriebe konnte aus vielerlei Gründen mit der Einkommensentwicklung nicht Schritt halten. Die Hauptursachen waren die zu kleinen Flächen. Die Anzahl landwirtschaftlicher Betriebe in der Bundesrepublik insgesamt sank von 1960 bis 1986 um fast 50 v.H. auf 707 658. Das verfügbare Einkommen je Haushaltsmitglied war 1985 mit 9 974 DM deutlich geringer als bei allen Arbeitnehmern, Selbständigen und Rentnern.

1.2 Räumliche Differenzierung

Die Unterschiede in den Betriebsgrößen in der EG wurden immer größer. 1985 nahm im Durchschnitt aller Betriebe Großbritannien mit 65 ha eine Spitzenstellung ein, gefolgt von Dänemark mit 31 ha und Frankreich mit 27 ha, die Bundesrepublik hat nur 16 ha. Die durchschnittliche Größe in Schleswig-Holstein betrug 1986 36 ha, in Bayern 14 ha.

1.3 Kosten der Agrarpolitik

Die Kosten für die Landwirtschaft in der Europäischen Gemeinschaft sind ständig gestiegen. Sie beliefen sich - ohne die nationalen Aufwendungen - 1987 nach dem Haushaltssoll auf 50,8 Mrd. DM = 66,6 % der Ausgaben. Bekanntlich werden sie aus 1,4 % MwSt der Mitgliedstaaten sowie aus Zöllen und Abschöpfungen finanziert. Die Lagerbestände von Butter, Getreide und Fleisch verursachten Kosten in Höhe von 20 Mrd. DM. Die Exporte zu Weltmarktpreisen, die deutlich niedriger liegen als in der europäischen Gemeinschaft, stellen volkswirtschaftlich Vermögensverluste dar.

1.4 Umweltbewußtsein

Eine vor Jahren noch unvorhersehbare Entwicklung vollzieht sich auf dem Umweltsektor. Ökologen stellten einen zunehmenden Artenrückgang bei Pflanzen und Tieren fest. Vornehmlich in der Bundesrepublik traten Schäden an Bäumen auf. Vornehmlich die jüngere Bevölkerung verlangt zunehmend nach Nahrung frei von Rückständen von Pflanzenschutzmitteln oder 'Gift'. Damit einhergehend sank das Image der Landwirtschaft bei der Stadtbevölkerung, bei den Konsumenten.

1.5 Neue Rahmenbedingungen

Die öffentliche Meinung in den Staaten der EG, die zunehmenden Kosten der bisherigen Agrarpolitik, der ständige technische Fortschritt in der Landwirtschaft und nicht zuletzt die Meinungsbildung bei den Politikern erfordern neue Rahmenbedingungen, eine Neuausrichtung der agrarwirtschaftlichen Entwicklung und der Formen der Landbewirtschaftung. 1978 hatte Thiede bereits dem wissenschaftlich-technischen Fortschritt eine tragende Rolle zugewiesen und gefordert, große Teile landwirtschaftlicher Nutzfläche und zahlreiche Betriebe allmählich aus der Produktion zu lösen.

Nach längerem Ringen wurde von der Kommission 1984 eine Quotenregelung für Milch verabschiedet. Sie begrenzt die Milchproduktion 1984/85 beispielsweise in der Bundesrepublik auf 7,7 % weniger als die tatsächliche Anlieferungsmenge im vorangegangenen Milchwirtschaftsjahr.

Eine ähnliche Regelung bestand seit längerem bei Zucker. Bei Getreide wurde zunächst versucht, durch Erhöhung der Qualitätsanforderungen und Einfrieren bzw. Absenken der Preise eine weitere Überproduktion zu vermeiden.

Im Juli 1985 legte die Kommission ein Grünbuch "Perspektiven für die gemeinsame Agrarpolitik" vor, in dem darauf hingewiesen wurde, daß sich die Agrarpolitik am Wendepunkt befindet. Eine Neuausrichtung der Erzeugung und eine Diversifizierung der Absatzmöglichkeiten sei erforderlich.

1986 folgten "Ansätze zu einer marktorientierten Landwirtschaft", ein Beitrag aus der Sicht der Biotechnologie. Danach schlug die Kommission vor, mehrere Verordnungen zu ändern, insbesondere hinsichtlich Vorruhestandsregelungen, Produktionsverringerung, Maßnahmen in benachteiligten Gebieten, Forstwirtschaft und Umweltschutz.

Am 22.2.1988 verständigten sich die europäischen Staats- und Regierungschefs bei ihrer Brüsseler Sondergipfelkonferenz auf eine Haushaltsdisziplin, Stabilisatoren bei Getreide, Ölsaaten und Eiweißpflanzen, Flächenstillegung, Vorruhestandsregelung und die Aufstockung des Strukturfonds. Damit wurden für das kommende Jahrzehnt wichtige Maßnahmen festgelegt.

Ein Beispiel einer Länderinitiative ist die Gülleverordnung des Landes Nordrhein-Westfalen. Sie begrenzt die Anwendung pro Hektar und Jahr auf 3 Dungeinheiten. Dadurch soll eine Nitratanreicherung im Grundwasser allgemein vermieden werden. Für Grundwassereinzugsgebiete gelten gesonderte verschärfte Bedingungen.

Die bisherige Entwicklung der Agrarpolitik zeigt, daß eine stärkere räumliche Differenzierung der Maßnahmen stattfinden sollte. Als Alternativen zur bisherigen teils unwägbaren Agrarpolitik sind nur mehrere, eine Kombination, denkbar: zunehmender Abbau von Marktordnungen, mehr freie Marktwirtschaft, Erkennen und Ausfüllen von Marktlücken durch Produkte, Importe verdrängen, Maßnahmen zur Konsumerhöhung hochwertiger Produkte, Erhöhung der Qualitätsanforderungen, Stickstoffsteuer, Flächenstillegung, Umwidmung von Flächen in Natur- und Landschaftsschutz, direkte Betriebssubventionen, vorzeitiges Ausscheiden von älteren Landwirten bei Produktionsstillegung in diesen Betrieben. Eine kritische Betrachtung dieser aufgeführten möglichen Maßnahmen zeigt, daß sie mit Sicherheit in den verschiedenen Regionen der Bundesrepublik und der EG unterschiedlich greifen werden.

1.6 Ziele des Arbeitskreises

Da die bisherigen Darlegungen der EG-Kommission, der Bundesregierung, der Parteien und anderer Institutionen nur generelle, aber keine regional differenzierten Aussagen gemacht haben, war es das Ziel des Arbeitskreises "Räumliche Auswirkungen neuerer agrarwirtschaftlicher Entwicklungen" der Akademie für Raumforschung und Landesplanung, mögliche Entwicklungen in ausgewählten Teilräumen der Bundesrepublik zu untersuchen. Er knüpft an die vielfältigen Arbeiten des Ausschusses "Raum- und Landwirtschaft" an, der sich bereits 1959 bis 1964 in 4 Bänden über "Die Landwirtschaft in der Europäischen Wirtschaftsgemeinschaft" über "Aspekte und Wege der Integration" und "Die agrarischen Anpassungsprozesse an den Binnengrenzen" geäußert hat. In dem 1967 erschienenen Band Raum- und Landwirtschaft 6 "Der Beitrag der Landwirtschaft zur regionalen Entwicklung" wurde die Entwicklung von 12 Räumen untersucht.

Es handelte sich um Räume mit sehr unterschiedlicher Wirtschafts- und Landwirtschaftsstruktur sowie mit sehr differenzierten naturräumlichen Bedingungen, verteilt über die einzelnen Bundesländer. Eine wesentliche Erkenntnis dieser Untersuchung war die Notwendigkeit, Entwicklungsprogramme für ländliche Räume, Strukturanalysen und Rahmenpläne für Landwirtschaft und Landnutzung zu erarbeiten.

Ziel dieses Arbeitskreises "Räumliche Auswirkungen neuerer agrarwirtschaftlicher Entwicklungen" war es, die Entwicklung gleicher oder vergleichbarer Räume seit 1970 festzustellen, zu werten, die Entwicklung in verschiedene Normkategorien zusammenzufassen und Folgerungen für Raumordnung, Agrar-, Umwelt- und Wirtschaftspolitik zu ziehen.

Den allgemeinen Beiträgen über Entwicklungsfaktoren und Rahmenbedingungen schlossen sich Regionalstudien über folgende Kreise (in Klammern die Bearbeiter) an:

1. Kreis Nordfriesland (Riemann)
2. Landkreis Vechta (Neander)
3. Kreis Kleve (Reinken)
4. Kreis Soest (Burberg)
5. Kreis Euskirchen (Struff/Krull)
6. Lahn-Dill-Kreis (Ross)
7. Vogelsberg-Kreis, Wetterau-Kreis u. Landkreis Gießen (Spitzer/Gießübel)
8. Landkreis Kronach (v. Urff)
9. Landkreis Bayreuth (Maier)
10. Landkreise Ludwigshafen u. Bad Dürkheim (Kopp)
11. Landkreise Straubing, Bogen u. Deggendorf; Kreisfreie Stadt Straubing (Hösch)
12. Landkreis Unterallgäu (Ahrens)
13. Landkreis Breisgau (Hochschwarzwald) (Dams)

In elf Sitzungen des Arbeitskreises wurden Konzeptionen und Methodik erarbeitet, die einzelnen Beiträge diskutiert und verabschiedet. Die erste Sitzung fand im Herbst 1984 statt, der Abschluß erfolgte im Frühjahr 1988. Alle Mitarbeiter haben sich für eine rasche Durchführung der Arbeiten eingesetzt. Die Begrenzungen für die Arbeit lagen nicht nur im Umfang der Beiträge, sondern auch im Mangel nach Regionen gegliederten statistischen Materials (Buchführung, Betriebsformen, Altersstruktur, Hofnachfolge etc.), der Vergleichbarkeit sowie dem Mangel an Zeit und Mitteln für die Durchführung vertiefter Untersuchungen bzw. Berechnungen. Deshalb sind einzelne Aussagen der Autoren, mit unterschiedlicher Wertigkeit, teilweise auch Vermutungen.

Der vorliegende Band umfaßt die Beiträge "Entwicklungsfaktoren und Rahmenbedingungen", die Darstellung des Konzeptes für die Regionalstudien in 13 ländlichen Gebieten, die zusammenfassende Betrachtung der Entwicklung in verschiedenen Raumkategorien und die Folgerungen. Die ausführlichen Darstellungen der Grundsatzbeiträge und die einzelnen Regionalstudien können von der Akademie bezogen werden.

2. Entwicklungsfaktoren und Rahmenbedingungen

2.1 Gesamtwirtschaftliche Entwicklung

In der Literatur werden nach Zahl und Art unterschiedliche gesamtwirtschaftliche Rahmenbedingungen genannt (vgl. z.B. Ewringmann, Kap. III; Gerstenberger, Kap. B: II; Schmahl, S. 16 ff.). Im folgenden sollen nur diejenigen beschrieben werden, die sich aus dem speziellen Blickwinkel der Thematik dieses Bandes ergeben. Es sind dies die Rahmenbedingungen

- Bevölkerungsentwicklung
- verringerte gesamtwirtschaftliche Wachstumsraten
- neue technische Entwicklungen
- anhaltender Strukturwandel sowie
- Internationalisierung der Güterproduktion.

2.1.1 Bevölkerungsentwicklung

Die Bundesrepublik Deutschland hatte Ende 1986 61,12 Mio. Einwohner. Über die Bevölkerungsentwicklung bis zum Jahre 2000 gibt es verschiedene Prognosen. Je nach den Annahmen über das generative Verhalten erhält man unterschiedliche Einwohnerzahlen, die zwischen 55 - 59 Mio. (Deutsche und Ausländer) schwanken. Darüber hinaus kommt ein Bericht der Bundesregierung über die Bevölkerungsentwicklung (BT-Drucksache 8/4437) u.a. zu dem Ergebnis, daß bis zum Jahr 2000

- der Anteil der ausländischen Bevölkerung an der Gesamtbevölkerung steigen wird,
- die Zahl der Kinder und Jugendlichen erheblich sinken wird sowie
- die Zahl der über 60jährigen zunehmen wird.

Neben der natürlichen Bevölkerungsentwicklung bilden die Wanderungsbewegungen einen weiteren Bestimmungsgrund für die (allgemeine und regionale) Entwicklung der Bevölkerungszahl eines Landes. Trotz der Vielschichtigkeit der überörtlichen Wanderungsbewegungen läßt sich für die Vergangenheit ein bestimmtes Verlaufsmuster herausschälen, dessen wesentliche Bestandteile wie folgt zusammengefaßt werden können (Ewringmann, S. 73 ff.):

- Großräumig gesehen hat eine Nord-Süd-Wanderung stattgefunden, die weiter anhält;

- die Wanderungsgewinne konzentrieren sich zum weitaus größten Teil auf die hochverdichteten Regionen und die Regionen mit Verdichtungsansätzen, ausgenommen die sog. altindustrialisierten Gebiete und West-Berlin;

- die ländlichen Räume verzeichneten nur relativ geringe Wanderungsgewinne, die außerdem noch fast vollständig auf das Alpenvorland entfielen.

Da in Zukunft die Einwohnerzahl in der Bundesrepublik zurückgehen wird und die regionale Bevölkerungsverteilung zum Teil erhebliche Veränderungen erfahren wird, sind in bezug auf die sektorale und regionale Verteilung der wirtschaftlichen Aktivitäten starke Anpassungsreaktionen an die Rahmenbedingung "Bevölkerungsentwicklung" zu erwarten.

2.1.2 Verringerte gesamtwirtschaftliche Wachstumsraten

Während die jahresdurchschnittliche reale Wachstumsrate der deutschen Wirtschaft, gemessen an der Änderungsrate des Bruttosozialprodukts in Preisen von 1980, im Zeitraum 1961 - 70 noch bei 4,5 % lag, fiel sie zwischen 1971 - 80 auf 2,7 % und erreichte im Zeitraum 1981 - 85 nur noch 1,3 %. Diese Wachstumsschwäche hinterließ seit Anfang der 70er Jahre auch deutliche Spuren auf dem Arbeitsmarkt.

Vom Rückgang der gesamtwirtschaftlichen Wachstumsraten waren fast alle Wirtschaftszweige betroffen. Eine Ausnahme machte u.a. der Sektor "Land- und Forstwirtschaft, Fischerei", der im Zeitraum 1973 - 81 mit 1,2 % die gleiche jahresdurchschnittliche Erhöhungsrate, gemessen an der Bruttowertschöpfung in Preisen von 1976, aufwies wie im Zeitraum 1960 - 73; allerdings waren in den 60er Jahren die Wachstumsraten dieses Sektors vergleichsweise sehr gering.

2.1.2.1 Abnahme der Arbeitsproduktivität

Mit den gesamtwirtschaftlichen Wachstumsraten gingen in den letzten beiden Jahrzehnten auch die Steigerungsraten der Arbeitsproduktivität ständig zurück; ihre Jahresrate liegt heute bei 2 - 3 %.

Für die ständige Abnahme dürfte in erster Linie der Rückgang des Anteils der Ausrüstungsinvestitionen für Maschinenbauerzeugnisse am realen Bruttosozialprodukt verantwortlich sein. In diesem Rückgang kommt ferner zum Ausdruck, daß

- das Gewicht der traditionellen Hauptabnehmer für Maschinenbauerzeugnisse, nämlich Warenproduzierendes Gewerbe und Landwirtschaft, zurückgegangen ist,
- die Investitionsaktivitäten sich zunehmend auf die Dienstleistungsunternehmen konzentriert haben (Gerstenberger, S. 92).

Durch die verringerten gesamtwirtschaftlichen Wachstumsraten kam vor allem der "Verlagerungs-, Filialgründungs- und Neugründungsprozeß", der Arbeitsplätze aus den Verdichtungsgebieten in die ländlichen Räume gebracht hatte, ins Stocken, weil dieser Prozeß "entscheidend vom wirtschaftlichen Wachstum" abhängt (Klemmer, S. 20).

2.1.3 Neue technische Entwicklungen

Es ist heute kaum noch zu bezweifeln, daß der Mikrochip als die neueste Basistechnik angesehen werden muß. Dies berechtigt zu der Erwartung, daß die auf dem Chip fußende Mikroelektronik für technische Entwicklungen sorgen wird, die in den kommenden Jahrzehnten die Wirtschaft in den Industrieländern beherrschen werden. Neben einer Verbesserung vorhandener Güter und Produktionsverfahren dürfte sie auch zu Gütern und Produktionstechniken führen, über die wir heute noch gar keine Vorstellung haben und auch nicht haben können.

Aus dem Bereich der neuen Techniken sollen zwei Entwicklungen herausgegriffen werden, für die heute schon abzusehen ist, daß sie mit hoher Wahrscheinlichkeit das ökonomische Geschehen in der Bundesrepublik Deutschland nachhaltig beeinflussen werden: der Roboter und die Telematik.

2.1.3.1 Der Roboter

Der Einsatz von Industrierobotern bietet nicht nur die Möglichkeit, dem Menschen schwere, gefährliche, schmutzige und gesundheitsgefährdende Arbeiten abzunehmen, sondern er erlaubt es, fast sämtliche manuellen Tätigkeiten, die direkt mit der materiellen Güterproduktion zusammenhängen, vom Menschen abzukoppeln. Auf diese Weise lassen sich zahlreiche Produktionsabläufe automatisieren und damit rationalisieren, ja selbst vollautomatische Fabriken liegen im Bereich der Möglichkeiten.

Der besondere Vorteil des Robotereinsatzes gegenüber der bisherigen Produktionstechnik dürfte aber darin liegen, "daß die frei programmierbaren Roboter in den Betrieben und Unternehmen eine nicht mehr für möglich gehaltene Flexibilität in den Produktionsprozeß bringen. Die weitgehende Starrheit der Fertigungsstraßen bei einheitlicher Serien- und Massenproduktion kann somit überwunden werden" (Tank, S. 188). Außerdem können Roboter dazu beitragen, daß die Produktion von Gütern mit ausgereifter Technologie nicht in die Schwellenländer abwandert. Roboter erlauben zunehmend auch bei Kleinserien eine kostengünstige Produktion, so daß die komparativen Kostenvorteile bei den hochentwickelten Industriestaaten verbleiben.

2.1.3.2 Telematik

Die neuen Informations- und Kommunikationstechniken verbinden die Telekommunikation und die Informatik, so daß für sie zunehmend der Begriff "Telematik" verwendet wird.

Die Einsatzmöglichkeiten der Telematik sind mittlerweile fast unüberschaubar geworden; fast ist man geneigt zu sagen, daß täglich neue Entwicklungen hinzutreten. Die gewaltigen Vorteile, die die Telematik erwarten läßt, kann man folgendermaßen charakterisieren:

- "Die Technik wird 'granulierbar'; d.h. sie kann in beliebig kleine Portionen für spezielle Zwecke 'aufgeteilt' werden. Für jede Problemgrößenordnung sind technische Lösungen möglich.

- Die Technik wird 'personalisierbar'; d.h. die Datenstation wird programmierbar auf spezifische Anforderungen einzelner Arbeitsplätze.

- Die 'Aufrüstzeiten' sind extrem niedrig; d.h. eine Datenstation kann mit der in der Elektronik üblichen Zeit 'neu personalisiert' werden.

- Der Zwang zur Vollauslastung entfällt. Die rapide sinkenden Kosten, das steigende Preis-Leistungs-Verhältnis entheben der Notwendigkeit, die vorhandene Technik aus ökonomischen Gründen voll auszulasten" (Henckel u.a., S. 22 ff.).

Die Meinungen über die räumlichen Auswirkungen der neuen Kommunikationstechniken gehen noch weit auseinander. Dies ist verständlich. Wenn nur vage Vorstellungen über die Entwicklung und Ausbreitung der Telematik bestehen, bleiben auch ihre prognostizierten räumlichen Ausbreitungen letzten Endes spekulativ. Es sollte allerdings nicht übersehen werden, "daß die Ortsnetze in peripheren Gebieten erst relativ spät ISDN-fähig sein werden, da die Post nach der Ausbauvorschrift TOP-Down vorgeht" (Fischer, S. 8). Trotz der unbestreitbaren Dekonzentrations- und Dezentralisierungsmöglichkeiten mittels der Telematik besteht deshalb die große Gefahr, daß die peripheren ländlichen Räume einen dauerhaften Anwendungsrückstand behalten.

2.1.4 Anhaltender Strukturwandel

Der Strukturwandel stellt auf die Anteile der einzelnen Sektoren an der Gesamtwirtschaft (gemessen an der Bruttowertschöpfung oder der Zahl der Beschäftigten) ab. Er herrscht immer dann, wenn die Anteile der Sektoren sich verschieben, d.h. also schrumpfen oder wachsen.

In der Vergangenheit hatten sich die Anteile bzw. die Gewichte der einzelnen Sektoren in der Regel nur in langen Zeiträumen verschoben, so daß die Anpassungsprozesse sich beinahe unmerklich - weil über Generationen - vollziehen konnten. Anfang der 70er Jahre machte sich eine grundlegende Wende bemerkbar. In Anpassung an den Ölpreisschock von 1973/74 begann sich der Strukturwandel in der deutschen Wirtschaft zu beschleunigen. Gleichzeitig hatte sich das Wirtschaftswachstum, das nach dem Zweiten Weltkrieg zahlreiche ökonomische und gesellschaftliche Schwierigkeiten "lautlos" zu beseitigen half, nachhaltig abgeschwächt. Dadurch sank der Arbeitskräftebedarf in vielen Sektoren. Arbeitskräfte mußten freigesetzt werden und sind Teil der seit dieser Zeit herrschenden hohen und hartnäckigen Arbeitslosigkeit.

Global gesehen macht sich seit zwei bis drei Jahrzehnten beim Strukturwandel in den Industriestaaten noch eine andere Tendenz bemerkbar, nämlich der "Weg in die Dienstleistungsgesellschaft". Zwar gab es 1985 und 1986 einen Stillstand in dieser Entwicklung, doch kann von "einer Reindustrialisierung der deutschen Wirtschaft, wie sie noch vor kurzem für möglich gehalten wurde, ... keine Rede sein" (Donges/Schmidt, S. 5).

2.1.4.1 Mögliche Richtung des künftigen Strukturwandels

Wenn auch über die Zukunftschancen bestimmter Sektoren keine verbindlichen Ausagen gemacht werden können, lassen sich doch wenigstens folgende Vermutungen anstellen: Diejenigen Sektoren, die im internationalen Wettbewerb um knappe Ressourcen komparative Vorteile erlangen, werden expandieren. Komparative Vorteile ergeben sich aus der Nutzung solcher Ressourcen, die reichlich zur Verfügung stehen und die deshalb relativ billig sind. Da die Bundesrepublik Deutschland mit Sach- und Humankapital relativ gut ausgestattet ist, kann angenommen werden, daß die Wirtschaft sich auf die Produktion von Gütern konzentriert, die einen hohen Einsatz an diesen Ressourcen erfordern; es sind dies Produkte, die oft als High-Tech-Produkte bezeichnet werden.

Dagegen finden sich in der Bundesrepublik Deutschland die Ressourcen Energie, Rohstoffe und belastbare Umwelt relativ selten. Sektoren mit einem hohen Einsatz an diesen Ressourcen wie die Eisen- und die Stahlindustrie, die Textil- und Bekleidungsindustrie, die Chemische Industrie sowie die Schuh- und Lederindustrie dürften demnach schrumpfen.

2.1.5 Internationalisierung der Güterproduktion

Seit Mitte der 70er Jahre haben die Auslandsinvestitionen der deutschen Unternehmen einen erheblichen Umfang erreicht. So stiegen die deutschen Direktinvestitionen im Ausland zwischen 1976 und 1986 von 49 Mrd. auf 149 Mrd. DM. Wie es scheint, ersetzen viele Unternehmen mit der Auslandsproduktion zunehmend ihre Güterexporte. Die Auslandsproduktion wird deshalb bereits mit dem Schlagwort vom "Export von Arbeitsplätzen" zu diskriminieren versucht. Doch die internationale Konkurrenz läßt den Unternehmen in der Regel keine andere Wahl. Insbesondere folgende Gründe sprechen für eine verstärkte Auslandsproduktion deutscher Unternehmen (Donges/Schmidt, S. 23):

- Die Kosten für Produktion (Löhne), Transport und Vermarktung sind im Ausland geringer;
- ausländische Ressourcen, vor allem Rohstoffe und - wie sich zunehmend zeigt - Forschungskapazitäten lassen sich nutzen;
- Marktzutrittsschranken, insbesondere Handelshemmnisse, können überwunden werden;
- Berücksichtigung bei öffentlichen Aufträgen;
- geringere Ertragsbesteuerung als im Inland;
- Verringerung des Wechselkursrisikos.

Aus heutiger Sicht dürften vor allem die Handelshemmnisse und das Wechselkursrisiko für die Zunahme der Auslandsproduktion deutscher Unternehmen verantwortlich sein.

Die Verwirklichung des gemeinsamen Binnenmarktes der EG-Länder ist absehbar, auch wenn der Termin 1992 sich nicht einhalten ließe. Es ist deshalb zu erwarten, daß neben Großunternehmen zunehmend auch mittelständische Unternehmen Produktionen ins Ausland verlagern, einmal um durch Kundennähe die Chancen des gemeinsamen Binnenmarktes zu nutzen, zum anderen um die Wettbewerbsrisiken, die ein gemeinsamer Binnenmarkt mit sich bringt, zu vermindern. Insbesondere muß bei der Verwirklichung des gemeinsamen Binnenmarkts damit gerechnet werden, daß zunehmend Dienstleistungsunternehmen wie Banken und Versicherungen im Ausland tätig werden.

2.1.6 Gesamtwirtschaftliche Rahmenbedingungen und Landwirtschaft

Bei der (wohlstandsmehrenden) Anpassung der sektoralen und regionalen Wirtschaftsstruktur an die gesamtwirtschaftlichen Rahmenbedingungen fallen Kosten an; diese können als Preis für den zunehmenden Wohlstand interpretiert werden. Allerdings sind die Anpassungskosten unterschiedlich verteilt. In der Vergangenheit hat der Sektor Landwirtschaft eine sehr hohe Anpassungslast getragen, und wie es scheint, wird der "Weg in die Dienstleistungsgesellschaft" bei ihm noch weitere tiefe Spuren hinterlassen. Denn immer weniger Landwirten gelingt es, ein Einkommen zu erwirtschaften, das dem in anderen Wirtschaftszweigen entspricht. Allein im Jahre 1987 sank die Zahl der landwirtschaftlichen Betriebe in der Bundesrepublik Deutschland um 3,8 % und damit erheblich mehr als im Durchschnitt der Vorjahre. Dies wird auf Dauer auch Auswirkungen auf die Siedlungsstruktur im ländlichen Raum haben. Die Frage nach einem politischen Handlungsbedarf dürfte sich deshalb immer dringlicher stellen.

2.2 Einstellungen und Verhalten der landwirtschaftlichen Bevölkerung

2.2.1 Zum Wertewandel

Im Rahmen dieses Bandes soll im folgenden aufgezeigt werden, welche Auswirkungen des Wertewandels bei der landwirtschaftlichen Bevölkerung festzustellen und welche Reaktionen der Landwirte und ihrer Familienangehörigen hinsichtlich des künftigen Bewirtschaftens ihrer Betriebe voraussichtlich zu erwarten sind. Dargestellt werden Einstellungen zur Erziehung und Ausbildung, zu besonderen Lebensbereichen - wie der Familie -, zum landwirtschaftlichen Beruf sowie zum Natur- und Umweltschutz. Aber auch Auswirkungen eines unterschiedlichen sozialen Umfeldes werden erläutert.

Die Einstellungen und das Verhalten der landwirtschaftlichen Bevölkerung werden ganz wesentlich durch drei Faktoren beeinflußt: (1) den Wertewandel, (2) die Strukturveränderungen in den ländlichen Räumen und (3) die veränderten Produktionsmethoden in der Landwirtschaft.

Aufgrund vorliegender Forschungsergebnisse stellt Klages (3, S. 21) fest, "daß sich das Wertwandlungsgeschehen der letzten Jahrzehnte als eine Abfolge dreier Phasen verstehen läßt, die sich wie folgt kennzeichnen lassen:

1. Phase (bis Anfang/Mitte der 60er Jahre): Vorherrschen verhältnismäßig deutlich ausgeprägter Pflicht- und Akzeptanzwerte, die teilweise sogar ein Wachstum zur Schau stellen;

2. Phase (bis Mitte der 70 Jahre): Phase eines deutlichen Abbaus der Pflicht- und Akzeptanzwerte bei gleichzeitiger Expansion von Selbstentfaltungswerten;

3. Phase (seitdem bis heute): Stagnieren der Wertwandlungsbewegung bei verhältnismäßig hoher Instabilität ("Schwankung") der Wertbezüge der Menschen (oder zumindest sehr zahlreicher Menschen)."

Ein Wandlungsschub, der das gegenseitige Gewichtsverhältnis der "Pflicht- und Akzeptanzwerte" und der "Selbstentfaltungswerte" verändert habe, sei ein außerordentlich einschneidender Vorgang. In einer davon betroffenen Gesellschaft sei potentiell alles "aus den Fugen". Sie sei eo ipso auf dem Wege in eine offene Zukunft, in der alles - das Beste wie auch das Schlechteste - möglich sei. Eine solche Gesellschaft habe ihre bisherigen "Maßstäbe" und "Sicherheiten" verloren (3, S. 34).

In den ländlichen Räumen sind vor allem in den letzten vier Jahrzehnten tiefgreifende Strukturwandlungen eingetreten. Die davon ausgehenden Einflüsse auf die dort lebenden Menschen hat Planck (7, S. 29 ff.) dargestellt. Er unterscheidet den (1) strukturell, (2) funktional und (3) weltanschaulich bedingten Wertewandel. Zum strukturell bedingten Wertewandel belegt er die These, daß dieser in erster Linie der Zunahme der progressiven und der Abnahme der konservativen Bevölkerungsteile auf dem Lande "zu danken oder zu schulden" sei. Hinsichtlich des funktional bedingten Wertewandels stellt er fest, daß dieser am deutlichsten in einer Abwertung der agrarischen Erzeugungsfunktion zugunsten der Wohn- und Erholungsfunktion und in der wachsenden Wertschätzung der Wohlfahrtsfunktion zum Ausdruck käme. Schließlich sei der weltanschaulich bedingte Wertewandel eine Folge des Sinneswandels, das Leben und die Daseinsgestaltung selbst betreffend. Dabei träten die neuen Werte oft im Gewand sozialer Ansprüche auf. Das seien solche, die nicht im Belieben des einzelnen stünden, sondern den Rang allgemeiner Erwartungen an den Lebensstandard hätten.

In der landwirtschaftlichen Produktion hat die Abwanderung von Familienangehörigen und Lohnarbeitskräften zu einer verstärkten Motorisierung und Mechanisierung geführt. Zur Ausschöpfung züchterischer Fortschritte und zur Verbesserung der Ertragslage wurde der Einsatz von ertragssteigernden Futter- und Pflanzenbehandlungsmitteln vervielfacht. Die verbreitete Umstellung in der Stallhaltung hat zum Übergang von festem zu flüssigem Dung (Gülle) geführt. Größere Tierbestände bis zur "Massentierhaltung" und einseitige Fruchtfolgen mit unkrautfreien Feldern, Wiesen und Weiden sind das auch optisch wahrnehmbare Ergebnis. Ökologisch schädliche Folgen sind jedoch nicht - z.B. Wassergüte - oder erst nach Jahren (z.B. Erosionen) zu beobachten.

Die hier nur kurz zu skizzierenden Einflüsse auf die überkommenen Grundwerte haben nicht bei allen Individuen und Gruppen zu gleich starken Veränderungen geführt. Bei denjenigen mit einem stärker ausgeprägten traditionellen Verhalten - wie bei der ländlichen und vor allem der bäuerlichen Bevölkerung - sind sie wohl tendenziell, aber in abgeschwächtem Maße zu erkennen.

2.2.2 Besonderes Verhalten der landwirtschaftlichen Bevölkerung

Zunächst ist zu prüfen, ob und gegebenenfalls in welcher Weise die Einstellung der Landwirte zu allgemeinen Problemen von der der übrigen Bevölkerung abweicht. Dazu liegen Ergebnisse von Mrohs (5) vor. Er vergleicht die Ergebnisse einer 1980 durchgeführten repräsentativen Erhebung im Bundesgebiet ("Nationaler sozialer Survey", später umbenannt in "Allbus") mit einer im gleichen Jahr ebenfalls repräsentativen Befragung von Landwirten, die von der Forschungsgesellschaft für Agrarpolitik und Agrarsoziologie e.V. in Bonn durchgeführt wurde.

Es ist nachgewiesen, daß der Wertewandel dort am ausgeprägtesten ist, wo das Bildungsniveau am höchsten ist. Es besteht eine eindeutige Abstufung, die sich allerdings am deutlichsten bei den jungen Altersgruppen findet (3, S. 42). Ein abweichendes Verhalten der landwirtschaftlichen Bevölkerung wird man allerdings nicht mehr mit deren niedrigerem Bildungsniveau erklären können, denn in den Jahrgängen unter 35 Jahren ist der früher bestehende Nachholbedarf in etwa ausgeglichen. Bei den Frauen ist der Abstand jedoch noch etwas größer als bei den Männern (5, S. 66). Abweichendes Verhalten wird also vor allem auf die besonderen Einstellungen der landwirtschaftlichen Bevölkerung zurückzuführen sein.

Bei den Einstellungen zu verschiedenen wichtigen Lebensbereichen gibt es einige - man ist versucht zu sagen typische - Abweichungen und Unterschiede. Während beide Bevölkerungsgruppen den Bereich "eigene Kinder und Familie" mit dem höchsten Stellenwert versehen, wobei die Bewertung durch die Landwirte höher als bei der übrigen Bevölkerung ist, setzen die Landwirte "Beruf und Arbeit" an die zweite auch sehr hoch bewertete Stelle. Die übrige Bevölkerung wählt eine andere Reihenfolge. An zweiter Stelle steht bei ihr "Freizeit und Erholung" direkt gefolgt von "Beruf und Arbeit" und "Freunde und Bekannte". Bei den Landwirten rangiert dagegen auf Platz drei "Religion und Kirche", die von der übrigen Bevölkerung für merklich weniger wichtig angesehen wird und an letzter - siebenter - Stelle steht. Auffallend sind ferner die übereinstimmende - geringe - Beurteilung der Bereiche "Verwandtschaft" sowie "Politik und öffentliches Leben". Da von den Landwirten "Freizeit und Erholung" sowie "Freunde und Bekannte" - im Gegensatz zur übrigen Bevölkerung - als nicht viel wichtiger angesehen werden, kommt in dieser Reihenfolge und im Abstand zu den beiden ersten Bereichen u.a. auch zum Ausdruck, daß die Belastung durch die Betriebe so groß ist, daß Landwirte außer für die eigene Familie und den Betrieb für alles andere wohl keine Zeit mehr haben und solchen Bereichen daher weniger Aufmerksamkeit schenken. Anzumerken ist auch, daß es zwischen Haupt- und Nebenerwerbslandwirten keine gravierenden Unterschiede gab. Die außerlandwirtschaftliche Arbeitswelt hat in diesen Punkten keinen wesentlichen Einfluß (5, S. 76).

Zur Frage von erzieherischen Leitbildern stellt Mrohs (5, S. 93) vergleichend fest: "Im Unterschied zur außerlandwirtschaftlichen Bevölkerung scheinen die Erziehungsziele die schichtenspezifische Lebenslage der Landbewirtschafter widerzuspiegeln... In der Verknüpfung von Wohn- und Arbeitsstelle ist die wechselseitige Durchdringung von beruflicher Arbeits- und personaler Erlebniswelt charakteristisch. Die Gesamtheit der persönlichkeitsprägenden Einflüsse unterliegt der besonderen ökonomischen und sozialen Umgebung. Das vorgefundene Profil von Erziehungszielen verdeutlicht somit starke Einflüsse einer funktionalen Erziehung in landbewirtschaftenden Familien. Somit liegt schon von daher eine eher konventionelle Sichtweise in der Erziehung vor. Dieser Eindruck wird angesichts des Befragungsergebnisses aus der nichtlandwirtschaftlichen Bevölkerung noch verstärkt. Dort dominieren die personendifferenzierenden Leitbilder (Selbstvertrauen, Selbständigkeit, Verantwortungsbewußtsein)."

Für die künftige Entwicklung des Verhaltens der Landwirte ist die unterschiedliche Bewertung der Erziehungsziele bei jungen und älteren Landwirten von Bedeutung. Für die jüngeren Landwirte haben die "persönliche Selbständigkeit", das "vielseitige Wissen", "Lebensfreude", "Selbstbewußtsein" und die "eigene Urteilsfähigkeit" deutlich höhere Stellenwerte als bei den über 55jährigen Berufskollegen. Diese bevorzugen z.B. "Kenntnisse für den Beruf" sowie "Ordnung und Disziplin" deutlich (5, S. 96).

2.2.3 Einflüsse des sozialen Umfeldes

Verhaltensweisen, die sich im Laufe der Zeit in den Städten und später in der Industriegesellschaft entwickelt haben, sind allmählich von der ländlichen Bevölkerung, die früher eine weit überwiegende landwirtschaftliche/bäuerliche Bevölkerung war, übernommen worden. Während die landwirtschaftliche Bevölkerung sich in ihrem äußeren Erscheinungsbild und in den Lebensformen nicht mehr von ihren nichtlandwirtschaftlichen Nachbarn unterscheidet, gibt es, wie gezeigt werden konnte, nicht unwesentliche Unterschiede in der Einstellung zu bestimmten Lebensbereichen. Es hat nun den Anschein, daß der Anpassungsprozeß der landwirtschaftlichen Bevölkerung auch von dem sie umgebenden sozialen Umfeld beeinflußt wird. So haben Christa Knirim, Marianne Krüll und Richard Peters (4) in einer repräsentativen Untersuchung 1970 unterschiedliche Einstellungen bei den Landwirten in ländlichen (unter 5 000 Einwohner) und städtischen (über 50 000 Einwohner) Gemeinden festgestellt.

Danach haben die "städtischen" Landwirte eine deutlich bessere Ausbildung als ihre "ländlichen" Berufskollegen, bleiben jedoch noch merklich hinter den übrigen Selbständigen zurück. Die noch zu zeigenden Einstellungsunterschiede zwischen "städtischen" und "ländlichen" Landwirten werden daher auch auf die höhere Quote der besseren Ausbildung zurückzuführen sein. Aber auch diese ist letztlich auf das soziale Umfeld, in diesem Fall auf die immer noch verhaltene Einstellung zur Ausbildung zurückzuführen. Denn in allen Berufsgruppen lag das Ausbildungsniveau in den Städten höher als auf dem Lande (4, S. 48).

Ein Merkmal des Wertewandels ist die rückläufige Geburtenrate. Aber Landwirte haben immer noch mehr Kinder als Nichtlandwirte. Beide Gruppen auf dem Lande haben mehr Kinder als in der Stadt (4, S. 148). Der Einfluß der Konfession beschränkt sich auf die Landgemeinden. Dort haben vor allem katholische Landwirte wesentlich mehr Kinder als evangelische (4, S. 152).

Ein unterschiedliches Verhalten zwischen Stadt und Land wurde bei den Landwirten auch beim Zusammenleben von mehreren Generationen festgestellt (4, S. 178). Daß dies nicht nur auf ökonomische Gründe - größere Betriebe der "städtischen" Landwirte - zurückzuführen ist, zeigt sich aus den unterschiedlichen Einstellungen zur "erwünschten" Wohnentfernung. Die "städtischen" Landwirte wünschen eine deutlich größere Distanz zwischen den Generationen als ihre Berufskollegen auf dem Lande (4, S. 191). Auch bei der Begründung für die "erwünschte" Wohnentfernung bestehen Unterschiede. Bei den "städtischen" Landwirten steht das "bessere Familienklima" mit deutlichem Abstand an erster Stelle, die "ländlichen" Landwirte nennen zuerst die "Kinderbetreuung" und die "gegenseitige Unterstützung". Hier wird das sogenannte "Hofdenken" deutlich, auch (noch) bei der jüngeren Generation (4, S. 196).

Im Vergleich mit den "ländlichen" Landwirten ist bei ihren in Städten lebenden Berufskollegen hervorzuheben:

- bessere Ausbildung
- späterer Beginn der familialen Phase
- weniger Kinder
- kein Einfluß der Konfession auf die Kinderzahl
- weniger häufiges Zusammenleben der Generationen
- größere Wohnentfernung zwischen den Generationen erwünscht
- viel häufiger mit der Verbesserung des Familienklimas begründet
- übereinstimmende Begründung durch die Generationen.

Diese Fakten lassen die Einflüsse des sozialen Umfeldes erkennbar werden. Nicht nur die vorgehaltene Infrastruktur - z.B. Schulwesen - entscheidet über den Besuch weiterführender Schulen, sondern auch die Tatsache, daß dies in den Städten früher als auf dem Lande die Norm wurde, der sich dort die Landwirte schneller anpaßten als auf dem Lande. Wo die Konfession keinen Einfluß mehr auf die Kinderzahl hat, haben sich auch "Werte" verändert. Die Landwirte in der Stadt haben sich schneller "angepaßt".

2.2.4 Einstellungen zum landwirtschaftlichen Beruf"

Von einem "Einbruch" der Agrarstruktur, etwa infolge des Wertewandels, kann keine Rede sein. Die Landwirte wollen weit überwiegend auch an der Bewirtschaftung kleinerer Betriebe festhalten, die bei ökonomischer Beurteilung kaum Entwicklungschancen haben. Diese generelle Tendenz fand Planck bei den Landjugendbefragungen bestätigt (6, S. 53).

Aus einer 1980 durchgeführten repräsentativen Befragung durch die Agrarsoziale Gesellschaft e.V. ging hervor, daß die positive Einstellung zum landwirtschaftlichen Beruf - bei heutiger Berufswahl wieder Landwirt werden - selbst in Betrieben mit 10 - 20 ha etwa 70 v.H. betrug. In den größeren Betrieben war die Ablehnungsquote noch geringer. Auch das Alter der Betriebsinhaber spielte bei dieser Frage eine gewisse Rolle. Die geringste Ablehnungsquote - etwa 20 v.H. - wurde bei den unter 40jährigen festgestellt. Sie haben die Berufswahl offensichtlich relativ bewußt vollzogen (1, S. 137 f.).

Ein weiteres Indiz über die Einstellung zum landwirtschaftlichen Beruf dürfte die Beeinflussung der Kinder zur Hofübernahme sein. Bei gleicher Gelegenheit wurde in Bayern, wo eine größere Stichprobe erhoben werden konnte, ermittelt, daß sowohl die Haupterwerbslandwirte wie auch die Nebenerwerbslandwirte mehr oder weniger großen Wert darauf legen, daß eines der Kinder den Hof zur weiteren Bewirtschaftung übernimmt. Die eigene Einstellung zum landwirtschaftlichen Beruf wirkt sich dabei aus. Allerdings würden dennoch zwei Drittel derjenigen, die selbst auf keinen Fall wieder Landwirt würden, es gerne sehen, wenn eines der Kinder den Hof übernähme. Bei eigener positiver Einstellung liegt die Quote jedoch bei 90 v.H. Überraschend mag sein, daß die Qualität der regionalen Arbeitsmärkte keinen nennenswerten Einfluß hat. Auch bei ungünstiger Situation - nach Quantität und Qualität - wirken die Väter in etwa gleicher Weise auf die Kinder ein (1, S. 104 ff.). Bei dieser Einstellung ist sicher verständlich, daß die Haupterwerbslandwirte in Bayern nur vereinzelt die Betriebsaufgabe überlegen (1, S. 83).

Die Einstellung der landwirtschaftlichen Familien zum landwirtschaftlichen Beruf war aufgrund der vorliegenden Untersuchungen nach wie vor äußerst positiv. Daran hat der eingetretene Wertewandel (noch) nichts geändert. Allerdings ist anzunehmen, daß durch die Auswirkungen der 1984 begonnenen Veränderungen der EG-Agrarmarkt- und -preispolitik, die in der Regel zu einer Verschlechterung der Ertragslage führte und weiter führen wird, in den kommenden Jahren eine verstärkte Aufgabe der hauptberuflichen Bewirtschaftung vor allem kleinerer Betriebe auf ungünstigen Standorten erfolgen wird. Die 1987 wieder eingetretene vermehrte Aufgabe landwirtschaftlicher Betriebe ist ein Anzeichen dafür. Der auslösende Faktor wird jedoch nicht die veränderte Einstellung zur Landbewirtschaftung sein, sondern der unausweichliche Einkommensdruck, der es erforderlich machen kann, daß eine außerlandwirtschaftliche Tätigkeit übernommen werden muß, weil die Familie sonst in Not gerät. Damit wird die landwirtschaftliche Entwicklung von der gesamtwirtschaftlichen Entwicklung abgekoppelt, in deren Schlepptau sie sich bislang befand. Der vom Einkommensdruck ausgelöste Wille zum Arbeitsplatz- und Berufswechsel wird dann auch nicht mehr vom Ausmaß der lokalen Arbeitslosigkeit beeinflußt werden. Landwirte und vor allem ihre Kinder haben am Arbeitsmarkt keine schlechteren, eher bessere Chancen als andere Arbeitsuchende.

2.2.5 Einstellungen zum Natur- und Umweltschutz

In relativ kurzer Zeit haben Natur- und Umweltschutz in unserer Gesellschaft einen Stellenwert eingenommen, von dem noch vor nicht allzulanger Zeit auch die eifrigsten Vorkämpfer nicht zu hoffen gewagt hätten. Auch dies ist sicher eine Folge des Wertewandels. In der Diskussion um die bestehenden Gefahren für Natur und Umwelt gerieten auch die modernen landwirtschaftlichen Produktionsmethoden ins Kreuzfeuer der Kritik. Auswüchse und gesetzwidrige Handlungen einzelner Landwirte gaben Anlaß zu Auseinandersetzungen über die Gefährdung einer gesunden Ernährung. In einer repräsentativen Untersuchung der Agrarsozialen Gesellschaft e.V. stellte Hülsen 1982 u.a. fest: "Die Äußerung 'um zu überleben, muß der Mensch mit der Natur in Einklang leben', lehnen nur 6,8 v.H. ab, die man sicher als 'harten Kern' der dem Umweltschutz skeptisch gegenüberstehenden Gruppe (von Landwirten) ansehen muß" (2, S. 83).

Es wurde auch festgestellt, daß landwirtschaftliche Informationsveranstaltungen zum Umweltschutz in großer Zahl angeboten und besucht worden sind. Über 80 v.H. der Betriebsleiter waren der Meinung, daß in bestimmten landwirtschaftlichen Bereichen Maßnahmen zum Schutz von Natur und Umwelt erforderlich seien (2, S. 70 f.). Aufgeschlossenheit für die Berücksichtigung ökologischer Fragen fand auch Planck (6) bei der Landjugend.

Aus jüngsten, wenn auch nicht repräsentativen Informationsgesprächen wird immer wieder der Zwiespalt deutlich, in dem sich die Landwirte befinden. Die ökologische Sensibilität ist auch bei ihnen gewachsen, aber die ökonomischen Zwänge werden als bestimmend empfunden. Die positiver gewordene Einstellung zum Natur- und Umweltschutz wird besonders deutlich, wenn die einzelnen Landwirte sich vor Ort von akzeptierten Fachleuten überzeugen lassen, bestimmte Einzelmaßnahmen vorzunehmen oder zu unterlassen, obwohl die Wirtschaftlichkeit dadurch eine gewisse Beeinträchtigung erfährt.

2.2.6 Ausblick

Der in unserer Gesellschaft eingetretene Wertewandel beeinflußt selbstverständlich auch das Verhalten der landwirtschaftlichen Familien. Wertewandel ist verbunden mit einem Zurückweichen der Pflicht- und Akzeptanzwerte und einem Gewinn der Selbstentfaltungswerte. Dies stützt die Entwicklung in Richtung der leistungsfähigen landwirtschaftlichen Familienbetriebe! Wer diese Betriebsform zur Berufsausübung - auch im Nebenerwerb - wählt, eröffnet sich Möglichkeiten der Selbstentfaltung, die er in für ihn alternativen Tätigkeiten nur selten finden wird.

Die Entwicklung in der jüngeren Vergangenheit zeigt, daß die Landwirte die Bedeutung der schulischen und beruflichen Ausbildung voll erkannt haben. Die besser werdende Qualifikation befähigt die Landwirte zur Ausnutzung der sich bietenden produktionstechnischen Möglichkeiten. Sie können die ökonomischen und ökologischen Zusammenhänge besser erkennen und werden damit in der Lage sein, zu beurteilen, was kurzfristig möglich, aber langfristig "vernünftig" sein wird. Aus dem vorhandenen gesellschaftlichen Verantwortungsgefühl kann sich Verantwortungsbewußtsein entwickeln.

Hinsichtlich der künftigen Entwicklung ist jedoch auch mit regionalen Konsequenzen zu rechnen, die weitreichende Folgen haben werden. Je mehr auch die landwirtschaftliche Bevölkerung bewußt den Selbstentfaltungswerten größere Bedeutung beimißt, wird sie ihre derzeitige Situation kritischer prüfen und dabei zunehmend erkennen, daß Selbstentfaltung eines gewissen Potentials bedarf, um sich selbstverwirklichen zu können. Dann wird sich die Frage stellen, ob das auf zu kleinen landwirtschaftlichen Betrieben möglich ist oder ob es nicht berufliche Alternativen gibt. Das Ergebnis solcher Überlegungen wird in Regionen, in denen die natürlichen und agrarstrukturellen Bedingungen schlecht sind - d.h. zu kleine Betriebe auf wenig leistungsfähigen Böden -, zu weitreichenden Konsequenzen hinsichtlich der Aufrechterhaltung der Landbewirtschaftung und der damit im Zusammenhang stehenden wirtschaftlichen, ökologischen und gesellschaftlichen Probleme führen. Die Tendenz zum Rückzug der Landwirtschaft aus der Fläche wird in bestimmten Regionen deutlich werden. Daher sind unverzüglich Maßnahmen zur sozialen, aber auch zur regional-wirtschaftlichen und kommunalpolitischen (z.B. Infrastruktur) Abpufferung einzuleiten.

Die Weiterführung landwirtschaftlicher Betriebe durch Hoferben wird heute vielfach problematisiert. Ergebnisse wissenschaftlicher Untersuchungen und alle Erfahrungen lassen vielmehr immer noch erkennen, daß vielfach auch solche Betriebe hauptberuflich weitergeführt werden sollen, deren künftige Betriebsinhaber aus ihrer Bewirtschaftung - auch bei bescheidenen Einkommenserwartungen - kaum ein "angemessenes" Einkommen erzielen werden. Es ist eben nicht mit einer emotional bedingten, verbreiteten Abkehr von der Landwirtschaft, sondern vielmehr mit einem preis- und einkommenspolitisch erzwungenen Ausstieg aus der hauptberuflichen Landbewirtschaftung zu rechnen.

Wenn Klages sicher zu Recht feststellt, daß unsere Gesellschaft durch den Wertewandel ihre bisherigen "Maßstäbe" und "Sicherheit" verloren hat, so daß in der Zukunft alles - das Beste wie das Schlechteste - möglich ist (3, S. 34), so gilt dieses wohl (einstweilen?) nicht für die Landwirtschaft. Sie kann an ihren Maßstäben - Erhaltung der natürlichen Produktionsgrundlagen - und ihren Sicherheiten - Erhaltung des Betriebes als volle oder teilweise Existenzgrundlage für die folgenden Generationen - festhalten.

2.3 Agrarpolitik

2.3.1 Einleitung

Die Agrarpolitik hat in sehr verschiedener Weise auf die Entwicklung der Landwirtschaft eingewirkt. Markt-, Struktur- und Sozialpolitik wirkten sich auch in den einzelnen Gebieten der Bundesrepublik nicht gleichmäßig aus.

Während der letzten 30 Jahre hat der Einfluß der nationalen Agrarpolitik deutlich zugunsten der immer mächtiger werdenden EG-Agrarpolitik abgenommen. Dabei wurden im Laufe der Zeit jeweils andere Akzente gesetzt.

2.3.2 Die deutsche Agrarpolitik

2.3.2.1 Die Entwicklung bis 1983

Dieser Kurzbeitrag kann nur summarisch die Entwicklung in den ersten 30 Jahren seit Kriegsende erwähnen. In der ersten Nachkriegszeit wurde in der Bundesrepublik vornehmlich Markt- und Preispolitik betrieben. Sie sollte auch zur Herstellung einer "Parität" mit anderen Wirtschaftszweigen führen. Das (auch heute noch gültige) Landwirtschaftsgesetz von 1955 hatte das gleiche Ziel.

Umfassende Strukturpolitik setzte erst 1961 mit dem Gesetz zur Verbesserung der Agrarstruktur und der Sicherung der Betriebe ein. Allerdings hatte Minister Lübke schon 1953 die Flurbereinigung und die Aussiedlung aus zu engen Dorflagen eingeleitet. Eine deutliche Wende trat 1968 mit dem "Höcherl-Plan" und noch verstärkt 1971 mit dem "Ertl-Plan" ein. Das so bezeichnete einzelbetriebliche Förderungs- und soziale Ergänzungsprogramm konzentrierte die staatliche Mittelvergabe auf "entwicklungsfähige" Einzelbetriebe oder überbetriebliche Zusammenarbeit sowie auf Maßnahmen zum Ausscheiden aus dem landwirtschaftlichen Beruf (Landabgaberente). Hauptzweck war unverkennbar die rationelle Betriebsgestaltung von ausbaufähigen Betrieben.

In struktureller Hinsicht gewann das 1969 erlassene Gesetz über die Gemeinschaftsaufgabe zur Verbesserung der Agrarstruktur und des Küstenschutzes in den darauf folgenden Jahren zunehmend an Bedeutung. Agrarstrukturpolitik wurde dabei Angelegenheit der Bundesländer. Der Bund wirkte aber bei Planung und Finanzierung mit. Ohne den Küstenschutz wurden von 1973 bis 1988 von Bund und Ländern 33,4 Mrd. DM für diese Gemeinschaftsaufgabe ausgeworfen.

Eine Sozialpolitik wurde in stärkerem Umfang erst relativ spät eingeleitet. Wohl gab es 1958 bereits eine Altershilfe für Landwirte, es standen dafür aber damals nur 30 Mio. DM zur Verfügung. Die agrarsoziale Absicherung wurde in der Folge stark ausgebaut, auch mit Hilfe der landwirtschaftlichen Unfall- und Krankenversicherung. 1973 wurde bereits 41 % des Agrarhaushaltes des Bundes für agrarsoziale Zwecke aufgewendet (1987 sogar 60 %). Die Agrarsozialpolitik verfolgt heute praktisch nicht mehr allein soziale Ziele. Sie ist zugleich Strukturpolitik und nicht zuletzt Einkommenspolitik geworden.

2.2.2.2 Die Entwicklung seit 1983

Nach den Neuwahlen 1983 ging das Agrarressort von der FDP an die CSU über. "Stärker als sein Vorgänger (Ertl) setzt Kiechle den agrarpolitischen Akzent auf vier Bereiche: auf die Erhaltung einer bäuerlichen, auch kleinbäuerlichen Landwirtschaft, auf den Abbau der kostspieligen Überproduktion, auf die Stabilisierung des Marktordnungssystems der Agrargemeinschaft und auf die Harmonisierung des Widerspruchs zwischen Landtechnik und Umwelt" (Kluge, S. 17).

Erschwerend kam hinzu, daß sich in den letzten Jahren die Ertragslage der deutschen Landwirtschaft deutlich verschlechtert hatte. Bei den jährlichen Preisfestsetzungen durch die EG kam es für die Bundesrepublik immer wieder bei den meisten Erzeugnissen zur Senkung der Realpreise. Die in EG-Rechnungseinheiten oder später in ECU ausgewiesenen Preisanhebungen waren häufig nominal nur sehr gering.

1984 wurden in Ergänzung des EG-Milchquotensystems (siehe Ziffer 3.2) in der Bundesrepublik national die kleinen Betriebe weniger belastet als Betriebe mit hohen Ablieferungsmengen (Kleinerzeuger 2 % Abzug, Großerzeuger 12,5 % Abzug). Ferner wurde national eine Milchrentenregelung eingeführt, nach der 1 Mrd. DM bereitstehen, um Milcherzeugern, die ihre Milchproduktion einstellen, eine bis 1994 befristete Rente zu gewähren.

Im Agrarstruktur- und -sozialbereich wurden die Mittel, die aus Haushaltsgründen vorübergehend gekürzt worden waren, wieder aufgestockt. Die Förderschwelle im einzelbetrieblichen Förderprogramm wurde abgeschafft. Damit können nunmehr auch Klein- und mittelbäuerliche Betriebe gefördert werden. Daneben gab es später nationale Bestimmungen, die über das EG-Recht hinausgingen und die die Förderung von mittleren bis größeren Betrieben in der Schweine- und Milchviehhaltung stoppten oder praktisch unmöglich machten. Zugleich wurde ein Agrarkreditprogramm eingeführt, genau so wie die Kreditvergabe an junge, in den Beruf eintretende Betriebsleiter. Vor allem aber wurde in den benachteiligten Gebieten ab 1986 die Ausgleichszulage, die anfangs nur für 1,5 Mio. Hektar Fläche gewährt worden war, auf 6 Mio. ha ausgedehnt und je Großvieheinheit oder Hektar erhöht.

Schließlich wurde nationalerseits ein erster Ansatz zur Flächenstillegung gestartet, und zwar mit dem Großversuch der Rotationsbrache im Lande Niedersachsen.

2.3.3 Die Agrarpolitik der EG

2.3.3.1 Die Entwicklung bis 1983

Weder im EG-Vertrag noch auf der Konferenz von Stresa (1958) wurden regional unterschiedliche agrarpolitische Maßnahmen explizit festgelegt. Wie in der nationalen Agrarpolitik war am Anfang die Markt- und Preispolitik die einzige Methode. Drei Grundsätze gelten auch heute noch:

- Einheitlichkeit des Marktes (freier Warenverkehr)
- Gemeinschaftspräferenz (Hohe Inlandspreise, Abschotten gegen Ausland)
- Finanzielle Solidarität (= gemeinschaftliche Finanzierung).

Die ursprünglich angesteuerte einkommenspolitische Funktion der Markt- und Preisstützungspolitik wurde im Laufe der Zeit überfordert. Verschiedene Märkte gerieten bereits in den 70er Jahren allmählich ins Ungleichgewicht.

1972 wurde - mit großen Schwierigkeiten - eine gemeinsame Agrarstrukturpolitik eingeführt. Drei Richtlinien zur Verbesserung der Agrarstruktur sollten die zu erlassenden Maßnahmen der EG-Länder steuern. 1975 wurde ein Viertel der damaligen EF-Fläche als "benachteiligte Gebiete" eingestuft, die jedoch nicht mehr als 10 % der Agrarproduktion darstellten. Den Betrieben in diesen Gebieten wurden und werden Ausgleichsentschädigungen gewährt.

Bereits 1973 erreichte die damalige Sechsergemeinschaft rechnerisch nahezu den Selbstversorgungsgrad. Mit dem Beitritt Großbritanniens trat vorübergehend eine Marktentlastung ein. Bald traten aber "strukturelle" Überschüsse auf, die vom Staat aufgekauft und eingelagert werden mußten. Da bei den wichtigsten Agrarerzeugnissen alle Erzeugungsmengen abgenommen wurden, konnten und können durch diese Agrarpolitik die Betriebe und Gegenden am stärksten profitieren, die viel erzeugen.

Bei der steigenden Überschußlage und den Schwierigkeiten auf den Weltmärkten wurden ab 1979/80 die Erzeugerpreise nominal nur noch sehr vorsichtig angehoben und teilweise sogar real gesenkt. 1985 erzeugte die Zehnergemeinschaft 14 % mehr Lebensmittel, als innerhalb ihrer Grenzen abgesetzt werden konnten.

2.2.3.2 Die Entwicklung ab 1984

Die Agrarüberschüsse beanspruchten große Teile der für die gesamte Agrarpolitik bereitgestellten Finanzmittel. Waren noch 11,1 Mrd. ECU für die Marktverwaltung durch die Gemeinschaft erforderlich, so stiegen diese Ausgaben über 18.4 Mrd. ECU (1984) auf 27,3 Mrd. ECU im Jahre 1987 an. Von diesen Geldern gelangten aber nicht mehr als ungefähr 30 % direkt in die Hände der Erzeuger.

Mit der Milchkontingentierung von erstmals 1984 und den später folgenden Verschärfungen wurde bei der Milch die "Notbremse" gezogen. Den Betrieben (in einigen Ländern Molkereien) wurden Quoten zugeteilt, die ganz erheblich unter den einzelnen Erzeugungsmengen von 1983 festgesetzt werden mußten. Auf diese Weise wurde ein besserer, wenn auch nicht vollständiger Marktausgleich (Inland und Export) erreicht. Zugleich konnten schrittweise die weit überhöhten Lagerbestände an Butter und Magermilch zurückgeführt, wenn auch noch nicht abgebaut werden.

Durch die krisenhafte Zuspitzung der Haushaltssituation wurde im März 1984 neben der Milchquotenregelung auch eine stärker restruktive Preispolitik für fast alle Erzeugnisse, die Einführung von Produktionschwellen (automatische Preissenkungen) für verschiedene Erzeugnisse, die Lockerung verschiedener Interventionsmechanismen und zum Teil auch der Abbau von bestehenden Beihilfen im Grundsatz beschlossen.

Das im Juli 1985 von der EG-Kommission veröffentlichte "Grünbuch" war ein Plädoyer für einen weiteren Strukturwandel in der Landwirtschaft. Dabei wurde zugleich einer mehr marktorientierten Preispolitik das Wort geredet. Ausgleichszahlungen, die weniger kosten als Auslagerung und Verschleuderung von Überschüssen, sollen Einkommensrückgänge ausgleichen. Weitere Mengenbegrenzungen, Flächenstillegungen, Vorruhestandsregelungen und die Förderung von Produktionsalternativen wurden angekündigt.

Auf der Gipfelkonferenz im Februar 1988 wurden diese Forderungen der EG-Kommission zum Teil erfüllt, wenn auch nicht immer in vollem Umfang. Ein Vorruhestand wird beschlossen. Entscheidende Bedeutung dürfte die freiwillige Flächenstillegung für fünf Jahre (gegen Entschädigung) auf einem Fünftel betrieblicher Ackerflächen besitzen. Allerdings wird damit erst ein Einstieg in eine Entwicklung ermöglicht, die sich in der Zukunft noch sehr viel mehr verschärfen dürfte.

2.3.4 Bewertung der bisherigen Agrarpolitik

Sowohl national wie in der EG wurde zunächst das Schwergewicht der agrarpolitischen Maßnahmen auf die Markt- und Preispolitik gelegt. Dies führte zu unerwartet hohen Produktionsteigerungen. Bereits frühzeitig wurde auf die Gefahr drohender Überschüsse und die Notwendigkeit zur Stillegung von Produktionskapazitäten immer wieder hingewiesen. Aus dieser Sicht hat die EG-Kommission schon sehr früh (auch schon bei der ersten Festsetzung der Getreidepreise im Jahre 1964) auf nicht zu hohe Preise hinwirken wollen. Die nationalen Minister setzten jedoch im Rat nahezu regelmäßig höhere Preise durch, als sie jeweils von der Kommission vorgeschlagen worden waren. Die Ursachen der Überschußmisere sind zur Hauptsache hier zu suchen.

Das relativ günstige Preisniveau behinderte zugleich den in Anpassung an die technischen Fortschritte dringend notwendigen Strukturwandel, nämlich hin zu wettbewerbsfähigen Betriebseinheiten. Zu viele, an sich ertragsschwache Betriebe blieben wegen dieses Preisniveaus in der Produktion.

Eine Strukturpolitik setzte, sowohl national wie im Rahmen der EG, erst später ein und zudem auch noch nicht mit besonderem Nachdruck. Von seiten der EG wurde die Strukturpolitik weitgehend in nationaler Regie belassen. Das hatte eine Verstärkung der zwischenstaatlichen Wettbewerbsverzerrungen zur Folge. In den Niederlanden wurde z.B. die Hinentwicklung zu gut lebensfähigen Betrieben zielgerecht vom Staat, auch mit erheblichen finanziellen Mitteln, gefördert. Dabei wurden nicht lebensfähige Betriebe sogar von der Förderung ausgeschlossen.

In der Bundesrepublik dagegen wurde die 1968 eingeführte staatliche Förderung von lediglich als "entwicklungsfähig" angesehenen Betrieben (ab einer bestimmten Förderschwelle) 1984 wieder in ein allgemeines Programm umgewandelt. Später wurden im nationalen Alleingang, und zwar in der (unerfüllten) Hoffnung, die anderen EG-Länder würden nachziehen, selbst mittlere Bestandsgrößen bei den Mastschweinen und Mastrindern nicht mehr für Aufstockungen gefördert (bestehende EG-Normen wurden also unterboten). 1987 wurde auch die Herausbildung von größeren Milchviehherden durch nationale Bestimmungen praktisch verhindert (Der Staat zieht 80 % der Quote ein), während in anderen EG-Ländern keine derartigen Bremsen angelegt wurden. Als Folge wurde und wird die Wettbewerbsfähigkeit vieler deutscher Betriebe in Frage gestellt. Mehr und mehr ursprünglich deutsche Marktanteile auf dem EG-Markt wurden und werden von anderen EG-Ländern übernommen.

Demgegenüber setzte die deutsche Agrarpolitik ihre Akzente besonders auf die Konservierung einer möglichst großen Zahl von bäuerlichen Familienbetrieben und einer Politik zugunsten des ländlichen Raumes. Allerdings gibt es im letzten Agrarbericht (1988) einen ganz neuen Passus, der vielleicht anzeigen könnte, daß die deutsche Agrarpolitik stärker als bisher das nachvollzieht, was in anderen EG-Ländern zur Förderung ihrer Landwirtschaft selbstverständlich ist: Bisher sprachen die Agrarberichte unter "Ziele" stets nur von der "Sicherung der bäuerlichen Familienbetriebe". 1988 hat es erstmalig dazu einen Zusatz gegeben, nämlich "... und ihrer Wettbewerbsfähigkeit".

In der deutschen Agrarpolitik wird ein besonders großes Gewicht auf die soziale Absicherung der Landwirte und ihrer Familien gelegt. Allerdings ist die Zahl der in der Landwirtschaft Tätigen und ihrer Familien in der Bundesrepublik im Verhältnis (z.B. je Fläche gerechnet) ungleich höher als in den meisten anderen nördlichen EG-Ländern. Da vergleichsweise mehr Menschen zu betreuen sind, sind die finanziellen Belastungen des Staates auch relativ hoch.

Diese sozialen Zuwendungen können auch als versteckte Einkommenshilfen angesehen werden. Die Ausgleichszahlungen für die benachteiligten Gebiete sind eine weitere Form von Einkommensübertragungen. Auch wenn sie nicht hoch sind, so wirken sie doch in vielen Fällen als konservierend, also als nicht strukturbereinigend. Das neu entdeckte Ziel der Förderung der Wettbewerbsfähigkeit wird damit also nicht angesteuert.

Insgesamt gesehen gab und gibt es deutliche Diskrepanzen, sowohl in der EG-Agrarpolitik wie in der Agrarpolitik der Bundesrepublik Deutschland. In jüngster Zeit scheint sich jedoch ein Wandel vorzubereiten. Dies ist auch dringend in Anbetracht der für die Zukunft zu erwartenden und einschneidenden Perspektiven geboten.

2.3.5 Zukunftsaussichten

Die zukünftige Agrarpolitik sieht sich einer Reihe von Sachzwängen gegenüber, denen sie nicht ausweichen kann (Thiede, 1988). Der Abbau der bestehenden Überschüsse und die Verhinderung von zukünftigen Überschüssen zieht eine Politik zur Verminderung der Kapazitäten der Landwirtschaft nach sich. Genau so bringt es der technische Fortschritt mit sich, daß mit weiteren erheblichen Produktionssteigerungen je Fläche und Tier gerechnet werden muß. Besonders große Einflüsse sind aus den neuen biotechnologischen Errungenschaften zu erwarten, von denen heute erst erste Anfänge wirksam werden. Das Bundesministerium für Ernährung, Landwirtschaft und Forsten rechnet offensichtlich mit einer so großen zukünftigen Erzeugungsausweitung, daß - ohne eine Änderung der bisherigen Agrarpolitik - in der EG im Jahre 2000 50 % mehr Nahrungsmittel erzeugt würden, als dann abgesetzt werden können.

Damit wird der Zwang zum Abbau von ganz erheblichen landwirtschaftlichen Kapazitäten deutlich. Für die Bundesrepublik müßte, nach Äußerungen aus dem genannten Ministerium, ein Drittel der heutigen Nahrungsmittelproduktion eingestellt werden, wenn im Jahre 2000 das Gleichgewicht zwischen Erzeugung und Absatz (im Inland und im Ausland) hergestellt sein soll. Ob und in welchem Umfang nachwachsende Rohstoffe auf freiwerdenden Flächen angebaut werden können, ist noch nicht mit Sicherheit abzusehen.

Daß aber ganz erhebliche Flächen und Tierbestände aus der Produktion genommen werden müssen, dürfte sicher sein. Die Entscheidung auf der Gipfelkonferenz vom Februar 1988, betriebsweise die Stillegung von Flächen des Ackerlandes zu honorieren, ist daher erst der (geringe) Einstieg in eine, von der zukünftigen Agrarpolitik (unter Zwang) zu steuernden, sehr viel umfangreicheren Politik zum Abbau der heute noch bestehenden Überschüsse und bei der Beschneidung zukünftiger Produktionskapazitäten.

Dieser Abbau wird sich auch auf die Zahl der noch in der Produktion verbleibenden Betriebe auswirken. Die Aufgabe von Betrieben, besonders beim Generationswechsel, wird sich verstärkt fortsetzen. Wenn das "neue" (deutsche) Ziel von in der EG "wettbewerbsfähigen" Betrieben tatsächlich angesteuert werden wird, kann man wohl erwarten, daß bis zum Ende dieses Jahrhunderts die Hälfte der heutigen Vollerwerbsbetriebe der Bundesrepublik nicht mehr vorhanden sein wird (Thiede, 1988).

2.4 Umweltpolitik

Immer mehr Landwirte geraten in die Gefahr, zwischen den Mühlsteinen der Agrarpolitik und der Umweltpolitik zerrieben zu werden. Seit jeher sehen sich die Landwirte Umwälzungen gegenüber, die aus dem wissenschaftlich-technischen Fortschritt, agrarpolitischen Entscheidungen und allgemeinen wirtschaftlichen und gesellschaftlichen Entwicklungen herrühren. Viele kleinere Betriebe mußten im Laufe der Zeit aufgeben, auch wenn sie sich, aus den verschiedensten Beweggründen motiviert, noch eine Zeitlang halten konnten. Es wäre wenig wirklichkeitsnah anzunehmen, daß diese Entwicklung zum Stillstand kommt. Im Gegenteil, zu den hergebrachten Ursachen kommt der Umweltschutz hinzu, dessen Anforderungen insbesondere die kleineren und mittleren Betriebe in erhebliche wirtschaftliche Schwierigkeiten bringen.

2.4.1 Agrarpolitik und Agrarumweltpolitik

Nach den derzeitigen und absehbaren agrarpolitischen Vorgaben bleibt diesen Landwirten, wenn sie wirtschaftlich überleben wollen, nichts anderes übrig, als unter Zurückstellung ökologischer Erfordernisse über die Fläche, deren wirtschaftlichen Zuschnitt, Ertragssteigerungen im Pflanzenbau und Intensivierungen der Viehhaltung zu wachsen. Im Einkommen nicht allzu sehr abzusinken, es zu halten oder gar zu steigern, kann eine verstärkte Nutzung der natürlichen Hilfskräfte Natur und Landschaft in Gestalt von Luft, Boden und Wasser sowie einen gesteigerten Einsatz von Agrochemikalien bei Dünge-, Pflanzenbehandlungs-, Futter- und Tierarzneimittelanwendung bedeuten. Der Tierschutz bringt ethische Grenzen zur Sprache. Gegen diese Zwänge aus der Agrarpolitik arbeitet die Agrarumweltpolitik an, welche die Landwirte auf allen Gebieten des Umweltschutzes dazu zwingt, sich unter Zurückstellung ökonomischer Möglichkeiten auf eine ökologieverträglichere Betriebsführung und Produktion einzustellen.

Der Gegensatz von Landwirtschaft und Umweltschutz wird von den Ansichten an den Enden des Meinungsspektrums über das Verhältnis von Landwirtschaft und Umweltschutz bestritten. Wer glaubt, die heutige Landwirtschaft als solche in der Bundesrepublik Deutschland sei der beste Umweltschutz, kann naturgemäß keinen Gegensatz entdecken. Wer meint, der Gegensatz von Ökonomie und Ökologie in der Landwirtschaft sei nur ein scheinbarer, hat die Versöhnung zwischen Ökonomie und Ökologie in der Landwirtschaft gedanklich schon vollzogen. Bei dieser vorweggenommenen vollen Zielgleichheit von Landwirtschaft und Umweltschutz kann ein Gegensatz auch nicht auftauchen. Die Theorie, daß ökonomisch nur das richtig ist, was auch ökologisch richtig ist, verschafft jedenfalls heute keinem Landwirt ein ausreichendes Einkommen. Zwischen Landwirtschaft und Umweltschutz besteht in Teilbereichen Deckungsgleichheit, aber ihre völlige harmonische Übereinstimmung liegt in der Ferne. In der Landwirtschaft ist nicht absehbar, daß der wissenschaftlich-technische Fortschritt kurzfristig zu immer mehr Umweltverträglichkeit der Betriebsführung und Produktion führt, weil Intensivierungen die natürlichen Hilfskräfte in der Regel stärker in Anspruch nehmen. Die Landwirtschaft bemüht sich jedoch verstärkt, Wege zu finden, die eine intensive Bodennutzung zulassen und gleichzeitig die Umwelt weitgehend schonen, bei denen also Ökonomie und Ökologie keine Gegensätze mehr sind, sondern sich ergänzende Komponenten eines Gesamtsystems.

Mehr Umweltschutz in der Landwirtschaft kostet daher heute in erster Linie Geld in allen Bereichen der Umweltpflege, und zwar

- des Naturschutzes und der Landschaftspflege,

- des Schutzes der natürlichen Hilfskräfte Luft, Boden, Wasser,

- des Schutzes vor gefährlichen Stoffen bei der Anwendung von Dünge-, Pflanzenbehandlungs-, Futter- und Tierarzneimitteln.

Finanzielle Verluste entstehen auch dadurch, daß Grundstücke und Inventar durch Umweltauflagen im Verkehrswert sinken. Aus dem Gegensatz von Ökonomie und Ökologie im Verhältnis von Landwirtschaft und Umweltschutz ergeben sich somit eine Vielzahl von agrar- und umweltpolitischen Fragen, die offen und nicht kurzfristig zu lösen sind. Festzustellen ist lediglich:

- Die Agrarpolitik öffnet sich seit Jahren ständig und immer mehr ökologischen Anforderungen. Die Agrarumweltpolitik verschließt sich häufig ökonomischen Argumenten.

- Alle politischen Richtungen sprechen sich deutlich für eine umweltverträglichere Landwirtschaft aus. Zur Finanzierungsfrage sind die Äußerungen jedoch sehr verschwommen.

2.4.1.1 Verursacherprinzip und Gemeinlastprinzip

Nach dem umweltpolitisch allgemein anerkannten Verursacherprinzip sollen Kosten zur Vermeidung, zur Beseitigung und zum Ausgleich von Umweltbelastungen zwar denjenigen zugerechnet werden, die sie verursacht haben. Ist eine Kostenzurechnung aber nicht sinnvoll, weil sie die bäuerliche Agrarstruktur langfristig gefährden würde, können die Kosten ausnahmsweise nach dem Gemeinlastprinzip mit von der Allgemeinheit getragen werden.

Die Forderungen nach mehr Umweltschutz in der Landwirtschaft gehen in der Regel davon aus, daß die Landwirte die Kosten nach dem Verursacherprinzip über eine Ausdehnung der Sozialbindung ihres Eigentums selbst zu finanzieren haben. Eine auch teilweise Kostenübernahme durch die Allgemeinheit nach dem Gemeinlastprinzip wird abgelehnt. Eine rigorose Durchsetzung von mehr Umweltschutz in der Landwirtschaft ohne Regelung der Finanzierungsfrage würde den entgegengesetzten Erfolg nach sich ziehen und das Leitbild vom bäuerlichen Familienbetrieb mit ökologieverträglicher Wirtschaftsweise unerreichbar machen. Die finanziellen Zwänge würden ohne grundlegende Änderung der agrarpolitischen Vorgaben gerade die agrarumweltpolitisch erwünschten landwirtschaftlichen Betriebe als Produzenten von Agrarprodukten und Pfleger der Kultur- und Erholungslandschaft zur Aufgabe zwingen. Der Weg zur allseits unerwünschten Agrarfabrik in der Pflanzen- und Tierproduktion wäre vorgezeichnet, würde man die bäuerlichen Familienbetriebe durch die Agrarumweltpolitik erst arm machen, um auf diese Weise mehr Umweltschutz in der Landwirtschaft durchzusetzen. Ein solches Ergebnis wäre als Folge eines verstärkten Umweltschutzes in der Landwirtschaft im Hinblick auf die günstigen Wirkungen der Landbewirtschaftung für die natürlichen Lebensgrundlagen und die ländlichen Räume nicht vertretbar.

2.4.1.2 Vorsorgeprinzip und Umweltverträglichkeitsprüfung

Das Vorsorgeprinzip ist das inhaltliche Leitbild der Umweltpolitik. Durch den frühzeitigen Einsatz staatlicher Maßnahmen soll über die vorsorgende und eingreifende Abwehr von Gefahren für Mensch und Umwelt und die Beseitigung von Schäden hinaus dem Entstehen möglicher Umweltbelastungen vorgebeugt und eine schonende Nutzung der natürlichen Hilfskräfte erreicht werden. Eine konsequente Anwendung des Vorsorgeprinzips mündet in eine Umweltverträglichkeitsprüfung. In diese Richtung tendiert etwa der Rat von Sachverständigen für Umweltfragen, wenn er in seinem Sondergutachten 1985 "Umweltprobleme der Landwirtschaft" anregt,

- die Landwirtschaftsklauseln des Bundesnaturschutzgesetzes und der entsprechenden Ländergesetze aufzuheben,
- Betreiberpflichten der Landwirte für umweltbedeutsame landwirtschaftliche Tätigkeiten einzuführen,
- konkrete Regeln umweltschonender Landbewirtschaftung in einem geschlossenen Regelwerk zur genaueren Bestimmung des Inhalts der Betreiberpflichten zu erarbeiten.

Die Landwirtschaft hat die heutige Kultur- und Erholungslandschaft geschaffen. Viele Jahrhunderte gab es keinen tiefgreifenden Zielkonflikt zwischen Landwirtschaft und Umweltschutz. Als chemische und in verstärktem Umfang technische Betriebshilfsmittel angewendet wurden, gab es kleinere Konfliktlagen. Aber erst der beschleunigte wissenschaftlich-technische Fortschritt seit 1950 hat die heutigen Probleme geschaffen. Bevor 1970 im Sofortprogramm der Bundesregierung der Umweltschutz zum Staatsziel erhoben wurde, gab es nur einige wenige Konfliktnormen, etwa § 15 Gewerbeordnung über die genehmigungspflichtigen Anlagen, der aber wesentlich agrarpolitische Zielrichtung gegen "Massentierhaltungen" hatte, sowie noch wenig ausgeprägte Kollisionsbestimmungen im Düngemittel-, Pflanzenschutz- und Futtermittelrecht. Nach 1970 war zunächst auch ohne Zweifel davon auszugehen, daß weiterhin Landwirtschaftsfreiheit bestehen wird wie etwa auch die Baufreiheit. Ebenso wie die generelle Baufreiheit im Laufe der Zeit immer stärker beschränkt wurde, haben zunehmend Zielkonflikte im Verhältnis von Landwirtschaft und Umweltschutz weitere Kollisionsnormen hervorgebracht, etwa die Landwirtschaftsklauseln im Naturschutz- und Landschaftspflegerecht des Bundes und der Länder und das Dungaufbringungsprivileg in § 15 Abfallgesetz.

Erst in jüngster Zeit ist verstärkt die Forderung erhoben worden, das bisherige Prinzip der Landwirtschaftsfreiheit aufzugeben und von der Sicht der grundsätzlichen Umweltverträglichkeit einer landwirtschaftlichen Tätigkeit dazu überzugehen, daß jede landwirtschaftliche Tätigkeit ein Eingriff in die Umwelt ist, für den generell Ausnahmen zugelassen werden können oder der im Einzelfall erlaubnis- oder bewilligungspflichtig ist, also eine Umweltverträglichkeitsprüfung für die Landwirtschaft einzuführen. Ein Schritt dazu wäre die Streichung der Landwirtschaftsklauseln, die eine Zielkonformität zwischen der ordnungsgemäßen Landwirtschaft und der Landschaftspflege widerleglich vermuten, oder die Erlaubnispflicht der landwirtschaftlichen Düngung nach dem Wasserhaushaltsgesetz.

Weder unbeschränkte Landwirtschaftsfreiheit noch generelle Erlaubnis- und Bewilligungspflicht wären der richtige Weg. Die Lösung sollte in einer Landwirtschaftsfreiheit liegen, die auf Umweltbelange ausreichend Rücksicht nimmt. Die Landwirtschaft muß sich nicht nur gegen umweltromantische Übertreibungen wehren, sondern auch bereit sein, aus der Landwirtschaft herrührende Umweltbelastungen abzubauen, sonst wird sie eine Entwicklung weg von der Landwirtschaftsfreiheit nur selbst beschleunigen. Sie würde daher nur das Anliegen derjenigen fördern, welche die umweltschutzkonforme Vorabbewertung zugunsten der Landwirtschaft aufgeben wollen. Landwirtschaft wäre nur noch nach gesetzlichen Standards oder aufgrund einer Erlaubnis im Einzelfall möglich. Die Landwirtschaft muß, um Landwirtschafts- und Eigentumsfreiheit zu erhalten, soweit das überhaupt bei den zahlreichen konkurrierenden Nutzungsansprüchen an den ländlichen Raum in der dicht besiedelten Bundesrepublik Deutschland möglich ist, bereit sein, für die wesentlichen Umweltschutzbereiche Konzessionen zu machen. Nur so kann die Landwirtschaftsfreiheit als Alternative zu bürokratischen Regelungen aufrechterhalten werden.

2.4.1.3 Kooperationsprinzip und Eingriffsverwaltung

Ausgehend von den Erfahrungen bei Naturschutz und Landschaftspflege hat sich mittlerweile eine breite umweltpolitische Erkenntnis durchgesetzt, daß Umweltschutz im ländlichen Raum wenig effektiv mittels der Eingriffsverwaltung gegen die Landwirtschaft, sondern in Anwendung des Kooperationsprinzips wirksam nur mit der Landwirtschaft praktiziert werden kann. Das Kooperationsprinzip sieht die Mitwirkung der Betroffenen in Gesetzgebung und Verwaltung sowie sogenannte Branchenvereinbarungen vor.

Die Gesetzgeber gehen davon aus, daß die Bürger wegen der Umweltauswirkungen oder der Aufwendungen für den Umweltschutz ein natürliches Interesse an einer Mitwirkung haben. Sie beteiligen daher die Bürger in verschiedener Weise.

Branchenvereinbarungen mit der Wirtschaft werden positiv bewertet. Die Kooperation von Staat und Wirtschaft als Verzicht auf enge staatliche Reglementierungen zugunsten größerer Freiheit für wirtschaftliches Handelns nimmt die Wirtschaft in die Pflicht, bessere, schnellere oder kostengünstigere Lösungen zu realisieren, als dies mit Hilfe staatlicher Maßnahmen allein erreicht werden könnte.

Zwischen den Gesetzgebern und der Landwirtschaft bedarf es keiner besonderen Vereinbarungen zur Kooperation; sie ergeben sich aus der Natur der Sache. Die Landwirtschaft hat die als erhaltenswert angesehene Kulturlandschaft in jahrhundertelanger Arbeit geschaffen. Sie ist Bestandteil der Umwelt und nicht ein Fremdkörper darin. Mit dem Einsatz des wissenschaftlich-technischen Fortschritts ist die Landwirtschaft nicht mehr wie in früherer Zeit die Umweltpflege schlechthin. Die Landwirte sind aber weiterhin auf die nachhaltige Gesundheit der natürlichen Hilfskräfte Landschaft, Luft, Boden und Wasser angewiesen. Sie haben daher ein elementares Interesse an der Kooperation. Dabei müssen die Landwirte noch mehr Verständnis für die Ziele der Umweltpolitik und die Gesetzgeber ein Einsehen in manche ökonomischen und produktionstechnischen Zwänge der Landwirte haben, damit die Kooperation mehr bewirkt als staatliche Eingriffe dies können.

2.4.2 Agrarumweltpolitische Fragenkreise

In diesen umweltpolitischen Zusammenhängen wird manchmal die Frage gestellt, welche wirtschaftlichen Auswirkungen die Agrarumweltpolitik und ihre Umsetzung in das Agrarumweltrecht auf die Landwirtschaft haben bzw. wie die wirtschaftliche Lage der Landwirtschaft wäre, wenn es dies nicht gäbe oder die agrarumweltpolitischen Bemühungen nicht fortgesetzt würden. Da die Landwirtschaft jedoch nicht auf eine ökonomische Insel der Seligen projiziert werden kann, sondern Mitglied der Wirtschafts- und Rechtsgemeinschaft der Bundesrepublik Deutschland ist, kann von einer Aufgabe der Umweltschutzbemühungen in bezug auf die Landwirtschaft kaum ausgegangen werden. Die Frage kann nur lauten, ob die Gesetzgeber die Landwirtschaft bei der Interessenabwägung zutreffend eingestuft haben. Da die Agrarpolitik weitgehend EG-Politik ist, wird es mittelfristig auch eine EG-Agrarumweltpolitik und ein EG-Agrarumweltrecht geben müssen, weil sonst alle nationalen Bemühungen und Verschärfungen der Umweltschutzanforderungen die Existenz der landwirtschaftlichen Betriebe in der Bundesrepublik Deutschland aus Wettbewerbsgründen gefährden würden.

Für die Umsetzung der Agrarumweltpolitik in bindende Normen des Agrarumweltrechts erscheinen national vier Fragenkreise von Bedeutung:

- Die Konkurrenz in der Agrarumweltpolitik zwischen Bund und Ländern und unter den Ländern.

- Die Interessenabwägung zwischen Landwirtschaft und Umweltschutz in den einzelnen Umweltschutzbereichen.

- Die Abgrenzung von entschädigungsloser Sozialbindung und entschädigungspflichtiger Enteignung.

- Die Abgeltung umweltschutzbedingter Einkommensrückgänge in der Landwirtschaft durch staatliche Ausgleichsleistungen.

Zur Zeit ist die agrarumweltpolitische Diskussion, nicht zuletzt wegen der zum Teil krisenhaften wirtschaftlichen Situation in der Landwirtschaft, etwas zurückgegangen. Die wichtigsten agrarumweltrechtlichen Vorhaben der laufenden Legislaturperiode sind die grundlegende Novellierung des Bundesnaturschutzgesetzes und die Konkretisierung eines Bodenschutzrechts. Dabei ist insbesondere zwei Problemkreisen nachzugehen:

- Verlagerung der umweltschutzbedingten Kosten in der Landwirtschaft nach dem Gemeinlastprinzip auch auf die Allgemeinheit, das heißt konkret Schaffung einer dem § 19 Abs. 4 Wasserhaushaltsgesetz entsprechenden Regelung auch für das Bundesnaturschutzgesetz (Nahziel).

- Ausschöpfen aller politischen, rechtlichen und fachlichen Möglichkeiten, den Gegensatz zwischen Ökonomie und Ökologie im Verhältnis von Landwirtschaft und Umweltschutz mit dem Ziel abzubauen, daß Landwirtschaft und Umweltschutz sich ergänzende Komponenten eines Gesamtsystems werden (Fernziel).

2.4.3 Zusammenfassung

Die Umweltanforderungen an die deutsche Landwirtschaft werden voraussichtlich weiter wachsen. Steigendes Umweltbewußtsein, Überschußproduktion, biologisch-technischer Fortschritt sowie Bevölkerungsrückgang werden manche Probleme noch verschärfen und räumliche Auswirkungen mit sich bringen. Ein Zurückweichen hinter erreichte Umweltstandards in der Landwirtschaft erscheint unwahrscheinlich. Diese Entwicklung der Agrarumweltpolitik wird sich im Agrarumweltrecht niederschlagen. Daraus ergeben sich, auch als Zusammenfassung der vorstehenden Punkte, folgende Grundaussagen:

- Mehr Umweltschutz in der Landwirtschaft kostet Geld. Der Staat hat der Landwirtschaft bei der Finanzierung der umweltschutzbedingten Kosten zu helfen, denn sie können nicht über die Produktpreise weitergegeben werden. Außerdem werden damit aktive Umweltleistungen honoriert.

- Die Leistungen an die Landwirtschaft als Umweltpfleger und Umwelterhalter werden zur Zeit im wesentlichen als Förderungsmittel gewährt. Sie sind dauerhaft gesetzlich abzusichern. Rechtliche Hindernisse für Tätigkeiten der Landwirte im Umweltschutz sind abzubauen.

- Die Landwirtschaftsklauseln im Naturschutz- und Landschaftspflegerecht sind beizubehalten, gegebenenfalls fortzuentwickeln. Nach der Diskussion im Rahmen des § 19 Abs. 4 Wasserhaushaltsgesetz kommt der Inhaltsbestimmung der ordnungsgemäßen Landwirtschaft eine wesentliche Bedeutung zu.

- EG-einheitliche Regelungen im Tierschutz, welche die Wettbewerbsgleichheit für die deutsche Landwirtschaft sichern, sind anzustreben. Nationale Regelungen sind erst zu treffen, nachdem die EG-Vorschriften erlassen wurden.

- Die deutschen Landwirte verlangen zu Recht EG-einheitliche Regelungen im Umweltschutz. Sie treten einer weiteren Schwächung ihrer Stellung im Wettbewerb mit den Landwirten in der EG entgegen, die sich aus nicht vergleichbaren Umweltschutzanforderungen ergibt.

- Alle vorstehenden Punkte erfordern eine Überprüfung, Systematisierung und Harmonisierung der Rechtsnormen auf allen Stufen, soweit sie das Verhältnis zwischen dem Recht der Landwirtschaft und dem Umweltrecht betreffen.

- Fernziel aller rechtlichen Bemühungen muß dabei sein, der Landwirtschaft Hilfen bei ihren Bemühungen zu gewähren, Wege zu finden, die eine intensive Bodennutzung zulassen und gleichzeitig die Umwelt weitestgehend schonen, bei denen also Ökonomie und Ökologie keine Gegensätze mehr sind, sondern sich ergänzende Komponenten eines Gesamtsystems.

2.5 Technischer Fortschritt in der Landwirtschaft

2.5.1 Vom Wesen des technischen Fortschritts

Der technische Fortschritt ist eine Herausforderung für Wissenschaft und Praxis. Er war und ist die entscheidende Triebkraft für die Entwicklung unserer Landwirtschaft. Die wirtschaftliche Realisierung des technischen Fortschritts erfolgt nach der ökonomischen Zweckmäßigkeit, also nach dem Nutzen, den er den wirtschaftlich denkenden Menschen gewährt.

Die Praxis übernimmt die Errungenschaften des technischen Fortschritts um so schneller und leichter, je stärker damit der Betriebserfolg verbessert werden kann. Ertragssteigernde Fortschritte, wie sie in erster Linie im biologischen Bereich zu finden sind, werden sehr schnell übernommen. Sie haben vorwiegend autonomen Charakter. Hohe Investitionskosten oder größere Betriebsumstellungen erschweren dagegen die Einführung neuer Techniken.

Dem technischen Fortschritt liegt eine Automatik zugrunde: Er schafft nicht nur neue Möglichkeiten, sondern auch neue bzw. veränderte Bedürfnisse. Er löst Probleme, aber er erzeugt auch Probleme. Die Auswirkungen der modernen Technik auf Mensch, Pflanze, Tier und Umwelt sind vielfältig. Wenn bisher die Anstrengungen der Wissenschaft vornehmlich darauf abgestellt waren, die Leistungen zu steigern, so kommt es jetzt darauf an, unerwünschte Nebenwirkungen zu beseitigen. Der in manchen Fällen entstandene Konflikt zwischen dem technischen Fortschritt und unseren wohlverstandenen Lebensbedürfnissen erscheint aber auflösbar: Übertreibungen können relativ schnell abgestellt werden. Die neuen Erkenntnisse über die Wirkungen auf die Umwelt fordern die Wissenschaftler zu ergänzenden Inventionen auf, die dann folgerichtig anschließend in der Praxis eingesetzt werden können.

2.5.2 Technischer Fortschritt in den letzten 35 Jahren

Wenn auch der technische Fortschritt nicht die einzige Triebkraft zur rapiden Veränderung der Agrarstruktur und der Produktionsverhältnisse in der Bundesrepublik war und ist, so hat er doch vor allem neben der Entwicklung der Preisrelationen entscheidenden Einfluß auf die Landwirtschaft der Bundesrepublik während der letzten 35 Jahre gehabt.

Die starke Motorisierung führte zum Ersatz von menschlicher und tierischer Energie und zu Erhöhung von Schlagkraft und Leistung. Zugleich wurde die physische Arbeitsbelastung der Beschäftigten erheblich abgebaut. 1950 waren in der Bundesrepublik noch 1,7 Mio. tierische Zugkrafteinheiten vorhanden, aber nicht mehr als 75 000 Schlepper. Heute werden rund 1,4 Mio. Schlepper eingesetzt. Ihre Leistung in PS oder Kilowatt je 100 ha landwirtschaftlich genutzter Fläche hat sich seit 1950 verdreizehnfacht.

Die Techniken der Bestellung, Saatpflege und Ernte wurden ebenso wie die Techniken der Tierhaltung und Fütterung verfeinert. Heute wird ungefähr fünfmal soviel Stickstoff gestreut wie 1950. Die Erträge an Winterweizen wurden von 1950 von 27 dt/ha auf 60 dt/ha im Jahre 1987 gesteigert.

Sowohl in der Pflanzen- wie in der Tierzucht wurden in den letzten Jahren auch bereits (in ersten Anfängen) biotechnische Verfahren eingesetzt.

In Auswirkung der verschiedenen Einflüsse des technischen Fortschrittes war es der westdeutschen Landwirtschaft möglich, ihre gesamte Erzeugung von 1950 bis 1985/86 auf beinahe das Dreifache zu steigern. Auf die jeweils vorhandene Fläche umgerechnet stieg die Flächenproduktivität der westdeutschen Landwirtschaft von 24 dt/ha L.F. auf 62 dt/ha L.F. oder auf 350 % des Standes von 1950. 1950 erzeugte eine Arbeitskraft innerhalb eines Jahres durchschnittlich 91 dt Getreideeinheiten. 1985/86 konnten dagegen durchschnittlich 830 dt Getreideeinheiten an pflanzlichen und tierischen Erzeugnissen je Arbeitskraft beigebracht werden.

Die Zahl der landwirtschaftlichen Betriebe wurde von 1950 bis 1986 von ursprünglich 1,65 Mio. auf gut 700 000 verringert. Es haben also nur 43 % der damals vorhandenen Betriebe überlebt. 1950 bewirtschafteten die Betriebe ab 50 ha Größe nicht mehr als 10 % aller westdeutschen Agrarflächen; 1986 waren es aber bereits 25 %. Der technische Fortschritt hat auch die Bestandsgrößen der Tierhaltung stark beeinflußt. Immer größer werdende Anteile der Produktion an Milch, Fleisch oder Eiern kommen aus besonders großen Beständen, die es vor dreißig Jahren (mit Ausnahme des Geflügels) noch überhaupt nicht oder nur ganz selten gab.

2.5.3 Technischer Fortschritt in der Zukunft

Die nur in groben Zügen geschilderte Entwicklung der westdeutschen Landwirtschaft während der letzten 35 Jahre wird sich auch in Zukunft fortsetzen. Dabei wird es sicherlich zu Akzentverschiebungen in der Anwendung des technischen Fortschritts kommen.

Pflanzenzucht

Die Pflanzenzüchter nutzen bereits die neuen Methoden der Biotechnik in ersten Anfängen. Mußte man bisher in erster Linie ganze Pflanzen selektionieren, deren Erbgut durch Mutation oder durch Behandlung verändert, d.h. im gesuchten Sinne verbessert worden waren (mit Trefferquoten von vielleicht 1 zu 1 Million), so kann bereits heute in ersten Anfängen und besonders in Zukunft das Erbgut der Pflanze durch gen-chirurgische Eingriffe direkt manipuliert werden. Die Gene, also die Erbträger, werden nicht - wie bisher - eigentlich zufällig verändert, sondern sie werden gezielt - also nach Plan - von einer Zelle in eine andere übertragen. Diese "Genchirurgie" wird mehr und mehr in die traditionelle Pflanzenzucht eingeführt werden; sie hat offensichtlich eine große Zukunft und erweckt ganz neue Horizonte.

Von allergrößter Bedeutung sind Versuche, stickstoffixierende Bakterien, wie sie die Hülsenfrüchte haben, mit Getreide und anderen Nutzpflanzen zu vergesellschaften. Diese Pflanzen würden dann nicht mehr im großen Umfang Stickstoff aus dem Düngersack benötigen. Teilerfolge sind bereits gemeldet worden.

Pflanzenbehandlungsmittel

Das Konzept des "integrierten Pflanzenbaues" beginnt sich allmählich durchzusetzen, wobei alle wichtigen Parameter von Anbau, Saatgutwahl, Ernährung und Schutz der Pflanzen in Einklang gebracht werden. In Anbetracht der Umweltdiskussion bietet die Industrie in der Zwischenzeit mindertoxische Präparate an. Gerade auf diesem Gebiet sind erhebliche Fortschritte in der Zukunft zu erwarten.

Der biologische Pflanzenschutz arbeitet in der Praxis in ersten Anfängen bereits mit Sexual-Lockstoffen, mit Spurstoffen, mit Alarmstoffen und mit Ei-Ablagehemmern. Dabei werden die verwendeten Substanzen im Labor der Natur "nachgebaut", sie sind also synthetisch.

Die Ausbringungstechnik von Pflanzenschutzmitteln scheint mit der Einführung von Rotationszerstäubern ebenfalls vor neuen Verbesserungen zu stehen. Bei wesentlich kleinerer Tropfengröße sind erheblich geringere Wassermengen (10 bis 50 Liter/ha gegenüber 250 Liter) erforderlich.

Prozeßtechniken im Pflanzenbau

Neuere Tendenzen in der Bodenbearbeitung zielen auf den Verzicht oder die Verminderung der wendenden Pflugarbeit. An ihrer Stelle soll die "konservierende Bodenbearbeitung" eingeführt werden. Dabei werden rotierende Bearbeitungsgeräte eingesetzt, soweit nicht sogar - wie beim Getreide - die Direkteinsaat vorgezogen werden kann.

Eine Möglichkeit zur Senkung der Produktionskosten wird bereits von jenen Betrieben genutzt, die überbetrieblich zusammenarbeiten, sei es durch nachbarschaftliche Maschinengemeinschaften oder über Maschinenringe bzw. gewerbliche Lohnunternehmer.

Der mechanisch-technische Fortschritt wird in der Neuzeit ergänzt durch die elektronisch-technischen Fortschritte. So dringt die Elektronik verstärkt in die Schlepper- und Mähdreschertechnik ein. Bordcomputer sind auf einigen großen Schleppern bereits eingesetzt. Sie werden als Kontroll- und Überwachungshilfen eingesetzt. Kraftheber und Getriebe können elektronisch gesteuert werden. Die Elektronik wird auch bei Sä-, Dünge- und Pflanzenschutzarbeiten verwendet. Bei Drillmaschinen können Ausbringungsmenge, Saattiefe und Reihenweite vorgegeben und während der Säarbeit kontrolliert bzw. berichtigt werden.

Tierzucht

Die Weiterentwicklung der Tierzucht wird nicht nur von neuen Züchtungstheorien, sondern auch von biotechnischen, biochemischen, computertechnischen und organisatorischen Fortschritten getragen. Von einer einzigen Elitekuh kann man heute bereits durch den Embryotransfer bis zu fünfzig Kälber zur Zucht bereitstellen. Demnächst werden es möglicherweise einige hundert sein. Es ist nämlich möglich geworden, die Embryonen in ihrem Frühstadium zu teilen und damit eineiige, also erbgleiche Geschwistertiere aufzuziehen.

Der Embryotransfer von Mutterkuh auf Austragekuh ist 1985 in der Welt 150 000-mal und 1986 in der Bundesrepublik 7 846mal durchgeführt worden. Bei Schweinen und Schafen wird in der Zwischenzeit der Embryotransfer gleichfalls praktiziert. An der gezielten Geschlechtsbestimmung durch Spermientrennung in X- und Y-Spermien wird gearbeitet.

Auch im Tierbereich werden Manipulationen an den Erbträgern, den Genen, erwartet. Die Genchirurgen greifen dann in die Erbinformationen selbst ein. Damit rufen sie neue Eigenschaften in den Tieren hervor, z.B. Resistenz gegen bestimmte Erkrankungen. Mäuse, die um 50 % größer waren als ihre Artgenossen, wurden bereits durch die Gentechnik hergestellt.

Prozeßtechniken in der Tierproduktion

Nicht anders wie bei der Zucht der Tiere wird es auch bei der Haltung der Tiere weitere Neuerungen geben. Kleincomputersysteme werden für die Steuerung, Regelung und Überwachung der Tierhaltung sinnvoll eingesetzt. In der ersten Stufe gibt es die rechnergestützte Fütterung und Herdenüberwachung. Danach folgt bereits die elektronische, also computergesteuerte Kraftfuttergabe und -kontrolle. Die nächste Stufe befaßt sich mit der Melktechnik und der elektronischen Milchmengenmessung jeder Kuh, ihrer Identifizierung und der individuellen, aus Milchleistung und Bedürfnissen elektronisch abgeleitete Zuteilung von Kraftfutter. Spätere Ausführungen sollen sogar die Grundfutterzuteilung auch mit einbeziehen. Am Ende steht die komplett fortlaufende elektronische Einzelerfassung jedes Tieres.

2.5.4 Auswirkungen in die Zukunft

Wir stehen vor einer unerhörten und nur mit viel Phantasie abzuschätzenden Weiterentwicklung unserer Landwirtschaft und ihrer Produktionsmethoden. Die letzten Grenzen des damit zu erwartenden Ertragszuwachses je Pflanze oder je Tier werden in den kommenden Jahren und Jahrzehnten allein durch die genetischen und physiologischen Grenzen unserer dann vorhandenen Pflanzen und Tiere bestimmt werden.

Heute sind es die Spitzenbetriebe, die in Europa 100 dt Getreide vom Hektar ernten oder die 7 000 kg Milch je Kuh und Jahr ermelken oder die einen täglichen Gewichtszuwachs von 800 Gramm je Schwein erzielen. Vielleicht werden dies aber eines Tages unsere Durchschnittsleistungen sein.

Diesen zu erwartenden Ertragssteigerungen je Pflanze und Tier stehen die Begrenzung des Inlandsverbrauches und die Tatsache gegenüber, daß die Exporte an Drittländer nicht mehr in erheblichem Umfang ausgeweitet werden können. Es ist daher unumgänglich, die Nahrungsproduktion zu begrenzen. Die Stillegung von Flächen und die Verminderung des Viehbestandes sind die unaufschiebbaren Konsequenzen, zumal ein weiteres Ansteigen der Überschüsse nicht mehr finanziert werden kann.

Die in den kommenden zwanzig Jahren zu erwartenden Innovationen werden so umfangreich und umwerfend sein, daß es wahrscheinlich ist, daß politische Einflußnahmen, insbesondere Preismaßnahmen, demgegenüber ungleich geringere Wirkungen haben werden. Diese Innovationen nicht zu nutzen, ist für die betreffenden Betriebe gleichbedeutend mit einem Einkommensverfall. Den technischen Fortschritt mit politischen Mitteln verhindern zu wollen, bedeutet außerdem Selbstzerstörung. Ihn bremsen oder verlangsamen zu wollen, errichtet der eigenen Landwirtschaft Wettbewerbsnachteile. Die Konkurrenz innerhalb und außerhalb der EG wendet den technischen Fortschritt an.

Allerdings ist zu erwarten, daß eine verstärkte Umweltpolitik in bestimmter Hinsicht bremsend auf die allzu schnelle Ausbreitung bestimmter Aspekte des technischen Fortschritts wirken wird.

In der Zukunft sind vor allem bei den biologisch-technischen Fortschritten große Umwälzungen zu erwarten, insbesondere durch Manipulationen an den Erbanlagen der Pflanzen und Tiere mit Hilfe der Gentechnologie sowie durch andere Maßnahmen der Molekularbiologie und der Biochemie. Diese Innovationen werden nicht alleine die Nahrungsmittelerzeugung betreffen, sondern vermutlich auch die Erzeugung von nachwachsenden Rohstoffen für Industrie und Energiegewinnung.

Gebiete mit günstigen Erzeugungsbedingungen können aufgrund ihrer höheren Produktionsleistungen je Fläche oder je Tier Innovationen nutzbringender anwenden als Gebiete mit ungünstigen Erzeugungsbedingungen. Das bedeutet praktisch, daß der technische Fortschritt weiterhin beispielsweise in der Köln-Aachener Bucht oder im Landkreis Vechta größeren Nutzen für die Landwirte und die Region bringen wird als beispielsweise am Vogelsberg oder im Allgäu.

Wenn der technische Fortschritt von den dazu geeigneten Betrieben voll ausgenützt wird, müssen andere Betriebe, die z.B. schlecht geführt werden oder die schlechte natürliche Voraussetzungen haben oder die in ihren Kapazitäten zu klein sind, ihre Agrarproduktion einstellen. Dies ist zumindest die Betrachtungsweise aus ökonomischer Sicht. Nur noch unter insgesamt günstigen Voraussetzungen ist zu erwarten, daß die Produktionskosten im vertretbaren Rahmen gehalten werden können.

In der Zukunft wird es daher zu weiteren erheblichen regionalen Differenzierungen in der Agrarproduktion kommen. Auf die Dauer wird es daher nicht möglich sein, die Landwirtschaft überall flächendeckend durch Subventionierung der zu kleinen bzw. schwachen Betriebe oder der ungünstigen Gegenden aufrechtzuerhalten. Dafür reichen die begrenzten finanziellen Mittel nicht aus. Die bisherige Agrarpolitik hat bereits die bisher ertragsreichen und strukturell bevorzugten Gebiete sowie die größeren Betriebe viel stärker bevorzugt als die benachteiligten Regionen und die kleineren Betriebe. Das wird im Prinzip auch nicht wesentlich anders werden.

In Zukunft wird die Konkurrenz unter den Landwirten und den Agrargebieten im Kampf um den Verbleib auf dem enger werdenden Markt zunehmen. Langfristig haben dabei nur jene Aussichten, die in der Lage sind und die es praktisch verstehen, in ihren Betrieben den wissenschaftlich-technischen Fortschritt voll und damit ertragreich auszunutzen.

3. Entwicklungen der Landwirtschaft in ausgewählten Teilräumen der Bundesrepublik Deutschland

3.1 Konzept für Regionalstudien ländlicher Gebiete

3.1.1 Zur Aufgabe der Regionalanalysen und zur Auswahl der Untersuchungsgebiete

Die "Räumlichen Auswirkungen neuerer agrarwirtschaftlicher Entwicklungen" sollen mit Hilfe von Regionalstudien in ausgewählten Kreisen der Bundesrepublik Deutschland überprüft werden, um dadurch das Problembewußtsein in der Öffentlichkeit für die ländlichen Räume zu schärfen. Die ländlichen Räume und ihre Bewohner sind heute vielfältigen Belastungen ausgesetzt, so z.B. zunehmenden Raumordnungsproblemen, Umweltgefährdungen und einer Verschlechterung der Rahmenbedingungen für die Landwirtschaft. Deshalb kommt den differenzierenden Ergebnissen der Regionalstudien für ländliche Gebiete in verschiedenen Räumen der Bundesrepublik Deutschland in der aktuellen Diskussion besondere Bedeutung zu.

Für diese Regionalstudien der Akademie für Raumforschung und Landesplanung (ARL) wurden insgesamt 13 Räume ausgesucht, die einerseits typische Entwicklungen für eine Vielzahl weiterer Regionen aufzeigen und andererseits möglichst Gebieten entsprechen sollen, die in einer früheren Untersuchung der ARL unter dem Titel "Der Beitrag der Landwirtschaft zur regionalen Entwicklung" in der Mitte der 60er Jahre analysiert worden sind (1[*]). Eine vollständige räumliche Deckung der nachstehend analysierten Räume mit den früheren Untersuchungsgebieten konnte vor allem wegen der Gebietsreform in den 70er Jahren leider nicht herbeigeführt werden (vgl. Abb. 1). Dennoch war es möglich, bei etwa der Hälfte der Analyseräume fast Deckungsgleichheit mit den früheren Untersuchungsgebieten zu erzielen. Es wurden fünf weitere Gebiete hinzugenommen, die zum Teil in ländlich geprägten Regionen mit ungünstigen Strukturen liegen, um dadurch möglichst angemessen alle Regionstypen ländlicher Prägung in die Untersuchung mit einzubeziehen (vgl. Abb. 1 und Tab. 1).

Ergebnisse wissenschaftlicher Forschung - auch vor Jahren bereits in der ARL (1; 2) - zeigen, daß es den "Ländlichen Raum" nicht gibt: "Ländlicher Raum ist nicht gleich Ländlicher Raum" (4, S. 1f.). Zum ländlichen Raum gehören Gebiete, deren Strukturen, Probleme und Entwicklungsvoraussetzungen, d.h. die Voraussetzungen für die Entstehung und Vermehrung des Einkommens, aus den unterschiedlichsten Gründen sehr verschiedenartig sind. Die Diskussion über

---

[*]) Die Literaturangaben befinden sich am Schluß des Bandes.

"Ländliche Räume" muß deshalb räumlich, innerregional und überregional sehr differenziert geführt werden (5, S. 87; 8, S. 3 f.).

Die Regionstypisierung, die diesen Regionalstudien zugrunde gelegt wird, fußt auf Überlegungen, die im Jahre 1975 von der ARL in der Untersuchung "Die Zukunft des ländlichen Raumes" (2, S. VII f. und 251 ff.) angestellt worden sind. Diese Typisierung wurde vor wenigen Jahren von der Bundesforschungsanstalt für Landeskunde und Raumordnung (BfLR) im Rahmen der Raumbeobachtung in der Art "Siedlungsstruktureller Kreistypen" nach den Kriterien der großräumigen siedlungsstrukturellen Lage und der Verdichtung mit Hilfe der Indikatoren Siedlungsdichte, Wohnungsdichte und Arbeitsplatzdichte vertieft und weiterentwickelt (3, S. 1193 f.). Die laufende Raumbeobachtung vermittelt umfassend Kenntnisse über gegenwärtige und künftige Entwicklungsvorgänge in Regionen und Kreisen (vgl. Tab. 2) und kann für diese Analyse ausgewählter Regionen brauchbar eingesetzt werden. Kriterium für die Typisierung der Kreise ist ihre Lage im siedlungsstrukturellen Regionstyp (vgl. Abb. 1).

Analysiert man die Untersuchungsregionen der ARL nach diesen Kreistypen (vgl. Tab. 1), so zeigt sich, daß von den 13 Untersuchungsgebieten (drei Analysegebiete umfassen jeweils mehrere Kreise):

- ein Gebiet zum Typ 2 "Umlandkreise mit hoher Verdichtung",
- zwei Gebiete zum Typ 3 "Ländliche Umlandkreise von Verdichtungsräumen",
- fünf Gebiete zum Typ 5 "Ländliche Umlandkreise in Regionen mit Verdichtungsansätzen",
- fünf Gebiete zum Typ 6 "Ländliche Kreise in ländlich geprägten Regionen"

gehören, d.h. drei Untersuchungsgebiete liegen in Regionen mit großen Verdichtungsräumen, fünf Analysegebiete zählen zu Regionen mit Verdichtungsansätzen, und bei den übrigen fünf zu untersuchenden Regionen handelt es sich um Räume in ländlich geprägten Gebieten.

3.1.2 Zum Inhalt der Regionalstudien

Will man die "Räumlichen Auswirkungen neuerer agrarwirtschaftlicher Entwicklungen" in ausgewählten Teilräumen der Bundesrepublik Deutschland auf dem Hintergrund des Untersuchungsauftrages (vgl. Kap. 1) sowie der Ergebnisse des Kap. 2 analysieren, so sollte man dabei von der aktuellen regionalwissenschaftlichen Disparitäten- und Entwicklungstrenddiskussion ausgehen, deren Hauptziel es ist festzustellen, wie sich räumliche Disparitäten und Entwicklungsprozesse erklären und welche Möglichkeiten des regionalen Wachstums, insbesondere unter Berücksichtigung der Folgen neuerer agrarwirtschaftlicher Entwicklungen, sich ergeben. In den Untersuchungsräumen soll deshalb u.a. auch

Abb. 1: Siedlungsstrukturelle Gebietstypen und Untersuchungsgebiete

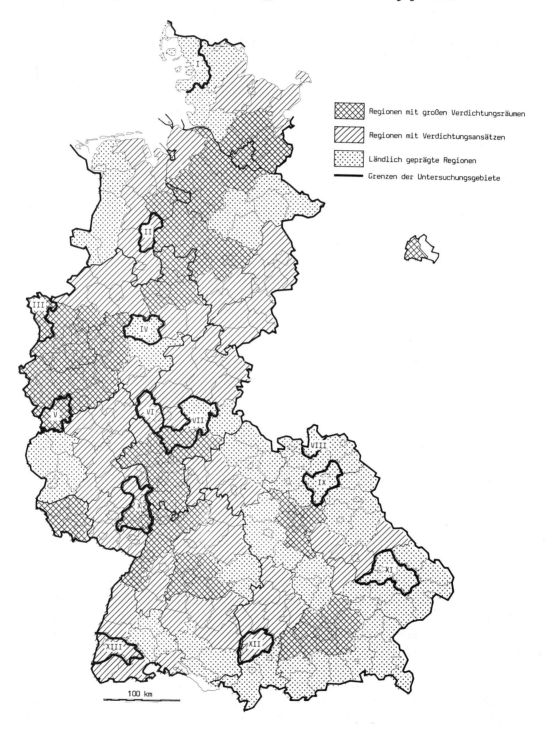

Tab. 1: Untersuchungsgebiete und Kreistypen für die Regionalstudien 1986/87

Lfd. Nr.	Bezeichnung des Untersuchungsgebietes Obertitel (Kreis)	Untertitel	Siedlungsstruktureller Kreistyp nach der großräumigen siedlungsstrukturellen Lage und Verdichtung
I.	Kreis Nordfriesland	Peripherer Grenzraum an der Nordseeküste	Ländliche Region (Typ 6)
II.	Landkreis Vechta	Zentrum der spezialisierten Veredelungswirtschaft	Ländliches Umland in einer Region mit Verdichtungsansätzen (Typ 5)
III.	Kreis Kleve	Grenzraum mit intensiver Tierhaltung u. Gartenbau am Rande eines Verdichtungsraumes	Ländliches Umland eines Verdichtungsraumes (Typ 3)
IV.	Kreis Soest	Börde zwischen Münsterland u. Sauerland	Ländliche Region (Typ 6)
V.	Kreis Euskirchen	Randlage am Städtedreieck Aachen, Köln, Bonn	Ländliches Umland von Verdichtungsräumen (Typ 3)
VI.	Lahn-Dill-Kreis	Altindustrialisierter Raum mit rezessiver Landwirtschaft	Ländliches Umland in einer Region mit Verdichtungsansätzen (Typ 5)
VII.	Landkreis Gießen, Vogelsberg Kreis, Wetterau Kreis } Vogelsberg	Mittelgebirge im Einfluß städtischer Verdichtungen	Ländliches Umland in einer Region mit Verdichtungsansätzen (Typ 5)
VIII.	Landkreis Kronach	Eine Region in extremer Zonenrandlage	Ländliche Region (Typ 6)
IX.	Landkreis Bayreuth	Peripherer Wirtschaftsraum im oberfränkischen Grenzland	Ländliche Region (Typ 6)
X.	Landkreise Bad Dürkheim, Ludwigshafen, Kreisfreie Städte Frankenthal, Ludwigshafen } Vorderpfalz	Ein naturbegünstigter Raum zwischen Tradition und Fortschritt	Umlandkreise mit hoher Verdichtung (Typ 2)
XI.	Landkreise Straubing-Bogen, Deggendorf, Kreisfreie Stadt Straubing } Deggendorf	Ein agrarisch-industrieller Ergänzungsraum	Ländliche Region (Typ 6)
XII.	Landkreis Unterallgäu, Kreisfreie Stadt Memmingen	Eine Region im Voralpenland zwischen Tradition u. Fortschritt	Ländliches Umland in einer Region mit Verdichtungsansätzen (Typ 5)
XIII.	Landkreis Breisgau-Hochschwarzwald, Kreisfreie Stadt Freiburg i.Br.	Peripherer Grenzraum mit starken Verdichtungserscheinungen u. großen naturbedingten Unterschieden für die Landbewirtschaftung	Ländliches Umland in einer Region mit Verdichtungsansätzen (Typ 5)

geprüft werden, wie die motorische Funktion einer Regionalentwicklung eventuell zur Verbesserung des gesamtwirtschaftlichen Wachstums eingesetzt werden kann (7, S. 53 ff.).

Ausgehend von den wichtigsten Bestimmungsfaktoren regionaler Entwicklungsprozesse (7, S. 53 ff.) soll die Behandlung der Frage, welche räumlichen Aspekte mit dem Funktionswandel von Landnutzung und Landwirtschaft in der modernen Gesellschaft verbunden sind, von der Landwirtschaft und von der Landnutzung im Rahmen der gesamtwirtschaftlichen und gesamtökologischen Entwicklung ausgehen, weil die landwirtschaftlichen Anpassungsprozesse in enger Wechselwirkung zu den Entwicklungen im produzierenden Bereich und zu denen im Dienstleistungsbereich sowie zur gesamten Umwelt stehen (6, S. 15 ff.). Wegen der Vergleichbarkeit und zu Analysezwecken sollte den Regionalstudien - wie in den früheren Regionaluntersuchungen (1) - nach Möglichkeit ein einheitliches Konzept zugrunde gelegt werden, das nachfolgende Gesichtspunkte berücksichtigen sollte:

1. Räumliche Abgrenzung und Lage des Untersuchungsgebietes, Kurzbeschreibung des Raumes im Hinblick auf die Hauptprobleme der Landwirtschaft und der Gesamtwirtschaft im Rahmen und unter Beachtung der Umwelt im Analysegebiet und der naturräumlichen und lagebedingten regionsinternen Differenzierungen;

2. Entwicklung der Bevölkerung- und Wirtschaftsstruktur mit kurzer Darstellung der Branchen- und Erwerbspersonenstruktur, des Arbeitsmarktes und der Beschäftigung, insbesondere der Arbeitslosigkeit als Grundlage für die Erläuterung und Darstellung der bisherigen Entwicklung und der Prognosen für das Untersuchungsgebiet; kurz aufgezeigt werden soll die Entwicklung der Wohnbevölkerung 1961 bis 1975/80/85 und der Erwerbspersonen mit Ausblick auf die zu erwartende künftige Bevölkerungs- und Beschäftigungsentwicklung; diese vorausschauenden Aussagen über die voraussichtliche Entwicklung wichtiger Rahmenbedingungen für die Landwirtschaft sollen die Grundlage legen für die nachfolgenden Ausführungen;

3. sozialökonomische Lage der Landwirtschaft auf dem Hintergrund der gesamtwirtschaftlichen Entwicklung und der Situation (BIP) im Untersuchungsgebiet; Entwicklung und Situation der Agrarstruktur, der Flächen und der Struktur der landwirtschaftlichen Betriebe, der Agrarproduktion (Probleme der Massentierhaltung), Intensität der Flächennutzung, externe Einflüsse (Natur- und Landschaftsschutz, Wasserwirtschaft etc.) und der Absatzstruktur, Stand der Flurbereinigung, Einkommensgrößen aus Buchführungsergebnissen sowie Darstellung spezieller Gegebenheiten zur Charakterisierung der Situation und Entwicklungsmöglichkeiten der Landwirtschaft in der Analyseregion, auch auf dem Hintergrund der Umweltsituation in diesem Raum;

4. Siedlungs-, Landschafts- und Infrastruktur des Untersuchungsgebietes unter besonderer Berücksichtigung der Umweltgegebenheiten, Biotope, Naturschutzgebiete und Wasserschutzgebiete, der Finanzsituation, der Dorferneuerung, des öffentlichen Personennahverkehrs und der Freizeit- und Erholungsmöglichkeiten unter Berücksichtigung des Urlaubs auf dem Bauernhof;

5. zusammenfassende Betrachtung der "Stärken und Schwächen" des Untersuchungsraumes, z.B. hinsichtlich seiner räumlichen Lage, seiner Wettbewerbssituation, der Bevölkerungs-, Beschäftigungsentwicklung und der Lage auf dem Arbeitsmarkt, der Infrastrukturausstattung der finanziellen Situation, Umwelt, Erholung und Freizeit; Herausarbeitung bedeutsamer Entwicklungschancen des Untersuchungsgebietes;

6. wichtige Ziele und Maßnahmen zur Entwicklung des Untersuchungsgebietes in bereits vorliegenden Plänen und Programmen der Raumordnung und Landesplanung sowie der Fachplanungen und der Förderprogramme unter Einbeziehung der Frage, ob die Pläne und Programme gegriffen haben und wie die Pläne und Programme auf dem Hintergrund der neueren agrarwirtschaftlichen, ökologischen und gesamtwirtschaftlichen Entwicklung zu bewerten sind; Umwandlungsmöglichkeiten von regionalem Entwicklungspotential in Aktionen;

7. Vorstellungen der Bevölkerung und der Verwaltung über die künftigen Entwicklungen und Entwicklungschancen des Untersuchungsgebietes;

8. Ansatzpunkte und Vorschläge zur Verbesserung der sozioökonomischen Lage der Landwirtschaft im Untersuchungsraum mit möglichst konkreten Hinweisen dafür, welche planerischen Konsequenzen aus den "Räumlichen Wirkungen neuerer agrarwirtschaftlicher Entwicklungen" im Hinblick auf die Landnutzung und Flächenplanung für die Regional- und Bauleitplanung in der Region sowie für die Fachplanung, insbesondere für die der Land- und Forstwirtschaft, zu ziehen sind.

Die Regionalstudien sollten grundsätzlich auch zukunftsgerichtet sein und für eine absehbare Zukunft, etwa für 10 bis 15 Jahre, also bis zum Jahre 2000, die möglichen Entwicklungen in der Region aufzeigen. Diese möglichen Entwicklungen waren in Alternativszenarien dazustellen, d.h. in Bildern einer Zukunft zu malen, die wir uns auf dem Hintergrund des Wertprämissenkataloges vorstellen (9), und wie sie mit einer gewissen Wahrscheinlichkeit bei Vorliegen entsprechender Rahmenbedingungen eintreten könnten, auch wenn es sich dabei um mehr oder weniger spekulative Ausblicke handelt.

In den nachfolgenden Übersichten "Allgemeine Strukturmerkmale für die Analyseregionen" (4, S. 1196 ff.; 10) werden in einer systematischen Anordnung die einzelnen Untersuchungsgebiete einander gegenübergestellt (vgl. Tab. 2). Die

Untersuchungs- und Analyseregionen selbst werden dabei in den drei Typen:

- ländliches Umland großer Verdichtungsräume,
- ländliches Umland in Regionen mit Verdichtungsansätzen und
- Kreise in ländlich geprägten Regionen

zusammengefaßt. Diese tabellarischen Übersichten zu vielfältigen Strukturdaten sollen die Einzelbeiträge entlasten, einem Vergleich der Regionen hinsichtlich wichtiger Strukturmerkmale dienen und die Auswertung der Ergebnisse der Regionalanalysen in Kap. 4 erleichtern.

3.1.3 Allgemeine Strukturmerkmale für die Analyseregionen

Tab. 2: Spezielle landwirtschaftliche Strukturmerkmale für die Analyseregionen – Zahl und Fläche der landwirtschaftlichen Betriebe nach Größenklassen 1979

		1	2	3	4	5	6	7	8	9	10	11	12
	Bezeichnung des Gebietes:	Zahl und Fläche der landwirtschaftlichen Betriebe ab 1 ha LF 1979											
				davon nach Größenklassen von 1 ha bis 50 und mehr ha LF									
	– Bundesgebiet	Betriebe insg.		1 – 2 ha		1 – 10 ha		10 –20 ha		20 – 50 ha		50 und mehr ha	
	– Kreise/ kreisfreie Städte	Zahl in 1000	Fläche in 1000 ha	Zahl in 1000	Fläche in 1000 ha	Zahl in 1000	Fläche in 1000 ha	Zahl in 1000	Fläche in 1000 ha	Zahl in 1000	Fläche in 1000 ha	Zahl in 1000	Fläche in 1000 ha
	Bundesgebiet	815,1	12 231,3	105,3	148,2	294,1	1 654,4	187,3	1 718,5	178,2	5 326,8	30,2	2 383,4
1	X. Bad Dürkheim	2,8	19,9	0,4	0,6	1,1	5,7	0,3	4,8	0,2	5,8	0,0	2,6
	Ludwigshafen	1,2	15,9	0,1	0,2	0,3	1,8	0,2	3,6	0,3	8,0	0,0	2,6
	Stadt Frankenthal (Pfalz)	0,1	2,6	0,0	0,0	0,0	0,1	0,0	0,5	0,1	1,5	0,0	0,3
	Stadt Ludwigshafen am Rhein	0,2	2,6	0,0	0,0	0,0	0,1	0,1	1,0	0,1	1,0	0,0	0,5
2	III. Kleve	3,9	77,8	0,4	0,5	0,7	4,0	1,0	15,3	1,6	47,0	0,2	1,1
3	V. Euskirchen	3,4	54,9	0,4	0,6	1,4	7,4	0,6	8,2	0,8	25,1	0,2	13,6
4	VII. Gießen	3,0	33,4	0,3	0,7	1,5	7,9	0,6	8,6	0,4	12,9	0,05	3,5
	Vogelsberg Kreis	5,5	71,4	0,5	2,4	2,4	13,3	1,1	22,1	0,9	27,8	0,05	4,6
	Wetterau Kreis	3,6	52,4	0,4	0,6	1,3	7,1	1,0	14,4	0,9	24,8	0,07	5,7
5	VI. Lahn-Dill-Kreis	2,6	19,1	0,6	0,9	1,5	6,4	6,2	3,3	0,2	6,0	0,03	2,5
6	II. Vechta	3,1	61,6	0,3	0,4	1,0	5,3	0,6	9,4	1,0	31,9	0,2	14,6
7	XIII. Breisgau-Hochschwarzwald	5,8	52,9	1,2	0,7	1,0	14,5	0,9	13,2	0,7	–	–	–
	Stadt Freiburg im Breisgau	0,4	3,9	0,0	0,2	0,2	1,0	0,1	1,0	0,0	–	–	–
8	XII. Unterallgäu	5,8	80,3	0,2	1,9	1,9	13,2	2,5	36,4	–	–	–	–
	Stadt Memmingen	0,3	3,7	0,0	0,0	0,1	0,5	0,1	1,6	–	–	–	–
9	IV. Soest	4,2	82,4	0,4	0,5	1,1	5,7	0,9	12,7	1,3	40,7	0,3	22,7
10	I. Nordfriesland	5,1	156,2	0,3	0,6	0,9	4,5	0,6	10,2	2,3	76,2	0,9	64,7
11	VIII. Kronach	2,0	20,7	0,3	0,4	0,8	4,5	0,6	8,1	–	–	–	–
12	XI. Straubing-Borgen	5,9	77,7	0,5	0,7	2,8	15,2	1,6	22,1	0,7	26,1	0,2	13,5
	Deggendorf	4,5	50,8	0,6	0,6	2,2	11,5	1,0	14,7	0,6	18,6	0,1	5,2
	Stadt Straubing	0,3	4,6	0,0	0,3	0,2	0,4	0,0	1,2	0,0	1,7	0,0	1,2
13	IX. Bayreuth	5,0	56,0	0,5	0,7	2,1	12,0	1,5	21,6	0,7	20,6	0,0	1,0

Quelle: Landwirtschaftszählung 1979.

Tab. 3: Spezielle landwirtschaftliche Strukturmerkmale für die Analyseregionen - Landwirtschaftlich Beschäftigte 1971 und 1979

		13	14	15	16	17	18	19	20	21	22
	Bezeichnung des Gebietes:	Landwirtschaftlich Beschäftigte in Betrieben mit der Hauptproduktionsrichtung Landwirtschaft									
	- Bundesgebiet	im Betrieb Vollbeschäftigte einschl. Fremdarbeitskräfte in 1000		davon				im Betrieb teilbeschäftigte Familienangehörige in 1000		Arbeitskräfteeinsatz nach Arbeitskräfteeinheiten je Landwirtsch.betrieb[2]	
	- Kreise/ kreisfreie Städte			vollbeschäftigte Familienangehörige in 1000		ständige Fach[1] arbeitskräfte in 1000					
		1971	1979	1971	1979	1971	1979	1971	1979	1971	1979
	Bundesgebiet	513,6	483,5	531,3	408,0	108,0	103,4	529,3	437,3		1,1
1	X. Bad Dürkheim	-	-	2,1	1,8	-	-	5,6	4,1	4,4	3,5
	Ludwigshafen	-	-	1,4	0,9	-	-	2,8	1,6	2,4	1,7
	Stadt Frankenthal (Pfalz)	-	-	0,2	0,1	-	-	0,2	0,1	0,3	0,2
	Stadt Ludwigshafen am Rhein	-	-	0,1	0,2	-	-	0,2	0,1	0,3	0,3
2	III. Kleve	13,2	9,6	11,8	8,9	1,4	1,2	7,8	5,6	1,7	1,5
3	V. Euskirchen	2,6	1,8	2,2	1,6	-	-	7,9	4,8	1,3	1,0
4	VII. Gießen	-	1,4	-	1,1	-	-	16,4	5,9	-	1,0
	Vogelsberg Kreis	3,9	3,2	3,7	3,0	-	-	10,1	11,3	1,4	1,2
	Wetterau Kreis	4,0	2,8	3,5	2,4	-	-	11,0	6,7	-	1,2
5	VI. Lahn-Dill-Kreis	1,0	0,6	0,8	0,5	0,2	0,1	11,0	4,9	0,7	0,7
6	II. Vechta	3,3	2,9	2,6	2,0	-	-	5,7	4,7	1,4	1,4
7	XIII. Breisgau-Hochschwarzwald	4,0	3,0	3,8	2,7	-	-	11,6	8,1	1,4	0,9
	Stadt Freiburg im Breisgau	0,4	0,6	0,3	0,2	-	-	0,8	0,6	1,4	1,6
8	XII. Unterallgäu	7,5	6,5	6,9	5,8	-	-	11,0	8,1	1,7	1,6
	Stadt Memmingen	0,3	0,4	0,1	0,3	-	-	0,2	0,4	2,3	1,9
9	IV. Soest	4,2	3,1	3,3	2,5	0,9	0,6	7,2	5,2	1,1	1,0
10	I. Nordfriesland	4,8	4,3	0,9	0,8	0,5	0,4	6,2	3,9	1,2	1,2
11	VIII. Kronach	1,2	1,0	1,1	0,9	-	-	5,3	3,6	0,9	1,0
12	XI. Straubing-Borgen	5,7	4,3	4,9	3,7	0,7	0,6	11,9	9,3	1,3	1,2
	Deggendorf	3,9	2,9	3,5	2,7	0,4	0,4	8,6	6,7	1,3	1,1
	Stadt Straubing	0,5	0,4	0,3	0,3	0,2	0,2	0,4	0,3	1,8	1,8
13	IX. Bayreuth	4,3	2,9	4,1	2,8	-	-	11,2	8,7	1,3	1,1

1) landwirtschaftliche Betriebsleiter mit Gehilfen- oder Gesellenprüfung. 2) Arbeitskräfteeinsatz = Arbeitsleistung / Ges. Betriebe
Quelle: Landwirtschaftszählung 1971 und 1979.

Tab. 4: Spezielle landwirtschaftliche Strukturmerkmale für die Analyseregionen - Betriebe und Betriebsformen im Betriebsbereich Landwirtschaft 1971 und 1979

	Bezeichnung des Gebietes:	Land- und forstwirtschaftliche Betriebe nach Betriebsbereichen 1971 und 1979 über 1 ha LF									Art der Fördergebiete nach den Richtlinien der EG (R 75/268/EWG) 1986 1) Bergbaugebiete 2) benachteiligte Gebiete
	- Bundesgebiet	Gartenbau		Forstwirtschaft		Kombinationsbetriebe		Landwirtschaft in 1000			1986
	- Kreise/ kreisfreie Städte	1971	1979	1971	1979	1971	1979	1971	1979		
	Bundesgebiet	9 856		14 038		21 379		1 067,5	795,2		
1	X. Bad Dürkheim	40	50	82	81	37	28	3,4	2,7		
	Ludwigshafen	164	165	24	23	70	46	1,5	0,9		
	Stadt Frankenthal (Pfalz)	8	7	-	-	-	17	0,1	0,1		
	Stadt Ludwigshafen am Rhein	30	26	2	3	6	2	0,1	0,1		
2	III. Kleve	935	946	139	29	-	-	-	-		
3	V. Euskirchen	60	55	604	567	189	163	4,4	3,1		1)+2) = 75% d. LF
4	VII. Gießen	-	61	-	91	-	5	-	3,0		
	Vogelsberg Kreis	31	35	252	170	25	17	7,0	5,5		
	Wetterau Kreis	172	169	134	110	93	27	5,0	3,6		
5	VI. Lahn-Dill-Kreis	61	41	252	163	28	24	4,6	2,5		2) = 38% d. LF
6	II. Vechta	29	29	145	147	-	-	3,7	3,5		
7	XIII. Breisgau-Hochschwarzwald	70	65	360	414	264	270	7,6	7,8		
	Stadt Freiburg im Breisgau	55	44	65	71	10	9	0,5	0,5		
8	XII. Unterallgäu	37	39	750	82	-	-	-	-		
	Stadt Memmingen	15	13	21	6	-	-	-	-		
9	IV. Soest	89	115	197	158	71	44	4,8	3,9		2) Teile i. Sauerl.
10	I. Nordfriesland	42	32	145	159	-	-	6,4	5,3		2) Inseln (ohne Sylt) und Geest
11	VIII. Kronach	17	18	1 187	71	-	-	-	-		
12	XI. Straubing-Borgen	9	15	527	133	245	196	6,5	5,6		
	Deggendorf	36	26	644	215	276	345	4,7	4,1		
	Stadt Straubing	23	23	20	-	19	8	0,3	0,2		
13	IX. Bayreuth	-	14	-	93	-	237	-	4,6		1)+2)

Quelle: Landwirtschaftszählung 1971 und 1979 - EG-Richtlinien; Statistisches Bundesamt (Hrsg.): Statistisches Jahrbuch 1982, Berlin 1982, S. 135.

Tab. 5: Spezielle landwirtschaftliche Strukturmerkmale für die Analyseregionen - Land- und forstwirtschaftliche nach Betriebsbereichen 1971 und 1979 und Art der Fördergebiete

Bezeichnung des Gebietes:		Betriebe nach Betriebsformen im Betriebsbereich Landwirtschaft 1971 und 1979									
- Bundesgebiet		Marktfrucht- betriebe in %		Futterbau- betriebe in %		Veredlungs- betriebe in %		Dauerkultur- betriebe in %		Gemischt- betriebe in %	
- Kreise/ kreisfreie Städte		1971	1979	1971	1979	1971	1979	1971	1979	1971	1979
Bundesgebiet			20,5		43,3		5,3	14,3	6,8		7,9
1	X. Bad Dürkheim	11,4	8,4	0,8	1,3	0,7	0,3	84,0	89,1	3,2	0,9
	Ludwigshafen	89,2	79,9	1,2	2,7	1,8	2,6	4,6	11,8	3,1	3,1
	Stadt Frankenthal (Pfalz)	90,3	89,7	1,4	5,8	5,6	2,3	0,7	1,2	2,1	1,2
	Stadt Ludwigshafen am Rhein	92,7	93,4	4,6	2,2	1,8	4,4	-	-	0,9	-
2	III. Kleve	11,4	15,9	28,0	46,2	12,5	23,2	0,6	0,8	29,0	13,9
3	V. Euskirchen	30,5	34,5	57,4	59,1	4,1	2,7	0,8	1,0	7,2	2,7
4	VII. Gießen	-	40,2	-	45,5	1,1	3,4	-	0,1	-	10,2
	Vogelsberg Kreis	12,1	21,4	69,9	68,7	1,7	2,0	0,1	0,2	11,6	7,4
5	Wetterau Kreis	39,7	46,7	27,2	33,7	2,8	3,8	1,6	2,2	23,8	13,5
6	VI. Lahn-Dill-Kreis	28,0	38,5	48,1	48,9	31,3	2,1	0,4	0,5	20,7	10,0
7	II. Vechta	12,0	10,1	20,8	31,6	31,3	52,5	0,7	0,8	39,4	19,5
	XIII. Breisgau-Hochschwarzwald	9,2	8,7	27,4	26,3	1,6	1,1	49,8	58,8	12,3	5,0
	Stadt Freiburg im Breisgau	7,9	5,6	4,8	8,7	0,8	1,0	68,5	80,0	17,2	4,8
8	XII. Unterallgäu	1,8	2,6	96,6	94,9	0,8	1,6	0,2	0,3	0,6	0,7
	Stadt Memmingen	4,2	2,7	89,5	91,4	4,2	2,7	1,1	2,3	1,1	0,8
9	IV. Soest	34,3	36,2	28,2	31,9	5,7	14,2	0,5	0,7	31,2	17,0
10	I. Nordfriesland	8,3	13,2	81,9	74,9	5,7	9,4	0,1	0,0	4,1	2,5
11	VIII. Kronach	18,7	20,4	61,4	62,5	0,6	1,1	0,2	1,0	18,5	13,5
12	XI. Straubing-Borgen	80,4	31,0	47,3	55,3	1,0	4,0	0,3	0,5	21,0	15,0
	Deggendorf	29,9	23,8	53,5	59,1	0,9	1,4	0,5	0,9	15,2	9,2
	Stadt Straubing	77,4	75,6	12,0	14,1	0,7	3,8	-	-	9,9	4,8
13	IX. Bayreuth	-	23,5	-	66,1	-	1,3	-	0,4	-	8,6

Quelle: Landwirtschaftszählung 1971 und 1979; Statistisches Bundesamt (Hrsg.): Statistisches Jahrbuch 1982, Berlin 1982, S. 135.

Tab. 6: Spezielle landwirtschaftliche Strukturmerkmale für die Analyseregionen - Kulturarten der landwirtschaftlichen Betriebe in % 1971 und 1979 sowie durchschnittliche Ertragsmeßzahlen

	Bezeichnung des Gebietes: - Bundesgebiet - Kreise/ kreisfreie Städte	Kulturarten der landwirtschaftlichen Betriebe mit Hauptproduktionsrichtung Landwirtschaft								durchschnittliche Ertragsmeßzahlen
		Hektar LF insgesamt in 1000		Dauergrünland		davon in % Ackerland		Sonderkulturen		Stufenwerte von... bis...
		1971	1979	1971	1979	1971	1979	1971	1979	
	Bundesgebiet	12 622	12 191	42,0	39,0	59,8	59,6	1,2	1,3	
1	X. Bad Dürkheim	21	20	5,7	5,8	54,7	48,6	39,1	45,4	
	Ludwigshafen	16	16	5,7	5,9	92,5	92,0	2,5	2,9	
	Stadt Frankenthal (Pfalz)	3	3	2,0	1,2	97,6	98,5	0,2	0,3	
	Stadt Ludwigshafen am Rhein	3	3	3,0	1,6	96,2	98,3	0,6	0,1	
2	III. Kleve	-	81	41,3	37,4	57,7	61,9	0,5	0,5	36 bis 61 und mehr
3	V. Euskirchen	59	55	42,4	42,6	57,3	57,2	0,3	0,2	30 bis 69
4	VII. Gießen	-	34	-	31,2	-	68,1	-	0,0	41 bis 50
	Vogelsberg Kreis	64	71	51,4	49,1	47,7	46,0	0,1	0,0	36 bis 43
	Wetterau Kreis	-	53	-	-	-	75,8	-	0,0	60 bis 70
5	VI. Lahn-Dill-Kreis	24	19	41,5	46,7	57,4	52,6	0,4	0,4	
6	II. Vechta	56	61	37,0	31,0	61,9	68,3	0,6	0,5	20-50/40-50-28% d. LF
7	XIII. Breisgau-Hochschwarzwald	57	56	48,6	39,2	40,7	48,8	11,7	10,9	
	Stadt Freiburg im Breisgau	3	4	21,2	32,5	57,9	47,5	21,3	20,4	
8	XII. Unterallgäu	81	80	75,1	76,4	24,7	23,5	0,2	0,1	
	Stadt Memmingen	1	4	71,0	72,7	27,3	26,0	1,7	1,3	
9	IV. Soest	85	82	28,6	21,4	72,2	78,1	0,4	0,2	⌀ 57
10	I. Nordfriesland	158	157	59,2	62,0	40,5	37,8	0,0	0,0	20 bis 81
11	VIII. Kronach	21	-	44,8	44,9	55,0	55,0	0,1	0,1	
12	XI. Straubing-Borgen	72	78	26,3	25,5	73,0	74,0	6,2	0,3	
	Deggendorf	52	51	35,7	30,2	63,3	69,0	0,3	0,1	
	Stadt Straubing	5	5	16,6	11,5	92,8	97,7	0,1	0,1	
13	IX. Bayreuth	58	56	38,2	38,3	61,0	61,1	0,2	0,1	

Quelle: Landwirtschaftszählung 1971 und 1979; Statistisches Bundesamt (Hrsg.): Statistisches Jahrbuch 1982, Berlin 1982, S. 137.

Tab. 7: Spezielle landwirtschaftliche Strukturmerkmale für die Analyseregionen - Fruchtarten auf Ackerland landwirtschaftlicher Betriebe 1971 und 1979 in ha

1	2	56	57	58	59	60	61	62	63	64	65	66	67
	Bezeichnung des Gebietes:	Fruchtarten auf Ackerland der Betriebe mit der Hauptproduktionsrichtung Landwirtschaft											
	- Bundesgebiet							Fruchtarten in 1000 ha					
	- Kreise/ kreisfreie Städte	Ackerland in 1000 ha		Hackfrucht		Futter-pflanzen		Getreide		Feldgemüse, Gartengewächse		Sonder-kulturen	
		1971	1979	1971	1979	1971	1979	1971	1979	1971	1979	1971	1979
	Bundesgebiet	7 299	7 266	1 133	843	811	969	5 128	5 222	59	52	146	153
1	X. Bad Dürkheim	11	10	3	2	1	0	8	7	0,2	0,1	8,0	9,0
	Ludwigshafen	15	15	5	5	0	0	8	8	1,2	1,4	0,4	0,5
	Stadt Frankenthal (Pfalz)	3	3	1	1	0	0	1	1	0,3	0,3	0,0	0,0
	Stadt Ludwigshafen am Rhein	3	3	1	1	0	0	2	2	0,3	0,4	0,0	0,0
2	III. Kleve	49	50	17	16	8	13	72	68	2,7	2,5	0,9	0,8
3	V. Euskirchen	34	31	6	6	1	1	24	24	0,4	0,3	0,1	0,2
4	VII. Gießen	-	23	-	2	-	2	-	18	-	0,0	-	0,1
	Vogelsberg Kreis	31	33	5	3	2	3	23	27	0,1	0,1	0,0	0,1
	Wetterau Kreis	-	40	-	7	-	4	-	29	-	0,1	-	0,4
5	VI. Lahn-Dill-Kreis	14	10	2	1	2	1	10	8	0,0	0,3	0,1	0,1
6	II. Vechta	35	42	2	2	1	8	31	32	0,4	0,4	0,3	0,3
7	XIII. Breisgau-Hochschwarzwald	23	22	3	2	3	2	17	17	0,4	0,4	5,9	6,0
	Stadt Freiburg im Breisgau	2	2	0	0	0	0	2	2	0,1	0,1	0,4	0,8
8	XII. Unterallgäu	20	19	3	1	4	0	13	10	0,2	0,3	0,1	0,1
	Stadt Memmingen	1	1	0	0	1	1	0	1	0,0	0,0	0,0	0,0
9	IV. Soest	61	64	5	5	2	3	51	55	0,6	0,6	0,3	0,2
10	I. Nordfriesland	64	59	5	2	9	7	42	44	0,2	0,1	0,1	0,1
11	VIII. Kronach	12	11	2	1	2	2	7	8	0,0	0,0	0,0	0,0
12	XI. Straubing-Bogen	57	57	13	14	7	7	36	35	0,4	0,5	0,2	0,1
	Deggendorf	33	35	8	8	4	5	20	26	0,3	0,3	0,2	0,1
	Stadt Straubing	4	4	1	1	0	0	3	2	0,2	0,1	0,0	0,0
13	IX. Bayreuth	35	34	7	5	6	7	22	23	0,0	0,0	0,0	0,0

Quelle: Landwirtschaftszählung 1971 und 1979; Statistisches Bundesamt (Hrsg.): Statistisches Jahrbuch 1982, Berlin 1982, S. 137.

Tab. 8: Spezielle landwirtschaftliche Strukturmerkmale für die Analyseregionen - Rindviehhaltende Betriebe 1971 und 1979

1	2	68	69	70	71	72	73	74	75	76	77
	Bezeichnung des Gebietes:	Rindviehhaltende Betriebe der Hauptproduktionsrichtung Landwirtschaft 1971 und 1979									
	- Bundesgebiet	Betriebe mit Rindvieh					Betriebe mit Milchkühen				
	- Kreise/ kreisfreie Städte	Zahl der Betriebe insgesamt in 1000		Rindvieh insgesamt in 1000		Anzahl der Rinder je Betrieb		Zahl der Betriebe insgesamt in 1000		Milchkühe insgesamt in 1000		Anzahl der Milchkühe je Betrieb	
		1971	1979	1971	1979	1971	1979	1971	1979	1971	1979	1971	1979
	Bundesgebiet	792,0	537,1	14 653	14 938	18,5	27,8	712,4	452,4	5475,0	5429,0	6,7	10,2
1	X. Bad Dürkheim	0,5	0,2	4	3	9,4	15,9	0,3	0,1	1,3	0,6	4,0	6,9
	Ludwigshafen	0,5	0,2	5	3	9,3	15,5	0,4	0,1	1,5	0,7	4,0	6,3
	Stadt Frankenthal (Pfalz)	0,1	0,0	1	0	12,2	23,6	0,0	0,0	0,2	0,1	6,7	13,9
	Stadt Ludwigshafen am Rhein	0,0	0,0	0	0	8,6	14,1	0,0	0,0	0,2	0,1	4,2	5,7
2	III. Kleve	3,9	2,6	124	55	31,7	47,5	3,3	2,0	-	44,5	13,3	22,3
3	V. Euskirchen	3,7	2,4	-	55	15,4	24,4	3,0	1,7	-	21,3	7,1	12,7
4	VII. Gießen	-	2,0	-	36	-	18,3	-	1,5	-	11,7	-	7,8
	Vogelsberg Kreis	5,4	4,3	85	93	15,8	21,3	5,1	3,8	5,1	34,4	5,6	9,1
	Wetterau Kreis	-	2,4	-	52	-	22,0	-	1,8	-	17,8	-	10,1
5	VI. Lahn-Dill-Kreis	3,6	1,7	28	19	7,9	11,2	2,9	1,1	9,6	6,8	3,3	5,4
6	II. Vechta	2,9	2,2	58	87	20,0	40,0	2,6	1,6	14,2	14,4	5,5	9,2
7	XIII. Breisgau-Hochschwarzwald	4,6	3,0	44	45	9,6	14,8	4,3	2,6	21,2	19,7	5,0	7,6
	Stadt Freiburg im Breisgau	0,2	0,1	2	-	7,7	15,0	0,2	0,1	0,7	0,5	3,4	5,0
8	XII. Unterallgäu	6,4	5,3	166	193	26,0	36,4	6,2	5,1	95,9	106,7	15,3	20,8
	Stadt Memmingen	0,1	0,2	3	9	31,6	37,9	0,1	0,2	1,3	4,6	16,4	20,7
9	IV. Soest	3,8	2,4	85	67	22,2	27,7	2,8	1,5	23,9	17,5	8,3	11,5
10	I. Nordfriesland	5,8	4,0	246	257	42,4	64,7	5,2	3,2	67,2	79,9	12,9	25,2
11	VIII. Kronach	2,0	1,4	22	23	11,3	15,8	1,8	1,3	9,8	9,6	5,4	7,5
12	XI. Straubing-Borgen	5,8	4,1	75	68	12,7	16,4	5,5	3,3	36,1	27,7	6,7	7,2
	Deggendorf	4,3	3,0	55	54	12,9	17,8	4,1	2,7	21,4	13,5	5,3	6,3
	Stadt Straubing	0,3	0,1	4	4	17,5	22,4	0,2	0,1	1,2	0,6	6,6	7,6
13	IX. Bayreuth	4,9	3,5	66	69	13,6	19,4	4,7	3,3	29,6	30,5	6,3	9,2

Quelle: Landwirtschaftszählung 1971 und 1979.

Tab. 9: Spezielle landwirtschaftliche Strukturmerkmale für die Analyseregionen - Schweinehaltende Betriebe 1971 und 1979

1	2	78	79	80	81	82	83	84	85	86	87
	Bezeichnung des Gebietes:	Schweinehaltende Betriebe der Hauptproduktionsrichtung Landwirtschaft 1971 und 1979									
	- Bundesgebiet	Betriebe mit Mastschweinen					Betriebe mit Zuchtsauen				
	- Kreise/ kreisfreie Städte	Zahl der Betriebe in 1000		Mastschweine insgesamt in 1000		Anzahl je Betrieb		Zahl der Betriebe in 1000		Zuchtsauen insgesamt in 1000		Anzahl je Betrieb	
		1971	1979	1971	1979	1971	1979	1971	1979	1971	1979	1971	1979
	Bundesgebiet	211,1	122,0	5837,4	4965,7	27,7	40,7	349,3	210,0	2111,7	2564,0	10,0	21,0
1	X. Bad Dürkheim	1,0	0,5	8,4	4,3	8,4	9,5	0,2	0,1	0,8	0,6	4,5	10,1
	Ludwigshafen	0,7	0,5	6,7	6,4	9,1	13,8	0,2	0,1	0,9	0,7	4,0	9,9
	Stadt Frankenthal (Pfalz)	0,1	0,0	2,0	1,9	21,8	45,2	0,0	0,0	0,2	0,0	4,9	4,7
	Stadt Ludwigshafen am Rhein	0,1	0,1	0,4	0,4	5,4	7,9	0,0	0,0	0,1	0,1	3,7	17,0
2	III. Kleve	3,7	2,7	-	206,9	44,5	75,8	3,1	2,0	-	51,4	12,1	25,4
3	V. Euskirchen	1,5	0,9	-	14,8	11,4	15,8	0,5	0,2	-	2,4	6,4	13,1
4	VII. Gießen	-	-	-	-	-	14,2	-	0,7	-	5,5	-	7,7
	Vogelsberg Kreis	4,8	4,9	59,1	101,3	12,4	20,8	2,4	1,6	8,3	9,4	3,5	5,8
	Wetterau Kreis	-	3,0	-	49,9	-	16,9	-	1,3	-	11,6	-	8,8
5	VI. Lahn-Dill-Kreis	2,3	1,7	16,3	11,4	7,1	6,9	0,5	0,1	2,3	1,1	4,5	8,2
6	II. Vechta	2,5	2,4	282,9	523,8	113,6	214,6	1,6	1,4	18,3	31,3	11,4	22,5
7	XIII. Breisgau-Hochschwarzwald	-	3,1	17,0	15,6	-	5,1	-	0,8	4,8	4,6	-	5,6
	Stadt Freiburg im Breisgau	0,4	0,2	2,5	3,0	6,3	13,9	0,1	0,1	0,5	0,4	5,1	7,0
8	XII. Unterallgäu	3,9	1,9	33,5	24,3	8,6	12,6	1,9	0,6	5,3	3,6	2,8	6,0
	Stadt Memmingen	0,1	0,1	0,9	1,4	16,7	11,3	0,1	0,1	0,1	0,2	4,1	3,7
9	IV. Soest	3,4	2,7	139,5	198,1	41,5	72,5	2,0	1,5	18,3	28,4	9,2	19,0
10	I. Nordfriesland	2,2	1,3	73,3	99,0	33,5	75,3	2,4	1,2	18,5	25,3	7,7	21,8
11	VIII. Kronach	1,5	1,0	9,5	9,2	6,5	9,0	0,3	0,1	0,9	0,7	3,1	5,1
12	XI. Straubing-Borgen	4,3	2,8	47,6	35,8	11,1	13,8	3,1	2,0	19,4	24,7	6,4	12,4
	Deggendorf	2,9	1,8	42,8	40,4	14,9	22,1	1,6	0,7	7,0	6,9	4,5	18,3
	Stadt Straubing	0,2	0,1	2,2	1,2	13,4	10,6	0,2	0,2	1,5	1,7	9,4	14,2
13	IX. Bayreuth	4,0	3,2	35,0	28,8	8,7	9,1	1,6	0,7	4,5	3,4	2,9	4,8

Quelle: Landwirtschaftszählung 1971 und 1979.

3.2 Wertprämissen

In den Grundsatzbeiträgen des Kapitels II "Entwicklungsfaktoren und Rahmenbedingungen" haben die Verfasser die bisherigen Auswirkungen der gesamtwirtschaftlichen Entwicklung, des Verhaltens der Bevölkerung, der Agrar- und Umweltpolitik sowie des technischen Fortschrittes aufgezeigt und verschiedene Annahmen für die zukünftige Entwicklung aufgestellt. Hieraus ergeben sich zunächst allgemeine Wertprämissen:

Wertprämissen für die zukünftige Entwicklung

Abnehmend	Gleichbleibend	Zunehmend
Bevölkerung	Traditionelles	Konkurrenz um Arbeits-
Erwerbsbevölkerung	Verhalten	plätze
Angebot an Arbeits-	Räumliche Immo-	Regionale Disparität
plätzen	bilität	Umweltbewußtsein und
Vorrangiges Interesse	Bereitschaft zur	-schutz
an Arbeit	Hofnachfolge	Ernährungsbewußtsein
Arbeitszeit	Ausgaben für Be-	Ausbildungsbereit-
Sozialkontrolle in	triebsmittel	schaft
Familie und Dorf		Räumliche Mobilität
Einkommenschancen im		Jugendlicher
ländlichen Raum		Zweitausbildung neben
Landwirtschaftliches		landwirtschaftlicher
Einkommen		Nahrungsmittelqualität
Anzahl Betriebe		Technischer Fort-
Bereitschaft kleiner		schritt (biologisch,
Betriebe hauptberuf-		mechanisch, organi-
lich zu wirtschaften		satorisch)
Einkommenswirksamkeit		Entgelt für Umwelt-
von Marktordnungen		leistungen
Förderungsmittel		Aufwendung für Sozial-
Verwendung von Pflan-		politik
zenbehandlungsmitteln		Produktion industriel-
u. Handelsdüngern		ler Rohstoffe
Bodenpreise		Alternativerzeugnisse
Bundeskompetenzen in		(Raps etc.)
Agrarpolitik, Recht		EG-Kompetenz bei Ge-
und Gesetzgebung		setzgebung

Demnach kann davon ausgegangen werden, daß bis zum Jahre 2000 die Bevölkerung, das Angebot an Arbeitsplätzen, das Interesse an der Arbeit, die Arbeitszeit sowie die Sozialkontrolle in Familie und Dorf abnehmen. Es ist mit einem Rückgang der Einkommenschancen im ländlichen Raum, der Anzahl der Betriebe und der Bereitschaft zu rechnen, kleine Betriebe hauptberuflich zu bewirtschaften. Schon heute zeichnet sich eine geringere Einkommenswirksamkeit der Marktordnungen ab, eine Verminderung von Förderungsmitteln, eine abnehmende Verwendung von Pflanzenbehandlungsmitteln und Handelsdüngern und schließlich abnehmende Bodenpreise sowie geringere Bundeskompetenzen in Agrarpolitik, Recht und Gesetzgebung.

Als gleichbleibend werden das traditionelle Verhalten, die räumliche Immobilität, die Bereitschaft zur Hofnachfolge und die Ausgaben für Betriebsmittel angesehen.

Zunehmende Tendenzen bis zum Jahre 2000 werden vorausgesetzt bei der Konkurrenz um die Arbeitsplätze, der regionalen Disparität, dem Umwelt- und Ernährungsbewußtsein, der Ausbildungsbereitschaft, der räumlichen Mobilität Jugendlicher, der Bereitschaft zu einer Zweitausbildung neben der Landwirtschaft. Die Ansprüche an die Nahrungsmittelqualität werden wachsen, der technische Fortschritt - biologisch, mechanisch und organisatorisch - wird weiter zunehmen. Dies gilt auch für ein Entgeld für Umweltleistungen, die die Landwirtschaft erbringt, für Aufwendungen für Sozialpolitik. Es ist damit zu rechnen, daß die Produktion industrieller Rohstoffe, d.h. von Ölen, Stärke, Äthanol, Heilkräutern etc. verstärkt wird. Die Bereitschaft der Landwirtschaft, Alternativerzeugnisse wie Raps, Ackerbohnen, Durumweizen, Gemüse, aber auch Perlhühner, Wachteln und Damtiere aufzunehmen, wird wachsen. Weiterhin ist davon auszugehen, daß die EG-Kompetenz bei der Gesetzgebung in den kommenden Jahren zunehmen wird. Gleichzeitig wird der Handlungsspielraum für nationale und regionale Maßnahmen eingeengt.

Neben diesen allgemeinen Wertprämissen sind Alternativen denkbar, die in den Thesen I und II formuliert sind.

Die Entwicklungsthese I geht von einer mehr konventionellen Entwicklung aus, mit einer abnehmenden Wanderung aus der Landwirtschaft und sinkenden Produktpreisen. Die Wachstumsrate der Gesamtwirtschaft wird als gleichbleibend angenommen. Das Marktungleichgewicht, die bisherigen Tierhaltungsformen und die Landwirtschaftsklausel bleiben erhalten. Zunehmen werden die Binnenwanderung, die Entleerung produktionsschwacher Räume, die Schwierigkeiten bei der Markt- und Preispolitik, Ausgleichszulagen und Sozialausgaben.

Entwicklungsthese I (konventionell)

Abnehmend	Gleichbleibend	Zunehmend
Abwanderung aus der Landwirtschaft Produktpreise	Wachstumsrate der Gesamtwirtschaft Marktungleichgewicht Tierhaltungsformen Landwirtschaftsklausel	Binnenwanderung Entleerung produktionsschwacher Räume Schwierigkeiten bei Markt- und Preispolitik Ausgleichszulagen Sozialausgaben

Es wird davon ausgegangen, daß bei einer Gemeinschaft der Zwölf ein Konsens auf eine weitergehende als die hier aufgezeigte Entwicklung nicht oder nur sehr schwer möglich ist. Hierbei bleibt die Frage offen, ob sich diese Entwicklung noch über einen mittel- oder längerfristigen Zeitraum abspielen wird.

Die Entwicklungsphase II wird mehr ökologisch gesehen. Demzufolge nimmt die Wachstumsrate der Gesamtwirtschaft ab, die Produktpreise bleiben gleich. Dagegen wird die Sozialbildung des Eigentums, die Ausweisung von Flächen für Natur-, Landschafts- und Gewässerschutz bei Zahlung von Entschädigungen zunehmen. Dies gilt auch für Flächenstillegungen. Es kommt zu Einschränkungen von Intensivtierhaltungsformen. Schließlich wird damit zu rechnen sein, daß die Produktion sich stärker an die Nachfrage angleicht.

Entwicklungsthese II (ökologisch)

Abnehmend	Gleichbleibend	Zunehmend
Wachstumsrate der Gesamtwirtschaft	Produktpreise	Sozialbindung des Eigentums Ausweisung von Flächen für Natur-, Landschafts-, Gewässerschutz und Vernetzung mit Entschädigung Flächenstillegungen Einschränkung von Intensivtierhaltungsformen Angleichung der Produktion an Nachfrage

Den Autoren der Regionalstudien wird empfohlen, den Auswirkungen der zukünftigen Entwicklung und der beiden Entwicklungsthesen auf den Untersuchungsraum und insbesondere auf die Landwirtschaft des Gebietes nachzugehen, sie zu überprüfen und Lösungsmöglichkeiten für die auftretenden Probleme bis zum Jahre 2000 aufzuzeigen. Selbstverständlich können der Katalog von Wertprämissen, die Entwicklungsthesen und die sich daraus ergebenden Darstellungen für die einzelnen Regionen Anspruch auf Vollständigkeit erheben. Die bisherigen Erfahrungen mit der gesamtwirtschaftlichen Entwicklung, der Agrar- und Umweltpolitik haben gezeigt, daß nicht nur Interdependenzen vorhanden sind, sondern auch zahlreiche Unwägbarkeiten, insbesondere bei einer Gemeinschaft der Zwölf. Dennoch haben sich die Autoren der Beiträge das Ziel gesetzt, Wirkungen, Konsequenzen und Maßnahmen auf der Grundlage unterschiedlicher Arbeitshypothesen aufzuzeigen.

4. Räumliche Auswirkungen landwirtschaftlicher Entwicklungen in verschiedenen Raumkategorien

Zusammenfassende Analyse der Regionalstudien

4.1 Grundlegende Überlegungen zur zusammenfassenden Analyse

4.1.1 Zur Aufgabe

Die zusammenfassende Analyse der Regionaluntersuchungen nach verschiedenen Raumkategorien setzt zunächst eine Regionstypisierung nach Kreistypen voraus. Da es "den Ländlichen Raum" nicht gibt und Ländliche Räume auch innerhalb kleinerer Untersuchungsregionen sehr unterschiedlich strukturiert sein können, ist es sinnvoll, sich einer vorhandenen Typisierung anzuschließen, wenn man die Ländlichen Räume differenzieren und ein entsprechendes Verständnis für ihre Entwicklungserfordernisse erreichen will (vgl. Kap. 3.1.2). Die im Raumordnungsgesetz (ROG) angelegte, vom "Bundesraumordnungsprogramm", von den "Schwerpunkten der Raumordnung" und vom Raumordnungsbericht 1986 konkretisierte Definition und Differenzierung des "Ländlichen Raumes" stellt dementsprechend darauf ab, zwischen Ordnungs- und Entwicklungsaufgaben in der räumlichen Planung und Politik zu unterscheiden.

Da Aussagen über die Entwicklung Ländlicher Räume gerade im Zusammenhang mit der Kampagne des Europarates "Leben auf dem Lande" erhebliche zusätzliche Bedeutung erlangt haben, kommt einer zusammenfassenden Behandlung der regionalen Untersuchungsergebnisse besondere Beachtung zu. Diese wächst, wenn man berücksichtigt, daß der Deutsche Bundestag der Bundesregierung in seinem Beschluß über den Raumordnungsbericht 1986 vom 03.12.1987 die Aufgabe gestellt hat, im nächsten Raumordnungsbericht ausführlich über die Entwicklungen des Ländlichen Raumes zu berichten[1].

Bei der planerischen und politischen Verwendung des Begriffs "Ländlicher Raum" hat es sich als nützlich erwiesen, drei unterschiedliche Typen dieser Raumkategorie auseinanderzuhalten[2]:

- Ländliche Räume innerhalb von Regionen mit großen Verdichtungsräumen;
- Ländliche Räume mit leistungsfähigen Oberzentren und vergleichsweise guten wirtschaftlichen Entwicklungsbedingungen;
- Ländliche Räume, dünn besiedelt und peripher abseits der wirtschaftlichen Zentren der Bundesrepublik Deutschland gelegen.

Diesen Ausprägungsformen des Ländlichen Raumes entsprechen auch die im folgenden Kapitel angewandten drei Typen Ländlicher Räume.

4.1.2 Inhalte der vergleichenden Analyse

Innerhalb dieser drei Raumkategorien "Ländlicher Räume", in die die Untersuchungsregionen (vgl. Kap. 3.2) eingeteilt wurden, werden, der vorgegebenen Gliederung der Regionalbeiträge folgend, nachstehende Analyseergebnisse aus den Regionaluntersuchungen - soweit wie möglich - vergleichend referiert und untersucht:

1. Lage der Untersuchungsgebiete
2. Bevölkerungs- und Wirtschaftsstruktur
3. Flächennutzungs-, Siedlungsstruktur- und Infrastrukturentwicklungen
4. Sozioökonomische Entwicklungen in der Landwirtschaft
5. Stärken und Schwächen der Untersuchungsgebiete in der jeweiligen Raumkategorie

---

1) Deutscher Bundestag: Beschlußempfehlung und Bericht des Ausschusses für Raumordnung, Bauwesen und Städtebau (16. Ausschuß) zu der Unterrichtung durch die Bundesregierung - Drucksache 10/6027 - Raumordnungsbericht 1986, Bundestagsdrucksache 11/1173 vom 12.11.1987.

2) Vgl. hierzu Akademie für Raumforschung und Landesplanung (Hrsg.): Der Beitrag der Landwirtschaft zur regionalen Entwicklung, Bd. XXXVI, Hannover 1967, sowie Irmen, E.; Runge, L.; Türke-Schäfer, K.: Aktuelle Informationen zur Situation und Entwicklung ländlicher Räume, Manuskript zu Materialien aus der Laufenden Raumbeobachtung der BfLR vom September 1987, S. 2.

6. Vorhersehbare räumliche Entwicklungen und mögliche Folgen
7. Raum- und Fachplanung.

Leider war es trotz der eingehenden Vorgaben für die Regionaluntersuchungen (vgl. Kap. 3.1.3) nicht in allen Fällen möglich, die vorgegebene Gliederung einzuhalten und Antworten auf die gestellten Fragen zu finden. Diese Gegebenheiten erschweren die vergleichende Analyse. Dennoch können aus ihr interessante Ergebnisse gewonnen werden.

4.2 Entwicklung im ländlichen Umland großer Verdichtungsräume

4.2.1 Lage der Untersuchungsgebiete zu großen Verdichtungsräumen

Die für diese Untersuchung ausgewählten Regionen dieser Raumkategorie liegen am Rande des Verdichtungsraumes Rhein/Ruhr (Eifel, Kleve) oder gehören zum Verdichtungsraum Rhein-Neckar (Vorderpfalz). Die Untersuchungsgebiete verfügen über oder werden flankiert von leistungsfähigen Mittelzentren. Mit den Verdichtungsräumen bestehen enge Verflechtungen. Die beiden Regionen Kleve und Vorderpfalz liegen am Rhein. Alle drei Gebiete dieser Gebietskategorie befinden sich an oder in der Nähe der Staatsgrenze. Kleve grenzt an die Niederlande (138 km) und Euskirchen an Belgien (27 km). Die Vorderpfalz ist nicht weit von der französischen Grenze entfernt.

Die naturräumlichen Bedingungen für die Agrarproduktion sind in Kleve, in der Vorderpfalz und Teilen des Kreises Euskirchen (Niederrheinische Bucht) überwiegend gut. Dennoch gibt es in jedem der Untersuchungsgebiete unterschiedliche Belastungen für die Agrarproduktion, so etwa in den Überschwemmungsgebieten des Rheines (Kleve, Vorderpfalz) und in den Höhengebieten der Eifel. Die Nähe zu den Verdichtungsgebieten hat in allen drei Untersuchungsgebieten vorwiegend günstige Rahmenbedingungen für die Agrarstrukturverbesserung und den sektoralen Wandel geschaffen.

4.2.2 Veränderungen in der Bevölkerungs- und Wirtschaftsstruktur

Die Bevölkerungsentwicklung hat sich innerhalb der einzelnen Untersuchungsgebiete sehr unterschiedlich vollzogen. Generell haben alle drei Räume einen Bevölkerungszuwachs in den letzten 10 Jahren zu verzeichnen. Dieser ergibt sich hier allerdings nur aus Wanderungsgewinnen, wobei das "Kraterphänomen" der Suburbanisierung, die Abwanderung aus den Verdichtungsgebieten in das Umland, eine besondere Rolle spielt und der höhere Wohnwert im Umland der ausschlaggebende Anlaß für diese Entwicklung ist. Die übrigen Lagevorteile des Wohnens in der Großstadt werden dadurch allerdings nicht aufgewogen. Die in das ländliche Umland der Verdichtungsräume abwandernde Bevölkerung setzt sich überwiegend aus Familien mit mittleren und höheren Einkommen zusammen. Die Wanderungsgewinne wiegen in allen drei Untersuchungsgebieten die Verluste aus der natürlichen Bevölkerungsbilanz auf. Aus dieser Entwicklung resultieren einschneidende Veränderungen in der Alterstruktur der Bevölkerung. Hierzu trägt auch der negative Binnenwanderungssaldo der 18- bis 25-jährigen bei. Die Zahl der Jugendlichen nimmt drastisch ab, die der Älteren zu. Diese Entwicklung wird bedeutsame Folgen für die regionale Wirtschafts-, Siedlungs- und Infrastruktur nach sich ziehen, die noch nicht überall voll erkannt worden sind (Tab. 1).

Nach den Bevölkerungsprognosen und den Aussagen der Regionalanalysen wird sich bis zum Jahre 2000 an dieser Bevölkerungsentwicklung wenig ändern. Erst nach der Jahrhundertwende ist auch in diesen Regionen mit einem Bevölkerungsrückgang zu rechnen.

Der Anteil der in der Landwirtschaft Beschäftigten an der Gesamtzahl aller Beschäftigten war in den Untersuchungsgebieten Kleve (9 %) und Euskirchen (8 %) relativ hoch. Während der Anteil der Land- und Forstwirtschaftsbetriebe an der Bruttowertschöpfung (BWS) 1983 in Kleve (8,3 %) sehr hoch war, hatte die Landwirtschaft mit einem Anteil von 4,3 % in Euskirchen, wegen der schwierigen natürlichen Verhältnisse, eine relativ niedrige Produktivität. In der Vorderpfalz hingegen war der Beitrag der Landwirtschaft zum BWS mit 1,8 % relativ gering, er entsprach aber in etwa dem Anteil der in der Landwirtschaft Beschäftigten.

In Euskirchen und Kleve lag bei überdurchschnittlicher Arbeitslosigkeit die Bruttowertschöpfung (BWS) je Einwohner (1982) bei gemischter Branchenstruktur erheblich unter, in der Vorderpfalz über dem Landesdurchschnitt. Dies liegt vor allem an der starken Stellung der Chemie und des Maschinenbaus im Raum Ludwigshafen/Frankenthal, wo die Landwirtschaft eine untergeordnete Rolle spielt. Die Zahl der abhängigen Beschäftigten im gewerblichen Sektor nahm in allen Untersuchungsgebieten ab, die Zunahme im tertiären Sektor war besonders in der Vorderpfalz hoch. Der Raum Euskirchen hat in den letzten Jahren in seiner wirtschaftlichen Entwicklung im Gewerbe- und Dienstleistungsbereich erheblich aufgeholt, die BWS-Entwicklung lag über dem Landesdurchschnitt (1980/82). Hier konnte Kleve nicht mithalten. Beide Gebiete sind im Zeitraum 1981 bis 1986 mit Mitteln der regionalen Wirtschaftsförderung (GRW) gefördert worden. Dabei konnten in beiden Kreisen je etwa 1000 zusätzliche Arbeitsplätze geschaffen werden.

4.2.3 Flächennutzungs-, Siedlungs- und Infrastrukturentwicklungen

Die Siedlungsstruktur ist in den drei Untersuchungsgebieten sehr unterschiedlich. Während die Vorderpfalz ein ländlicher Raum mit überwiegender Wohnfunktion für die großen Zentren des Verdichtungsraumes Rhein-Neckar ist, in der die Siedlungsfläche einen Anteil von 17 % hatte, lagen sie in Kleve bei 13 % und in Euskirchen bei 11 % wesentlich darunter; die Relation der Freifläche je Einwohner in km^2 betrug bei den drei Gebieten 2000 : 4000 : 7000, d.h. der Freiflächenanteil war in Euskirchen besonders hoch, der Siedlungsflächenanteil hier besonders gering. Wegen seiner Lage am Rhein ist die Wasserfläche in Kleve relativ hoch. Die Vorderpfalz hat rund 55 % ihrer Fläche als Natur- oder Landschaftsschutzgebiete ausgewiesen. In der Flächenutzung in den Untersuchungsräumen selbst kann mit Ausnahme des Raumes Vorderpfalz, in dem sich wegen der Entwicklung seiner Wohnfunktion für den angrenzenden Verdichtungskern eine starke Siedlungsentwicklung bemerkbar macht, keine große Veränderung festgestellt werden. Die Veränderungen der Siedlungsstruktur vollzogen sich hier vor allem in den Mittelzentren in und am Rande der Untersuchungsgebiete, die noch stärker als die benachbarten Oberzentren ihr Dienstleistungsangebot ausbauen konnten (Tab. 2).

Die Gebiete Kleve und Vorderpfalz verfügen über gute Bundesbahnanschlüsse auch an den internationalen Verkehr. Im Hinblick auf derartige Verkehrsanschlüsse liegt der Raum Euskirchen relativ verkehrsfern. Dieser Nachteil wird für einige Kreisgebiete jedoch durch den guten Autobahnanschluß aufgehoben. Die Straßenanschlüsse an das großräumige Autobahnnetz sind in allen drei Gebieten hervorragend. Eine derartige Erschließungsqualität läßt sich, vor allem in der Vorderpfalz, für einen Teil des innerregionalen Verkehrswegenetzes nicht feststellen. Wegen des hohen Anteils an landwirtschaftlichen Frischerzeugnissen (Gemüse und Obst), die schnell an die Verbraucherschwerpunkte gelangen müssen, ist die Erschließungsqualität des Verkehrsnetzes vom Erzeuger zu den Vermarktungseinrichtungen von hoher Bedeutung. Deshalb müssen z.B. in der Vorderpfalz in allernächster Zukunft erhebliche Investitionen für den Ausbau regionaler Straßen und für Wirtschaftswege vorgenommen werden. Dies gilt ebenfalls - wenn auch in eingeschränktem Maße - für die anderen Gebiete.

Die Wasserversorgung, die Abwasser- und Abfallbeseitigung sind nach den Regionalberichten in den Räumen Euskirchen und Kleve relativ gut geregelt und beinhalten keine größeren Probleme, wenn man hier von der Problematik der möglichen Verunreinigungen des Grundwassers durch intensive landwirtschaftliche Düngung zunächst einmal absieht. In dem dicht besiedelten und relativ trockenen Raum der Vorderpfalz hingegen verursachen die Wasserversorgung und die Abwasserbehandlung besondere Schwierigkeiten. Durch die verbandsorganisierte Beregnung großer landwirtschaftlicher Anbauflächen wurden die Grundwasservorräte hier stark belastet, sowohl hinsichtlich der Entnahme als auch im

Tab. 1: Aktuelle Daten für die Untersuchungsregionen in der Raumkategorie: Ländliches Umland großer Verdichtungsräume

Indikatoren zur Entwicklung Ländlicher Räume	Untersuchungsregionen - Kreise					
	Bad Dürkheim	Ludwigs-hafen	Franken-thal St.	Ludwigs-hafen St.	Kleve	Eus-kirchen
Bevölkerungsentwicklung 80/85 in %	2,2	4,1	1,0	- 4,3	2,0	2,6
Bevölkerungsbestand (1000) 85 abs.	117,9	128,7	43,0	153,6	261,9	160,9
Binnenwanderungssaldo 83/85:						
18 bis unter 25 Jahre je 1000 Einwohner	- 35,4	- 17,0	37,6	- 4,6	- 29,5	- 19,9
25 bis unter 30 Jahre je 1000 Einwohner	84,2	74,9	20,6	- 51,8	15,8	21,7
BSW in DM je Einwohner 82 in 1000	14,5	9,4	26,0	55,5	18,1	17,9
BSW-Entwicklung 80/82 in %	9,6	12,5	5,2	15,1	7,7	11,4
sozialvers. Beschäftigte 83/86 in %	5,1	2,8	- 3,3	3,3	1,0	2,1
Betriebsgröße unter 100 Beschäftigte in %	34,4	46,4	7,5	3,4	35,7	32,8
sozialvers. Besch. in Landw. 86 in %	3,8	7,8	0,2	0,6	3,6	1,7
hochqual. Beschäftigte je 1000 86 abs.	28	25	63	70	29	32
hochqual. Beschäftigte 83/86 in %	10,8	8,9	- 2,1	11,6	20,8	18,3
Projektf. je Beschäftigten im ver-arbeitenden Gewerbe in DM 86	106	55	255	168	43	105
Teletexanschlüsse je 100.000 Ew. 86 abs.	7,6	4,7	22,8	24,1	9,5	6,8
Telefaxanschlüsse je 100.000 Ew. 84 abs.	6,0	3,9	16,0	20,0	6,1	6,9

Quelle: Bundesforschungsanstalt für Landeskunde und Raumordnung, Laufende Raumbeobachtung, Aktuelle Daten zur Entwicklung der Städte, Kreise und Gemeinden 1986, Heft 28, Bonn 1987.

Tab. 2: Aktuelle Daten für die Untersuchungsregionen in der Raumkategorie: Ländliches Umland großer Verdichtungsräume

Indikatoren zur Entwicklung Ländlicher Räume	Untersuchungsregionen - Kreise					
	Bad Dürkheim	Ludwigs- hafen	Franken- thal St.	Ludwigs- hafen St.	Kleve	Eus- kirchen
Anteil landwirtschaftl. Fläche 84 in %	37,9	61,2	66,7	41,5	71,0	50,5
Anteil LWF/BKZ 40 < 84 in %	18,0	0,0	-	-	2,5	48,6
Größe landw. Betriebe in ha 79 ⌀ abs.	9	15	24	18	18	16
Größe landw. Betriebe in ha 83 ⌀ abs.	10	17	26	20	19	17
Anteil HE Betriebe 83 in %	55,5	67,3	-	-	77,9	41,4
Entwicklung HE Betriebe 79/83 in %	- 10,0	- 8,5	-	-	- 9,1	- 6,3
Betriebe mit hohem Einkommen 83 in %	53,8	23,9	-	-	51,6	32,1
Entwicklung dieser Betriebe 79/83 in %	- 6,1	38,5	-	-	- 2,1	4,5
sozialv. Besch. Fremdenverkehr 86 in %	5,6	2,1	1,4	1,3	3,0	4,8
Entwicklung dieser Besch. 83/86 in %	9,7	38,5	- 5,3	- 4,0	15,2	15,5
Betten in HG je 1000 Einwohner 85 abs.	41	4	12	9	11	40
Übernachtungen je Einwohner 85 abs.	5,9	0,3	1,2	1,3	1,1	3,9
Steueraufkommen in DM/Einwohner 85 abs.	792	751	1044	2437	668	728
Steuerentwicklung 83/85 in %	22,1	16,9	20,5	119,5	5,9	8,7
Quartanerquote 85 in %	47,0	44,1	64,2	54,3	45,9	49,9
Studierquote 84 in %	77,6	72,7	78,9	80,1	68,2	65,6
Einwohner/Arzt in freier Praxis 84 abs.	948	1779	770	777	1314	1034
Einwohner/Facharzt 84 abs.	1224	5822	828	543	1189	1047
Akutbetten je 10.000 Einwohner 84 abs.	58	0	69	134	72	66
Strompreis Ind. Pf./kWh 86	19,8	19,8	19,8	19,8	18,1	18,1
gasversorgte Einwohner 85 in %	35,1	34,0	44,0	69,4	46,6	23,8
Kfz.-Dichte je 1000 Einwohner 84	474	487	427	421	402	432
Anteil Einwohner mit DB/P 85 in %	61,2	54,8	100,0	100,0	80,3	72,7

Quelle: Bundesforschungsanstalt für Landeskunde und Raumordnung, Laufende Raumbeobachtung, Aktuelle Daten zur Entwicklung der Städte, Kreise und Gemeinden 1986, Heft 28, Bonn 1987.

Hinblick auf die Schadstoffeintragungen. Während die Entnahmebelastung durch verstärkte Nutzung der Oberflächengewässer erheblich vermindert werden konnte, ist der Schutz der Grundwasserströme gegen Nitratbelastung, die gelegentlich die Grenzwerte überschreitet, nicht gesichert.

Die Abwasserbehandlung hat in den Ländlichen Räumen nahe der Verdichtungsgebiete überall einen relativ guten Ausbauzustand. Der Ausbau des Entwässerungsnetzes und der Bau biologischer Kläranlagen haben dazu beigetragen. Trotzdem gelangt immer noch Abwasser wegen fehlender, überalteter und sanierungsbedürftiger Kanalisations- und Abwasserbehandlungsanlagen zum Teil noch unzureichend gereinigt in die Gewässer und belastet diese.

4.2.4 Sozio-ökonomische Entwicklungen in der Landwirtschaft

Der landwirtschaftliche Strukturwandel, der vor allem durch Auf- und Abstocken der bäuerlichen Familienwirtschaften gekennzeichnet ist, prägt die neueren landwirtschaftlichen Entwicklungen, deren räumlichen Konsequenzen hier nachgegangen werden soll. In allen drei Untersuchungsgebieten haben sich in den letzten 10 bis 15 Jahren große Veränderungen in der Betriebsgrößenstruktur vollzogen, deren Intensität allerdings in den letzten Jahren abgenommen hat.

Generell gilt, daß an den günstiger gelegenen Standorten dieser Regionen die größten Betriebe stärker verbreitet sind sowie an Zahl und Fläche zugenommen haben als in den Räumen mit ungünstigen Standorten. Lediglich die Betriebe über 30 ha LF (Euskirchen) haben nach der Zahl zugenommen. Flächenaufstockung, vor allem der Vollerwerbsbetriebe, gab es überall ab etwa 20 ha LF. Hinter dem Wechsel der Betriebsgrößenklassen verbergen sich allerdings auch beträchtliche einzelbetriebliche Flächenzulagen über Pacht, wobei z.B. im Durchschnitt in Kleve DM 600,- je ha LF gezahlt wurden und/oder Kauf. Darüber hinaus sind noch viele Einflußfaktoren wie etwa Pro-Kopf-Einkommen, alternative berufliche Möglichkeiten und soziale Sicherungen (Krüll/Struff) für den Agrarstrukturwandel maßgebend.

Die durchschnittliche LF je Betrieb nahm im letzten Jahrzehnt überall zu, die AK-Einheiten pro Betrieb und je 100 ha überall, wenn auch in unterschiedlichem Ausmaß, ab. So betrug der AK-Besatz in Kleve 1,5 AK/Betrieb und 5,5 AK/100 ha, in der Vorderpfalz 1,1 AK/Betrieb und 10,7 AK/100 ha, was auf die sehr unterschiedliche Intensität der landwirtschaftlichen Flächennutzung und der Viehhaltung hindeutet.

Für die nahe Zukunft gilt für die Betriebsgrößenstruktur der Landwirtschaft im Umland der Verdichtungsgebiete, daß

- in den von der Natur bevorzugten Gebieten das Tempo des Agrarstrukturwandels in der Betriebsgrößenstruktur wahrscheinlich gleich bleibt oder sich sogar noch beschleunigen wird (Krüll/Struff), das Tempo der "Betriebsauslese" kann sich hier beträchtlich verschärfen (Kopp); auch für Kleve werden sich "erhebliche Schwierigkeiten ergeben" (Reinken);

- sich in den Mittelgebirgslagen, d.h. auf den Grenzertragsböden, der Agrarstrukturwandel nur unter besonders günstigen Rahmenbedingungen, d.h. wenn alternative Arbeitsplätze außerhalb der Landwirtschaft angeboten werden, weiterhin wie bisher fortsetzen wird (Krüll/Struff).

Die landwirtschaftliche Flächennutzung zeigt für die letzten 10 bis 15 Jahre in den meisten Gebieten zunächst einen beträchtlichen Rückgang der landwirtschaftlich genutzten Fläche, d.h. von 10 % (Vorderpfalz) bis etwa 27 % (Kleve). Dabei ging der Anteil des Dauergrünlandes in der Regel zurück. Der Hackfruchtanbau und Feldgemüseanbau veränderten sich, blieben aber insgesamt etwa gleich. Die Obstanlagen und Rebflächen hingegen nahmen an den günstigsten Standorten sowohl absolut als auch relativ zu, so vor allem im Raum der Vorderpfalz.

Die Entwicklung der Tierbestände in den Untersuchungsgebieten entspricht der veränderten Flächennutzung. Generell nahmen die Tierbestände überall stark zu, wobei z.B. in Kleve Milchkühe, Mastrinder, Zuchtsauen und Mastschweine relativ stark zunahmen, die Zahl der Legehennen und des Mastgeflügels hingegen abnehmen.

Der weiteren Entwicklung der zumeist flächenarmen Veredlungsbetriebe mit Schweinen wurde in Euskirchen und Kleve durch die "Gülleverordnung des Landes Nordrhein-Westfalen" Grenzen gesetzt, so durch die Festlegung von maximal 3 Dungeinheiten je ha LF, wenn nicht durch überörtliche Gülleverwertung ein Ausweg gefunden wird (Reinken). Eine Begrenzung des Viehbestandes der flächenstarken Milchviehbetriebe ist 1984/85 durch die EG-Milchkontingentierung eingetreten, wobei die reinen Milchviehbetriebe mit geringen Bestandsgrößen (20 bis 40 Kühe) am stärksten betroffen sind.

Vergleicht man die Standardbetriebseinkommen der landwirtschaftlichen Betriebe zu Beginn der 80er Jahre in den Regionen, so zeigt sich z.B. für Kleve ein weit höheres Betriebseinkommen als für die Vorderpfalz. Während in Kleve 33 % der Haupterwerbsbetriebe ein Betriebseinkommen von mehr als DM 60 000,- auswiesen, hatten im Vergleich dazu in der Vorderpfalz lediglich 41 % ein Betriebseinkommen von DM 30 000,- und mehr, was auf vielfältige Gründe zurückzuführen ist. Nach den langfristigen Buchführungsergebnissen hatten die Betriebe in Kleve 1984/85 einen Gewinn von 1 273,- DM/ha, in der Vorderpfalz 1 905,- DM/ha LF. Der Gewinn /Fam. AK in Kleve lag bei DM 30 000,-, in der Vorderpfalz bei DM 28 000,-. Eine besonders gute wirtschaftliche Entwicklung weisen die Gartenbaubetriebe des Kreises Kleve auf, die sich im Rahmen des Wettbewerbs mit den Niederländern und auf der Grundlage der sehr guten Beratungs- und Ausbildungsinfrastruktur gut entwickeln konnten.

4.2.5 Stärken und Schwächen der Untersuchungsräume

Als gemeinsame Stärken werden in den Regionaluntersuchungen die Standortsituation zu den Verdichtungsgebieten hervorgehoben, weil sich dadurch nicht nur eine Vielzahl von "Fühlungsvorteilen" für die Region ergeben, sondern auch ganz spezifische Vorteile für die Entwicklung der Agrarstruktur in Vergangenheit und Zukunft. Diese Entwicklungsvorteile fallen allerdings doch ein wenig unterschiedlich aus. Während sie für den prosperierenden Entwicklungsraum Vorderpfalz uneingeschränkt gelten, machen sich für Euskirchen in geringem Umfang, für Kleve in verstärkter Auswirkung die problembehafteten Entwicklungen im "altindustrialisierten" Verdichtungsraum Rhein/Ruhr bemerkbar. Gleichwohl ist unbestreitbar, daß die Standortlage zu den Verdichtungsgebieten, zu den Oberzentren und das Vorhandensein gut ausgestatteter Mittelzentren gegenüber anderen Gebieten Vorteile bringen, weil hier, neben den Fühlungsvorteilen für die gewerbliche Wirtschaft, für die Landwirte in den Untersuchungsgebieten große Arbeitsmärkte mit vielfältigen Möglichkeiten zur Verfügung stehen. Dies begünstigt auch den Wandel in der Agrarstruktur (Reinken).

Die Nähe zu den Verdichtungsgebieten bewirkt auch vielfältige Möglichkeiten für die Entwicklung des Fremdenverkehrs in den Analyseregionen und dadurch die Möglichkeit zu außerlandwirtschaftlichen Einkommen, wenn die landschaftlichen, infrastrukturellen und kulturellen Voraussetzungen für den Fremdenverkehr gegeben sind. Dies war nur in einigen Teilen der Untersuchungsgebiete der Fall.

Von Vorteil für die landwirtschaftlichen Bewirtschaftungsbedingungen in den Untersuchungsregionen sind auch die günstigen Voraussetzungen durch die teilweise überdurchschnittlich vorteilhaften natürlichen Ertragsbedingungen mit den Möglichkeiten für Gartenbau- und Sonderkulturanbau sowie die Vorteile, die den Betrieben aus der Nähe zu den Verbraucherschwerpunkten erwachsen und langfristig bestehende Vermarktungsvorteile verschaffen (Kopp).

Die Schwächen der Räume liegen z.T. in den relativ geringen Angeboten von Arbeitsplätzen im sekundären und tertiären Bereich, im Gebiet selbst, in der näheren Umgebung und für Euskirchen und Kleve in der Wirtschaftsschwäche dieser Region am Rande des Rhein-Ruhr-Gebietes, die sich in Teilen des Kreises Euskirchen (Eifel) als falsche Signale beim Generationswechsel in den landwirtschaftlichen Betrieben bemerkbar machen und dadurch den Agrarstrukturwandel bremsen. Die verdichtungsraumspezifischen Schwächen für die Landwirtschaft liegen vor allen Dingen in den erschwerten Bewirtschaftungsbedingungen, wie etwa hohen Kauf- und Pachtpreisen für LF, hohen Anteilen von LF in Wasserschutzzonen, gemengelagenbedingten Bewirtschaftungsschwierigkeiten, Eigenkapital beanspruchenden Anpassungsmaßnahmen (Emissionsminderungen, Aussiedlungen) und Investitionsrisiken bei hoher Spezialisierung (Vollernte im Weinbau, Bau von Vermarktungseinrichtungen, Wirtschaftswegeausbau (Kopp)). Sie machen sich aber auch in der Form stadtnaher Auslagerungen siedlungswirtschaftlicher Problemnutzungen bemerkbar und erschweren dadurch u.U. überregionale Freiraumfunktionen für Wasserwirtschaft, Erholung und Landwirtschaft (Krüll/Struff).

Darüber hinaus sind hier aber auch die Schwächen anzumerken, die in den zu erwartenden Bewirtschaftungsbeschränkungen durch Grundwasser-, Landschafts- und Naturschutz liegen und in der Nähe zu Verdichtungsräumen ihre besondere Bedeutung insbesondere für die kleinen landwirtschaftlichen Betriebe, z.B. durch die Gülleverordnung in NRW, erhalten. Vor allem eine Begrenzung des Nitrateintrages in das Grundwasser als Vorsorgemaßnahme ist mit intensiver Veredelungswirtschaft bei bestimmten Boden- und Grundwasserverhältnissen nicht zu vereinbaren (Reinken). Schwächen der Untersuchungsgebiete liegen aber auch im vergleichsweise niedrigen Bildungsniveau auf Facharbeiter- und Betriebsleiterebene.

4.2.6 Vorhersehbare Folgen und Entwicklungen

Unter Status-quo-Bedingungen werden die Entwicklungen in der Agrarwirtschaft am Rande der Verdichtungsräume relativ positiv eingeschätzt. Die Ergebnisse der Regionaluntersuchungen zeigen hier für die besseren Bewirtschaftungsstandorte allerdings unterschiedliche Auswirkungen. Im Raum Vorderpfalz werden bei der dort betriebenen "viehlosen Landwirtschaft" voraussichtlich Gewinnschmälerungen auftreten, die zu einer stärkeren Flächenwanderung sowohl zu den Vollerwerbsbetrieben als auch zu den Nebenerwerbsbetrieben führen, wobei sich die Nebenerwerbslandwirtschaft - insbesondere hier auch wegen der relativ günstigen Arbeitsmarktsituation im außerlandwirtschaftlichen Bereich - mit wachsenden Landwirtschaftsflächen je Betrieb stabilisiert.

Es wird für diesen Raum angenommen, daß

- sich der Gemüseanbau auf Kosten des Getreide-Hackfruchtanbaus ausdehnt;

- Anbauschwerpunkte für intensiv betriebene alternative Agrarproduktion (Zellulose- und Faserrohstoffe, Bioäthanol- und Fettsäuregrundstoffe) entstehen und

- dem Wein- und Obstbau ein großer Strukturwandel bevorsteht, wobei der Obstanbau mittel- und langfristig stark zurückgeht (Kopp).

Für die Räume Kleve und Euskirchen werden für die guten Standorte weitere Entwicklungsmöglichkeiten hinsichtlich der landwirtschaftlichen Produktion und auch für den Gartenbau vorausgesagt (Reinken). Vor allem wird hier auf die Möglichkeiten der Veredelungswirtschaft (Produktion von Spezialprodukten wie Damfleisch, Ziegen- und Schafskäse) gesetzt, was allerdings, wie auch im Gartenbau, eine Verbesserung des Wissenstandes der Betriebsleiter voraussetzt. Eine stärkere Differenzierung in Voll- und Nebenerwerbslandwirtschaft wird im Raum Kleve vor allem wegen mangelnder Hofnachfolge bei Überalterung der Betriebsleiter vorausgesagt. Der innerbetriebliche Strukturwandel, der vor allem auch durch unzureichende Ausstattung mit Produktionsmitteln einschließlich Betriebsleiterqualitäten herbeigeführt wird, geht auch im Raum Euskirchen weiter. Schreckensszenarien, die auf eine denkbare Flächenfreisetzung in den Eifelgemeinden von 30 % bis 60 % der LF hinauslaufen und "die Wirkungskette: Abwanderung der nachwachsenden Generation - Entleerung der Dörfer - Aufgabe der Infrastruktur - Wegfall der landwirtschaftlichen Entwicklungsfunktionen!" in Gang setzen könnten, werden für die Mittelgebirgslagen im Einflußbereich von Verdichtungsräumen zurückgewiesen (Krüll/Struff).

Bei ökologischen Schwerpunktsetzungen in der Agrarpolitik, die von einigen Bundesländern, wie z.B. von Nordrhein-Westfalen, betrieben wird, ist die Entwicklung der Landwirtschaft in der Nähe von Verdichtungsräumen, wie dies die Regionaluntersuchungen ausweisen, anders zu bewerten. Eine erhebliche Ausdehnung von Natur-, Landschafts- und Wasserschutzgebieten, die angestrebte Durchgrünung und Biotopvernetzung, verbunden mit stringenten Auflagen zur Durchsetzung naturnaher Bewirtschaftungsformen, führen für die Landwirtschaft, den Gemüse- und Gartenbau zu erheblichen Schwierigkeiten (Kopp). Sollte hier die Sozialbindung des Eigentums zum Nachteil einer intensiven landwirtschaftlichen Nutzung - tierischen Veredlungswirtschaft - Gemüseanbau - Gartenbau - ausgelegt werden, so ist mit einer erheblichen finanziellen Belastung der Betriebe zu rechnen (Reinken), wenn die Betriebe nicht Ausweichmöglichkeiten wie etwa mechanisiertes Feldgemüse oder außerlandwirtschaftliche Einkommensmöglichkeiten wahrnehmen (Krüll/Struff).

Diese Entwicklung kann für viele Betriebe unter Umständen zum Stillstand der Produktion und zu erheblichen Einkommens- und Vermögenseinbußen führen. Hinzu kommt die mangelhafte Auslastung der bestehenden Vermarktungsbetriebe und die Schwächung der Marktposition für die landwirtschaftliche Produktion des Raumes. Damit können ökologische Schwerpunktsetzungen in agrarischen Vorzugsgebieten gesamtwirtschaftlich hohe Kosten bzw. einen höheren Mitteleinsatz je Flächeneinheit verursachen. Der Konflikt zwischen Natur- und Landschaftsschutz mit moderner bäuerlicher Landwirtschaft im Umland von Verdichtungsräumen bleibt deshalb noch ungelöst.

In den Mittelgebirgslagen wird die mit dem Agrarstrukturwandel verbundene Freisetzung von Flächen mutmaßlich zu wohltätigen Folgen für Wasserwirtschaft und Erholung führen. Die Hoffnungen, die bei früheren Untersuchungen auf die Entwicklung des Erholungsgebietes Nordeifel gesetzt worden sind, haben sich - vor allem wegen der kurzen Saison und der fehlenden Schneesicherheit - nicht erfüllt. Der Fremden- und Ausflugsverkehr wird sich - abgesehen von der Tageserholung - auch künftig überwiegend auf einige wenige Schwerpunkte des Eifelraumes konzentrieren, so daß sich hier auch künftig keine nennenswerten zusätzlichen Einkommen für die Landwirtschaft ergeben werden.

Insgesamt ist anzumerken, daß sich der Agrarstrukturwandel durch die ökologisch orientierte Agrarpolitik voraussichtlich verlangsamt.

4.2.7 Vorschläge für die Raum- und Fachplanung

Die fachbezogenen Aussagen der Raumordnung und Landesplanung für die Entwicklung der Landwirtschaft in den Untersuchungsregionen sind - soweit es sich um ältere Raumordnungspläne handelt - in der Regel wenig hilfreich, weil sie entweder nur generelle Ziele wie etwa "Verbesserung der Lebensverhältnisse in ländlichen Räumen" beinhalten oder noch eine sehr traditionelle Wertung der Agrarwirtschaft zum Ausdruck bringen, wie sie unter den Bedingungen vor 20 Jahren angezeigt war. Neuere Zielvorstellungen der Landesplanung stellen die wirtschaftlichen und landeskulturellen Aufgabenstellungen der Landwirtschaft als leistungsfähigen bäuerlichen Wirtschaftszweig, als förderungs- und entwicklungsfähig heraus. Hinsichtlich ökologischer Anforderungen der Bodenordnung und der Ausweisung z.B. von agrarischen Vorranggebieten, Wasserschutzgebieten, Landschafts- und Naturschutzgebieten sind die Landesentwicklungs- und Regionalpläne in den letzten Jahren erheblich konkreter geworden und betreffen z.T. schon erhebliche Landwirtschafts- und Forstflächen. Die Suche nach vernünftigen regionalplanerischen Instrumenten für die Entwicklung ländlicher Räume geht jedoch weiter.

4.3 Entwicklung im ländlichen Umland von Regionen mit Verdichtungsansätzen

4.3.1 Lage der Untersuchungsgebiete im Umland verdichteter Räume

Die in diese Raumkategorie fallenden Untersuchungsregionen (vgl. Kap 3.1.1) weisen alle Verdichtungstendenzen auf und liegen in der Nähe großer Zentren bzw. Verdichtungsräume. Von Nord nach Süd betrachtet, liegt Vechta an der Autobahn zwischen Oldenburg/Bremen und Osnabrück, der Lahn-Dill-Kreis sowie der daran anschließende Raum Vogelsberg (Landkreis Gießen, Vogelsbergkreis, Wetterau Kreis) liegen im Einzugsbereich von Frankfurt (einschließlich Offenbach und Hanau) und weisen in ihren Mittelgebirgslagen siedlungsstrukturelle Schwächen (Spitzer) auf. Das Oberzentrum Freiburg wird westlich von fruchtbarem verdichtetem Umland in der Rheinebene umgeben, hat aber den dünn besiedelten Schwarzwald im Osten als landwirtschaftliches Problemgebiet (Dams). Das Unterallgäu in der Nähe Münchens und Augsburgs ist, verkehrsfern gelegen, umgeben von ländlichem Umland. Alle Regionen werden stark landwirtschaftlich genutzt, weisen aber, bis auf Vechta, auch sehr unterschiedliche natürliche und topographische Bedingungen auf, wobei diese besonders stark im Lahn-Dill-Kreis, im Vogelsberg und im Freiburger Raum (Schwarzwald) hervortreten. Es handelt sich also überwiegend um sehr heterogen strukturierte Analyseregionen.

4.3.2 Veränderungen in der Bevölkerungs- und Wirtschaftsstruktur

Die Bevölkerungsentwicklung hat sich in den Untersuchungsgebieten sehr unterschiedlich vollzogen. Abgesehen vom Vogelsberg und von den Städten Freiburg und Memmingen (Unterallgäu) hat die Bevölkerung im letzten Jahrzehnt überall noch zugenommen, so in Vechta und im Raum Freiburg durch Geburtenüberschüsse und Wanderungsgewinne, in den letzten Jahren nur noch in Vechta und Freiburg. Der Vogelsberg weist eine negative Geburtenbilanz, aber starke Zuwanderungen (vgl. Kap. 3.1 Tab. 2) auf, die allerdings in den letzten Jahren auch zurückgegangen sind. Abgesehen von den Städten und dem Breisgau hat sich die Bevölkerungszahl im Schnitt überall gehalten, so auch im Vogelsberg, der nur schwache Bevölkerungsabnahmen, aber keine Abwanderungstendenzen aufweist (Tab. 3). Im Freiburger Raum ist die Bevölkerung - vor allem durch Wanderungsgewinne - von 1970 bis 1986 in den zentralgelegenen Gemeinden sogar um 28 % angestiegen, die Randgemeinden des Breisgaus haben jedoch eine leichte Abnahme der Wohnbevölkerung zu verzeichnen (Dams).

Im Ergebnis kann man feststellen, daß die für diese Raumkategorie früher prognostizierten stärkeren Bevölkerungszunahmen nicht voll eingetroffen sind. Die Bevölkerungsdichte ist von 1980 bis 1985 im Vogelsberg, im Lahn-Dill-Kreis und im Unterallgäu um ca. 1 % zurückgegangen, in Vechta um 4 % und im Raum Freiburg um 5 % angestiegen, was in Vechta auf hohe Geburtenüberschüsse und in

Freiburg auf starke Wanderungsgewinne zurückzuführen ist. In Vechta war deshalb auch die Kinderquote überdurchschnittlich hoch. Abgesehen von den Städten und dem Breisgau zeigte sich der Binnenwanderungssaldo der Jugendlichen von 18 bis 25 Jahren überall negativ.

Hinsichtlich der Branchenstruktur der Wirtschaft sind die Untersuchungsgebiete einander ähnlich. Es dominieren die Dienstleistungen, der Handel und das Baugewerbe. Ansonsten findet man eine gemischte Branchenstruktur unterschiedlicher Ausprägung. Die Arbeitsplatzentwicklung war 1980/85 bis auf Vechta und den Raum Unterallgäu überall überdurchschnittlich negativ. Die Arbeitslosenquote war aber trotzdem in Vechta (15 %) überdurchschnittlich hoch, die wirtschaftliche Entwicklung im Unterallgäu dagegen positiv. Von 1983 bis 1986 stieg die Zahl der sozialversicherungspflichtigen Beschäftigten überall an, besonders stark im Breisgau (9,2 %). Der Anteil der in der Landwirtschaft sozialversicherungspflichtigen Beschäftigten war 1986 in einigen Untersuchungsgebieten dieser Raumkategorie überdurchschnittlich hoch (Durchschnitt = 1,5 %), so in Vechta 4,8 % und im Breisgau 1,9 %. Der Anteil der Zahl aller Beschäftigten in der Land- und Forstwirtschaft (einschließlich Selbständige, mithelfende Familienangehörige, Beamte) betrug dagegen in Vechta nach Schätzungen rd. 15 %. Hervorgehoben werden muß, daß die Kinder von Landwirten auf dem Lande die gleichen Berufschancen in der Wirtschaft haben wie die Kinder von Nichtlandwirten (Ahrens).

Die Wirtschaftskraft (BWS) aller Untersuchungsregionen lag unter dem Bundesdurchschnitt und unter dem Durchschnitt dieser Raumkategorie, wobei die Städte Freiburg und Memmingen mit überdurchschnittlichen BWS eine Sonderstellung einnehmen. Die wirtschaftliche Entwicklung 1980/82 war, am BWS in DM je Einwohner gemessen, überdurchschnittlich positiv in Vechta und im Raum Freiburg. Der Dill-Kreis wies das niedrigste Wachstum auf. Für Freiburg bemerkenswert ist die Abnahme der im Handel Beschäftigten, was sich durch eine sinkende Bedeutung als Großhandelszentrum erklären läßt, weil sich durch den Bau der Autobahn A 81 (Stuttgart - Bodensee) und der schlechten Verbindung in Ost-West-Richtung der Einzugsbereich des Oberzentrums im östlichen Schwarzwald verkleinert hat (Dams). Die Technologieentwicklung, gemessen an den Teletex- und Telefaxanschlüssen, hat in allen Untersuchungsgebieten, mit Ausnahme vom Unterallgäu, eine überdurchschnittliche Entwicklung genommen. Auch die Zahl der hochqualifizierten Beschäftigten ist in den Untersuchungsregionen stark angestiegen.

Der Fremdenverkehr hat, außer in Vechta, in allen anderen Gebieten eine überdurchschnittliche Bedeutung. Die Entwicklung 1983/86, gemessen an der Zahl der Beschäftigten im Fremdenverkehr, war besonders im Freiburger Raum ("Schwarzwaldklinik-Effekt") und im Vogelsberg meist überdurchschnittlich positiv. Er hat auch im Unterallgäu, insbesondere wegen der dortigen Kneipp-Kurorte, beträchtliche Bedeutung erlangt (70 Betten je 1000 Ew).

4.3.3 Flächennutzungs-, Siedlungs- und Infrastrukturentwicklungen

Die Siedlungsfläche war in den meisten Untersuchungsräumen, von den Städten abgesehen, mit einem Anteil von 12 bis 16 % an der Gesamtfläche überdurchschnittlich (10 %) hoch. Lediglich der Vogelsberg, der Breisgau/Hochschwarzwald und das Unterallgäu hatten mit 7 bis 9 % einen geringeren Siedlungsflächenanteil. Für den Vogelsberg als Wasserreservoir für die umliegenden Städte einschließlich Frankfurt haben die Natur- und Landschaftsschutzgebiete, die Heilquellengebiete sowie die Wasserschutzgebiete für die Landbewirtschaftung erhebliche Bedeutung - sie werden von ihr als "Behinderung nach außen" verstanden (Spitzer). Der Anteil der LF an der Gesamtfläche betrug 1984 nur im Lahn-Dill-Kreis (37 %) und im Breisgau (43 %) weniger als 50 % (Tab. 4).

Eine besondere Entwicklung in der Flächennutzung zeigten der Lahn-Dill-Kreis und Vechta. Seit 1950 ist im Dill-Kreis eine Zurücknahme der landwirtschaftlichen Bewirtschaftung aus den submarginalen Flächen zu verzeichnen. Die LF ging hier 1960 bis 1983 um 59 % zurück. Es entstand in großem Umfang "Sozialbrache", die von der Bevölkerung als subjektive Einbuße an Lebensqualität verstanden wird (Roos). Ganz anders dagegen in Vechta, wo die LF sich in den letzten Jahren durch vielfältige Maßnahmen der inneren Kolonisation um 0,4 % p.a. vergrößerte (Neander).

Alle Untersuchungsregionen dieses Typs sind - bis auf das Unterallgäu - gut an das IC-Netz der Bundesbahn und an das Autobahnnetz angeschlossen. Das Unterallgäu wird seinen Autobahnanschluß (A 96) im nächsten Jahrzehnt erhalten. Sorgen bereitet in diesen Gebieten die innerregionale Verkehrserschließung, die von allen Untersuchungsgebieten, außer dem Lahn-Dill-Kreis, als dringend verbesserungsnotwendig angesehen wird (Verbindungsstraßen, Ortsumgehungen). Allgemein ist ein guter regionaler Straßenbau vorhanden. Überall verbesserungsnotwendig ist der öffentliche Personennahverkehr (ÖPNV) auf Schiene und Straße, wobei dieser für die wachsende ältere Bevölkerung in Zukunft höhere Bedeutung erlangt. Gemessen an der Fahrzeit und Bedienungshäufigkeit sind vor allem im Lahn-Dill-Raum, im Vogelsberg, im Unterallgäu und im Schwarzwald eine Reihe von Orten unterversorgt. Auch die Wasserversorgung ist nicht überall für die Zukunft sichergestellt (Vechta, Lahn-Dill). In Vechta z.B. versorgt sich rund ein Drittel der Bevölkerung aus Einzelbrunnen mit z.T. weit überhöhten Nitratgehalten des Trinkwassers. Auch die Abwasserbehandlung ist in allen Untersuchungsregionen verbesserungsbedürftig.

Die Verbesserung der landwirtschaftlichen Beratung wird in allen Regionen gefordert, insbesondere die Ausweitung der Beratungsinhalte auf paralandwirtschaftliche Beratungsinhalte, wie etwa Golfplätze und Reitställe (Roos).

Die Versorgung mit allgemeinbildenden Schulen ist in allen Regionen bisher relativ gut. Die Quartanerquote, d.h. der Anteil der Schüler in der 7. Jahrgangsstufe in Gymnasien, Gesamt- und Realschulen in %, ist im Breisgau und im Unterallgäu (bei 40 %) unterdurchschnittlich. Die Studierquote, d.h. der Anteil der Schulabgänger mit Studienberechtigung an den Schulabgängern in %, ist nur in Freiburg und im Unterallgäu überdurchschnittlich (74 %). Die rückläufige Geburtenentwicklung kann jedoch bei den derzeitigen Rahmenbedingungen (Lehrer-Schüler-Relation, pädagogische und schulorganisatorische Vorteile) zu größeren Einzugsbereichen der Schulen führen, verbunden mit allen denkbaren Nachteilen, wie z.B. längere Schulwege und Abwanderung der Lehrer aus den kleinen Orten, was insbesondere für die kulturelle Entwicklung auf dem Lande negative Folgen haben kann.

4.3.4 Sozio-ökonomische Entwicklung in der Landwirtschaft

Die für die Qualität der Agrarstruktur entscheidende Betriebsgrößenstruktur hat sich in allen Regionen zugunsten der Betriebe über 20 bzw. über 30 ha LF verändert, die sich kräftig vergrößern konnten. Die Gesamtzahl der Betriebe ist dabei zurückgegangen. Es hat sich auch in den Regionen dieser Raumkategorie eine stärkere Differenzierung zwischen Voll- und Nebenerwerb vollzogen - allerdings auch hier wiederum mit großen Unterschieden zwischen und in den Regionen. So ist z.B. der Anteil der Haupterwerbsbetriebe, der im Unterallgäu mit 79 % (1983) relativ groß war, wie auch im Raum Vogelsberg (Anteil 1985 39 %), zurückgegangen. Im Lahn-Dill-Gebiet ist die Zahl der Betriebe über 30 ha in den letzten Jahren konstant geblieben, der Anteil der Haupterwerbsbetriebe betrug aber nur 15 % (1983). Die durchschnittliche Betriebsgröße betrug in allen Untersuchungsregionen zwischen 13 und 16 ha LF. Nur im Breisgau lag sie, wohl wegen der Sonderkulturen in der Rheinebene, bei 10 ha LF und im Lahn-Dill-Kreis, wegen der dortigen besonderen Verhältnisse, bei 8 ha LF. In Vechta hingegen betrug sie 1983 bereits 21 ha LF. In den Gebieten mit hohem Beschäftigungsanteil im sekundären Wirtschaftsbereich in der Nähe von Verdichtungsgebieten (Vogelsberg, Lahn-Dill-Gebiet) - dies gilt aber auch für Gebiete in anderen Raumkategorien (Bayreuth, Kronach) - ist der Anteil der Nebenerwerbsbetriebe althergebracht besonders hoch.

Alle Aussagen und Zahlen deuten eindeutig darauf hin, daß sich die Betriebsgrößen - außer im Freiburger Raum - in dieser Raumkategorie in allen anderen Untersuchungsregionen ohne größere Unterschiede in Richtung auf weniger und dafür größere Betriebe verändern, wobei allerdings die Räume, die, wie etwa der Vogelsberg, besonders im Einzugsbereich großer Verdichtungsräume mit attraktiven Arbeitsmärkten liegen, eine etwas schnellere Entwicklung zu erwarten haben. Im Freiburger Raum geht der landwirtschaftliche Strukturwandel deutlich in Richtung Kombination landwirtschaftlicher und gewerblicher Einkommen; die Vollerwerbsbetriebe nehmen relativ stark ab.

Der AK-Besatz je Betrieb war, vor allem wegen überdurchschnittlich hohem Viehbesatz, mit über 1,6 AK besonders hoch im Unterallgäu und in Vechta (1,4 AK). In den übrigen Untersuchungsregionen lag er bei 1,2 AK pro Betrieb (vgl. Tab. 3). Im Breisgau-Hochschwarzwald schwanken Betriebsfläche und AK-Besatz regional und nach Betriebstypen besonders stark, so daß sich aus Durchschnittswerten kaum Erkenntnisse ableiten lassen.

Die Flächennutzung hat sich in einigen Regionen, so im Lahn-Dill-Kreis und im Unterallgäu, kaum, in anderen hingegen, wie etwa in Vechta, stark verändert. So hat z.B. der Grünlandanteil an der LF in Vechta um etwa ein Drittel abgenommen, der Ackerlandanteil an der LF hingegen stieg hier von 51 % (1960) auf 71 % (1983) der LF an, wobei die Getreide- und Maiserzeugung (95 % der Ackerfläche) dominierte. Auch im Vogelsberg wird die "Vergrünlandung" der 60er Jahre durch Vorstoß des Ackerlandes langsam verdrängt, wobei die Anteile von Getreide, der Grün- und Silomaisanbau und der Zuckerrübenanbau an der Ackerflächennutzung zunehmen (Spitzer). Hier dominiert der Acker-Grünland-Mischbetrieb. Im Freiburger Raum hingegen haben vor allem Gartenland, Obstanlagen und das Rebland in den letzten 10 Jahren stark zugenommen, wobei die Obergrenze der Rebfläche jetzt erreicht ist (Dams).

Abgesehen von Teilen des Breisgaus, wo der Viehhaltung in der Rheinebene Grenzen gesetzt sind, dominiert die Rindviehhaltung, die im Schwarzwald und Vogelsberg bis 1984/85 leicht, in allen anderen Regionen hingegen stark angestiegen ist, so vor allem in Vechta. Zwischen 1971 und 1983 hat der Rindviehbestand hier um insgesamt 67 % zugenommen, pro Rindvieh haltenden Betrieb sogar um 150 % (von 20 auf 50 Kühe), bei Abnahme der Zahl der rindviehhaltenden Betriebe um 33 %. Im Unterallgäu stieg die Rinderhaltung trotz hohen Ausgangsniveaus noch um ein Drittel. Seit 1985 sind durch die Milchkontingentierung die Bestände zurückgegangen, verändern sich im Moment aber kaum. Die Schweinemast hat vor allem im Vogelsberg in den 70er Jahren zugenommen, seither aber abgenommen, so auch im Unterallgäu und im Breisgau, wo es zu einer weiteren Spezialisierung in Richtung Rindviehhaltung kam. In Vechta hingegen wurde die Schweinehaltung sehr stark ausgebaut und hat sich dort sogar, ähnlich wie die Rinderhaltung, fast verdoppelt.

Ganz anders ist die Entwicklung im Lahn-Dill-Kreis 1976 - 1986 verlaufen. Hier hat die Rinderhaltung um 66 %, die Schweinehaltung um 82 %, die Hühnerhaltung um 54 %, die Schafhaltung um 18 % und die Pferdehaltung um 46 % abgenommen.

Tab. 3: Aktuelle Daten für die Untersuchungsräume in der Raumkategorie: Ländliches Umland von Regionen mit Verdichtungsansätzen

Indikatoren zur Entwicklung Ländlicher Räume	Gießen	Vogelsberg-Kreis	Wetterau-Kreis	Lahn-Dill-Kreis	Vechta	Breisgau-Hochschwarzwald	Stadt Freiburg	Unter-Allgäu	Stadt Memmingen
Bevölkerungsentwicklung 80/85 in %	- 1,4	- 0,9	- 0,3	- 0,9	4,3	5,5	5,8	0,5	- 1,4
Bevölkerungsbestand (1000) 85	228,5	108,5	252,1	236,5	102,1	207,5	184,2	114,9	37
Binnenwanderungssaldo 83/85:									
18 bis unter 25 Jahre je 1000 Einwohner	- 11,9	- 23,7	- 20,3	- 1,0	- 11,9	4,2	238	- 36,2	19,0
25 bis unter 30 Jahre je 1000 Einwohner	- 85,1	17,8	13,7	7,3	37,0	32,8	- 70,2	24,7	- 1,6
Bruttowertschöpfung DM/Einw. 82 in 1000	22,3	17,1	16,4	21,2	19,6	17,1	32,1	20,0	32,1
BWS-Entwicklung 80/82 in %	8,1	8,6	7,8	3,8	12,2	11,0	11,4	11,6	8,8
sozialvers. Beschäftigte 83/86 in %	3,3	4,8	7,1	6,3	5,9	9,2	1,8	5,9	1,5
Betriebsgröße unter 100 in %	19,7	39,7	38,9	21,6	34,8	33,0	21,5	37,3	28,9
Anteil Landwirtschaft 86 in %	0,9	1,7	1,5	0,7	4,8	1,9	0,6	3,8	1,4
hochqualifizierte Beschäftigte in o/oo	51	20	42	33	35	27	87	19	29
hochqualifizierte Beschäftigte 83/86 in %	16,5	18,4	29,0	21,9	28,0	30,5	9,9	20,2	16,3
Projektförderung je Beschäftigten im verarbeitenden Gewerbe in DM 85	59	22	54	215	0	2	220	0	0
Teletexanschlüsse je 100.000 Einwohner 86	20,1	11,1	17,1	8,0	11,8	23,6	46,1	8,7	37,5
Telefaxanschlüsse je 100.000 Einwohner 84	20,1	5,5	17,8	20,3	14,8	12,1	34,2	8,7	15,9

Quelle: Bundesforschungsanstalt für Landeskunde und Raumordnung, Laufende Raumbeobachtung, Aktuelle Daten zur Entwicklung der Städte, Kreise und Gemeinden 1986, Heft 28, Bonn 1987.

Tab. 4: Aktuelle Daten für die Untersuchungsräume in der Raumkategorie: Ländliches Umland von Regionen mit Verdichtungsansätzen

Indikatoren zur Entwicklung Ländlicher Räume	Gießen	Vogels-berg-Kreis	Wetter-au-Kreis	Lahn-Dill-Kreis	Vechta	Breis-gau-Hoch-schwarz-wald	Stadt Frei-burg	Unter-Allgäu	Stadt Mem-mingen
Anteil landwirtschaftl. Fläche 84 in %	48,4	51,3	56,4	37,4	71,1	42,7	29,9	66,7	56,0
Anteil LwF/BKZ 40 84 in %	1,6	46,4	8,8	28,3	72,0	49,1	-	0,0	-
Größe landwirtschaftl. Betriebe in ha 79	11	12	14	7	20	9	9	14	14
Größe landwirtschaftl. Betriebe in ha 83	13	13	16	8	21	10	10	15	15
Anteil HE Betriebe 83 in %	30,8	36,0	50,7	17,4	52,6	36,9	-	79,2	-
Entwicklung HE Betriebe 79/83 in %	- 9,5	- 12,8	- 9,0	- 3,0	- 7,1	- 4,9	-	- 8,4	-
Betriebe mit hohem Einkommen 83 in %	18,4	13,1	28,2	11,5	45,2	10,8	-	11,7	-
Entwicklung dieser Betriebe 79/83 in %	2,0	6,2	16,4	- 4,3	- 0,7	- 17,6	-	- 10,5	-
Beschäftigte im Fremdenverkehr 86 in %	2,7	4,5	4,0	1,9	2,6	9,8	4,0	6,2	2,7
Entwicklung dieser Besch. 83/86 in %	8,2	25,3	8,7	14,1	2,6	3,7	18,9	9,3	9,9
Betten in HG je 1000 Einwohner 85	11	43	30	17	6	127	19	69	15
Übernachtungen je Einwohner 85	1,2	4,3	5,8	1,9	0,5	18,0	3,3	12,5	1,8
Steueraufkommen DM/Einwohner 85	805	614	764	830	682	705	934	700	1079
Steuerentwicklung 83/85 in %	11,4	22,9	14,3	16,8	6,9	11,5	- 2,6	3,5	12,5
Quartanerquote 85 in %	83,9	65,7	71,0	76,4	59,6	55,3	78,1	40,3	45,0
Studienquote 84 in %	64,9	64,8	69,6	66,6	69,2	69,0	73,6	74,1	69,6
Einwohner/Arzt in freier Praxis 84	913	1014	904	892	1167	754	376	1138	638
Einwohner/Facharzt 84	585	1572	1073	1194	1057	723	239	1619	482
Akutbetten je 10.000 Einwohner 84	107	76	41	65	74	52	140	48	186
Strompreis Ind. Pf./ KWh 86	20,9	21,0	20,8	20,5	20,0	20,6	20,9	18,0	18,0
Gasversorgte Einwohner 85 in %	23,5	3,1	23,4	26,0	57,1	35,2	68,5	4,9	42,1
Kfz.-Dichte 84	424	427	443	421	417	440	366	432	452
Anteil Einwohner OB/P 85 in %	74,0	45,2	81,4	80,5	73,5	69,7	100	45,3	100

Quelle: Bundesforschungsanstalt für Landeskunde und Raumordnung, Laufende Raumbeobachtung, Aktuelle Daten zur Entwicklung der Städte, Kreise und Gemeinden 1986, Heft 28, Bonn 1987.

Noch ist nicht absehbar, ob eine ähnliche Entwicklung auch in den anderen Untersuchungsregionen dieser Raumkategorie eintreten wird und ob diese Entwicklung eventuell Beispiel für andere Gebiete sein kann.

In mehreren Untersuchungen wird immer wieder auf die Vermarktungsmängel in den Regionen hingewiesen. Zwar ist in den letzten Jahrzehnten die Zersplitterung der Vermarktungsbetriebe insbesondere für Milch beseitigt worden, aber die Konzentration hat demgegenüber auch keine sichtbaren Vorteile gebracht (Spitzer). In Vechta hingegen hat die extreme räumliche Dichte der Viehbestände eine starke Vernetzung der Absatzeinrichtungen und ein engmaschiges Beratungs- und Dienstleistungsnetz für die Landwirtschaft herbeigeführt (Neander). Hier dienen etwa 30 % aller Arbeitsplätze der Erzeugung, Vermarktung und Verarbeitung von Agrarprodukten.

Die Art der Flächennutzung und der Tierhaltung bestimmen die wirtschaftliche Ausrichtung der Betriebe und ihr Einkommenspotential. Der Anteil der Haupterwerbsbetriebe mit einem Standardbetriebseinkommen von 50 000 DM und mehr an allen Haupterwerbsbetrieben betrug in Vechta 45 %, im Vogelsberg um 20 % und lag in allen anderen Untersuchungsregionen zwischen 11 % und 13 %, d.h. man kann eine sehr starke regionale Differenzierung in den Einkommenskapazitäten feststellen (Tab. 4). Interessant ist auch hervorzuheben, daß die Entwicklung der Betriebe mit hohem Einkommen im Zeitraum 1979/83, außer im Vogelsberg, überall negativ war, vor allem im Breisgau war sie mit -18 % rückläufig. Der Gewinn je Familien-AK lag in Vechta Mitte der achtziger Jahre zwischen 30 000 und 36 000 DM, in der Freiburger Rheinebene zwischen 16 000 und 28 000 DM und im Westschwarzwald zwischen 15 000 und 18 000 DM.

Als besondere Problembereiche für die künftige Landbewirtschaftung werden in den Regionaluntersuchungen folgende Bereiche angesehen:

- betriebliche Konzentration der Nutztierhaltung mit daraus resultierenden negativen Folgen für die Absatz- und Einkommenschancen der bäuerlichen Betriebe;
- räumliche Konzentration der Nutztierhaltung mit daraus resultierenden Umweltproblemen und Veränderungen des Dorf- und Landschaftsbildes (Unterallgäu);
- Konflikte der intensiven landwirtschaftlichen Flächennutzung mit anderen Raumnutzungen, wie etwa Erholung, Wassergewinnung, Natur- und Landschaftsschutz (Unterallgäu, Vechta);
- Änderungen in den EG-Marktordnungen und in der nationalen Agrarpolitik;
- Probleme bei der Erwerbskombination wegen zusätzlicher Arbeitsbelastung der Landwirte und ihrer Familien, aber auch wegen einer auf längere Sicht noch angespannten Arbeitsmarktsituation (Vechta) und mangelhafter qualifizierter

Ausbildung für eine Einkommenskombination auf der Grundlage einer Mehrbeschäftigung.

Eine weitere Schrumpfung der Landwirtschaft ist vorhersehbar. Soll der ländliche Raum lebensfähig bleiben, so muß er über die Ernährungsfunktion hinaus weitere Funktionen wie etwa die Erholungsfunktion oder die Funktion der Natursicherung übernehmen (Ahrens).

4.3.5 Stärken und Schwächen der Untersuchungsräume

Die Regionaluntersuchungen dieser Raumkategorie hatten große Probleme bei der Herausarbeitung der Stärken und Schwächen der Untersuchungsgebiete. Die Stärken der Untersuchungsregionen liegen in diesem Raumtyp vor allem in ihrer Lage zu den Verdichtungsräumen. Diese stark agrarisch ausgerichteten Regionen können z.B. in der Regel alle Vorteile der Verdichtungen wahrnehmen, ohne deren nachteilige Folgen, mit Ausnahme des Breisgaus, allzu sehr zu verspüren, d.h. sie sind überwiegend weit genug von den Verdichtungsräumen entfernt, um nicht mehr mit den spezifischen Verdichtungsproblemen konfrontiert zu werden. Dies trifft allerdings nicht für den Vogelsberg zu, der wegen seiner umfangreichen Wasserschutzzonen (für den Frankfurter Raum) noch von den Verdichtungsfolgen betroffen ist. Positiv wirkt sich auch noch die relativ starke Bevölkerungsentwicklung auf die Struktur der Regionen aus.

Weitere Stärken sind vor allem die räumliche Nähe zu weitgefächerten Arbeitsmärkten, die eine Vielzahl qualifizierter Arbeitsplätze anbieten können. Dies setzt allerdings für die Untersuchungsregionen eine gute Verkehrserschließung mit Bahn-, Straßen- und ÖPNV-Verbindungen voraus, die überall verbesserungsbedürftig ist.

Zu den Stärken der Regionen gehören, mit Ausnahme von Vechta, auch die attraktiven Landschaftsbilder, die als Naturraumpotential, wie z.B. in Freiburg, im Vogelsberg und im Unterallgäu, eine abwechslungsreiche Geländegestaltung und damit Vorteile für den Fremdenverkehr und den Kurbetrieb zu bieten haben. Auch der Waldanteil und die Waldqualität spielen hier eine große Rolle (Ahrens, Dams). Die größte Stärke der meisten Analyseregionen dieser Raumkategorie liegt in dem hohen Wohn- und Erholungswert, der wiederum für Industrie und Gewerbe einen betrieblichen Standortvorteil beinhaltet. Dies zeigt sich vor allem für den Breisgau und für das Unterallgäu.

Die Schwächen dieser Untersuchungsregionen bestehen zunächst in der relativ niedrigen, zumeist unterdurchschnittlichen Wirtschaftskraft dieser Gebiete, die aus hohen Anteilen der Landwirtschaft an den Wirtschaftsbereichen, aus relativ niedriger Produktivität in der gewerblichen Wirtschaft und aus einem unterdurchschnittlichen Anteil von Wachstumsbranchen (Vechta) resultieren, worauf auch das unterdurchschnittliche Steueraufkommen in allen Landkreisen hindeutet.

Weitere Schwächen der Regionen liegen in ihrer mangelhaften Infrastrukturausstattung, vor allem hinsichtlich der Versorgung mit Fachärzten. Auch der Strompreis ist in der Regel in diesen Regionen höher als am Rande der Verdichtungsräume, die Gasversorgung ist in viel geringerem Umfange gegeben, und große Teile der Gebiete sind mit dem ÖPNV unterversorgt. Besonders problematisch sind die vielfältigen Schwächen und Mängel im Umweltbereich, so etwa bei der Abwasserbeseitigung und im regionalen Verkehr (Verkehrsbelastung in Städten und Dörfern). Sie machen sich vor allem in den engen Tälern der Räume mit hoher Reliefenergie bemerkbar (Dill, Schwarzwald). Das größte ökologische Problem des Raumes Breisgau-Schwarzwald sind die Waldschäden (Dams), wodurch die Landwirte z.T. große ökonomische Einbußen erleiden.

Einige Regionen, wie etwa Vechta und der Allgäu, haben darüber hinaus noch ein negatives Image wegen der Begleiterscheinungen einer besonders intensiven Veredelungswirtschaft. Hier muß hinsichtlich der Geruchsbelästigung und/oder der Grundwasserverschmutzungen künftig Abhilfe geschaffen werden. Die Zukunft der Landwirte wird weiterhin von den Erfolgen bestimmt sein, mit denen sie sich gegenüber ihren Konkurrenten im EG-Markt durchsetzen werden. Hier ist eine hohe Innovations- und Zusammenarbeitsbereitschaft in den einzelnen Regionen erforderlich, die vor allem eine gute Ausbildung und Fortbildung voraussetzen, die leider aber nicht überall gegeben sind.

In anderen Regionen, wie etwa im Lahn-Dill-Kreis, führen die Umweltbelastungen und das steigende Umweltbewußtsein zu einem Rückgang des Fremdenverkehrs, weil z.B. wegen der vielfältigen Immissionen in den Tälern die Umweltbelastungen durch Lärm- und Luftverschmutzungen zu hoch werden und damit den Fremdenverkehr bedrohen. Auch die Möglichkeiten der "Ferien auf dem Bauernhof" stoßen an Kapazitätsgrenzen und kollidieren mit den Erfordernissen moderner Landwirtschaft (Ahrens).

Generell bleibt für die Landwirtschaft in allen Untersuchungsregionen festzuhalten, daß sie dort, wo sie unter Mittelgebirgsbedingungen produzieren muß, unter erheblichen Wettbewerbsnachteilen zu leiden hat. Die Schwächen der Betriebsgrößenstruktur lassen sich nur durch Abwanderung von Landwirten aus der Landwirtschaft verringern und u.U. in Vorteile und Entwicklungsstärken der Region umwandeln.

4.3.6 Vorhersehbare Entwicklungen und Folgen

Unter Status-quo-Bedingungen gibt es in den Regionen eine Reihe unterschiedlicher räumlicher Entwicklungsfolgen. Besonders in den Regionen mit Grünlandwirtschaft geraten die Betriebe durch die Milchmengenkontingentierung sowie steigende Kosten für Betriebsmittel unter Einkommensdruck, wovon praktisch alle Untersuchungsgebiete mehr oder weniger betroffen sind. Hier hängt die Zukunft der Landwirte von einer Reihe von Rahmenbedingungen ab, die erst in der Zukunft geklärt und politisch entschieden werden, wie etwa

- Änderungen der Rahmenbedingungen durch die EG- und nationale Agrarpolitik;
- Möglichkeiten der Aufstockung über Flächenzukauf oder -pacht mit Milchquote, abhängig vom Tempo des Agrarstrukturwandels und der künftigen Ausgestaltung der Quotenregelung;
- Erhaltung des Vollerwerbs mit Hilfe direkter Einkommensübertragungen (z.B. Entgelt für landeskulturelle Leistungen) insbesondere in Regionen mit ungünstigen natürlichen Bedingungen, wodurch aber der Agrarstrukturwandel u.U. verlangsamt wird;
- Änderungen der Produktionsrichtung, weg von der Milchwirtschaft, in andere Arten der Viehhaltung (Schweine, Schafe), wobei sich aber Probleme am Markt ergeben, oder hin zu verstärktem Anbau von Industrierohstoffen wie Flachs, Gewürze, Heilpflanzen (Ahrens);
- Übergang aus der Landwirtschaft in andere Berufe und Aufnahme eines außerlandwirtschaftlichen Haupterwerbs, wobei junge Landwirte bei gleicher Vorbildung die gleichen Chancen wie Jugendliche aus nichtlandwirtschaftlichen Familien haben und die Übergangsmöglichkeiten in den kommenden Jahren aus demographischen Gründen sicherlich besser werden.

Die daraus resultierenden Folgen sind die Schrumpfung des landwirtschaftlichen Bereichs, wodurch die Erholungsfunktion und die Wohnfunktion des Ländlichen Raumes weiter gestärkt werden können. Dies kann aber, wie im Unterallgäu befürchtet, zum Verlust traditioneller Sitten und Gebräuche und damit des kulturellen bäuerlichen Erbes führen.

Räumliche Konsequenzen sind insbesondere hinsichtlich des Landschaftsbildes (zunehmender Ackerbau, Aufforstungen) und in der Veränderung der Dorfstrukturen (durch Zuzug ortsfremder Einwohner) gegeben.

Agrarpolitische Maßnahmen mit strukturkonservierender Zielsetzung, die darauf abzielen, das Wachstum von Tierbeständen und ihre Loslösung von der Flächenbewirtschaftung zu erschweren oder gar zu verhindern (Neander), werden die Entwicklungsmöglichkeiten der Landwirtschaft in diesen Regionen sehr stark behindern und darüber hinaus auch noch den Agrarstrukturwandel verlangsamen, weil dann alle Betriebe bestrebt sein müssen, ihre Flächen auszudehnen. Nur die zu erwartende Aufgabe von Betrieben aus Altersgründen läßt dann noch eine Beschleunigung des Agrarstrukturwandels erwarten.

In den analysierten Regionen steht die Landwirtschaft überall vor großen Umstrukturierungen, die vorerst in jedem Fall zu einer Mehrfachnutzung der Flächen und zu einer Mehrfachbeschäftigung der Personen führen werden (Spitzer). Das Ausmaß dieser Entwicklungen wird von den künftigen agrarpolitischen Entscheidungen abhängen.

Bei ökologischer Schwerpunktsetzung wird sich zunächst in den hier angesprochenen Regionen das Grünland sehr wahrscheinlich wieder ausweiten und der Futterpflanzenbau - bei Einschränkung des Maisanbaus - verstärken. Unter besonderen Bedingungen muß deshalb an ein Verbot von Grünlandumbruch gedacht werden, z.B. bei der Dümmersanierung in Vechta. Es ist noch nicht vorauszusehen, wie die Landwirte auf eine derart ökologische Schwerpunktsetzung endgültig reagieren werden. Soweit dabei zielgerichtete Verhandlungen mit den Landwirten geführt werden und die Voraussetzungen für eine Entschädigung gegeben sind, wird dieser Prozeß wahrscheinlich ohne größere Probleme ablaufen. Ohne diese Voraussetzungen ist ein stärkeres Brachfallen von LF in den meisten Regionen vorerst noch nicht zu erwarten.

In den Gebieten, in denen die räumliche Konzentration der Nutztierhaltung, wie etwa in Vechta oder im Unterallgäu, besonders stark ist, wird eine ökologische Schwerpunktsetzung zu erheblichen Erschwernissen der Produktion und damit zu Einkommensverlusten führen. Insbesondere die Güllebeseitigung auf LF wird wegen der hohen Risiken einer Nitratbelastung des Grundwassers hier Einschränkungen erfahren. Wenn nicht neue Verfahren zur Beseitigung von Flüssigmist oder dafür Exportmöglichkeiten gefunden werden, wird bei ökologischer Ausrichtung der Agrarpolitik die Nutztierhaltung in vielen Gebieten begrenzt und eingeschränkt werden müssen.

Die Bodennutzung hat darüber hinaus durch die Umwandlung von Grün- in Ackerland (Vechta) und die Kultivierung von Moorflächen zu Risiken hinsichtlich der langfristigen Ertragssicherheit geführt, und die derzeitigen Nutzungen, wie z.B. die intensive Grünlandnutzung (Unterallgäu), geraten in Konflikt mit anderen Raumnutzungsansprüchen (Erholung, Naturschutz, Wasserschutz etc.). Die Veränderungen regionaltypischer Landschaftselemente und der dazugehörigen Pflanzen- und Tierwelt sowie die Beeinträchtigungen der Freizeit- und Erholungsaktivitäten durch die Landwirtschaft werden künftig von der Öffentlichkeit nicht mehr hingenommen werden.

Im Hinblick auf den Schutz des Grundwassers und die Erhaltung und Entwicklung der Landschaft wird es künftig auch in den hier analysierten Gebieten neben allgemeinen Begrenzungen zur Ausweisung größerer Natur- und Wasserschutzgebiete kommen müssen, die u.U. die Möglichkeiten der Landwirtschaft erheblich einschränken.

Diese Situation und Entwicklungen führen bei vielen Betriebsleitern zur Resignation, sie erkennen keine Entwicklungschancen mehr. Die jungen Landwirte in der Region sehen die Lage teilweise realistischer. Sie wissen um ihre "Minderheitensituation", und ihnen sind die Umweltproblematik und die Umwelterfordernisse viel vertrauter. Sie wissen auch um die Folgen der Innovation und Diversifikation, und sie vergleichen ihre Lebensbedingungen und -chancen mit denen der Nichtlandwirte. Aus diesem Grunde lehnen sie überwiegend auch wegen der zusätzlichen Arbeitsbelastung die Erwerbskombination ab, wenn sie großen zusätzlichen Arbeitseinsatz erfordert. Diese Erleichterung kann zu einer verstärkten Betriebsaufgabe in der Landwirtschaft führen und den Agrarstrukturwandel beschleunigen.

In diesem Zusammenhang werden auch die Probleme des dualen Ausbildungssystems angesprochen. Es wird zu häufig in veralteten Berufen und Techniken ausgebildet (Dams). Hochwertige Arbeitsplätze lassen sich aber in ländlichen Räumen nur dann ansiedeln, wenn dort entsprechende qualifizierte Arbeitskräfte vorhanden sind. Das landwirtschaftliche Ausbildungssystem bedarf insoweit einer Erweiterung, Umstrukturierung und Neuorganisation. Es muß sich auf die Erfordernisse der Zukunft einstellen.

4.3.7 Vorschläge für die Raum- und Fachplanung

Die vorhersehbaren Entwicklungen der Landwirtschaft unter den verschiedenen Annahmen werden, wie aufgezeigt werden konnte, in dieser Raumkategorie sicher sehr unterschiedliche räumliche Wirkungen haben. Diese Wirkungen in der Region frühzeitig zu erkennen und im Sinne der regionalplanerischen Zielsetzungen darauf zu reagieren, wird künftig, wie in den Regionalanalysen hervorgehoben wird, verstärkt Aufgabe der Regionalplanung sein, die dafür unterschiedliche und spezifische Instrumente anwenden und entwickeln muß, um den Prozeß des Landschaftswandels differenziert zu steuern. Verzicht auf jegliche Planung, wie im Raum Vechta, löst keine Probleme. Konflikte zwischen konkurrierenden Raumnutzungsansprüchen müssen verstärkt identifiziert, und es muß dann über Prioritäten hinsichtlich der zukünftigen Nutzung entschieden werden (Vechta).

Raumordnung und Landesplanung im ländlichen Umland von Regionen mit Verdichtungsansätzen hat wegen der großen Unterschiede in der Entwicklung dieser Regionen sehr verschiedenartige Aufgaben; sie muß sowohl Ausgleichsaufgaben zwischen Ökonomie und Ökologie wahrnehmen als auch Konflikte in der Ressourcenbeanspruchung lösen. In etwas stärkerem Ausmaße als in den Regionen im Umland größerer Verdichtungsräume fallen ihr aber hier auch Entwicklungsaufgaben zu. Zusammengefaßt lassen sich auf dem Hintergrund der Regionalanalysen folgende Vorschläge für die Raum- und Fachplanung aufzeigen:

- Aufstellung und Fortschreibung der Raumordnungspläne unter verstärkter Berücksichtigung der Landschaftsplanung und der Landnutzungsplanung als Folge des Agrarstrukturwandels sowie der landwirtschaftlichen Fachplanung (Vogelsberg) sowie der Beseitigung früherer Planungsfehler (Lahn-Dill-Kreis) auch in den Bauleitplanungen; hierzu gehören auch überzogene Flächenausweisungen für Gewerbeansiedlung und Wohnungsbau;

- Raumplanung muß in verstärktem Maße auf die Schaffung gleichwertiger Lebensbedingungen in allen Regionen achten und zu diesem Zweck die zentralen Orte aller Stufen differenziert und angemessen mit Bildungs- und Versorgungseinrichtungen ausstatten (Vogelsberg, Breisgau, Hochschwarzwald); in diesem Zusammenhang und im Hinblick auf die wirtschaftliche Entwicklung ist der Ausbau der Verkehrsinfrastruktur und des öffentlichen Personennahverkehrs (ÖPNV) besonders vordringlich (Vogelsberg);

- in sich verstärkendem Ausmaße wird in diesen Regionen auch die wirtschaftliche Entwicklung und die Schaffung neuer Arbeitsplätze notwendig; der Ausbau der wirtschaftsnahen Infrastruktur ist auch hier die Voraussetzung für die Entwicklung und den Ausbau der vielen Klein- und Mittelbetriebe in den analysierten Regionen, wobei die Erhaltung des Wohn- und Erholungswertes der Regionen mit zu den wichtigsten Standortfaktoren gehört; auch der Ausbau der Abwasser- und Müllbeseitigung bedarf einer verstärkten Beachtung in der Regionalplanung; dem Schutz des Grundwassers muß vor allem in den veredelungsintensiven Regionen (Breisgau, Unterallgäu, Vechta) spezielle Vorsorge zuteil werden;

- die landwirtschaftliche Fachplanung wird in Zusammenarbeit mit der Regionalplanung auch in dieser Raumkategorie, zwecks Lösung der Konflikte zwischen intensiver Agrarproduktion und anderen Raumfunktionen, eine Ausweisung von speziellen Vorranggebieten für die Agrarproduktion vornehmen müssen; darüber hinaus wird die Konfliktlösung Begrenzungen der agrarischen Nutzungsintensität unumgänglich machen (Vechta); das Gülleproblem und die Überdüngung müssen durch entsprechende Maßnahmen gelöst werden (Breisgau, Unterallgäu, Vechta, Vogelsberg); die Extensivierung und Stillegung von LF und die sich daraus ergebenden Um- und Folgenutzungen, wie etwa Aufforstungen, bedürfen spezieller Bewertung und Planung (Vogelsberg) im Rahmen der Regionalplanung und in intensiver Zusammenarbeit mit der land- und forstwirtschaftlichen Fachplanung;

- die Agrarplanung sollte hierfür Modelle und im Rahmen der konkreten Planung auf Gemeindeebene maßgeschneiderte Lösungen anbieten, wie dies in einigen

Bundesländern bereits geschieht, die vor allem die Umweltbelange stärker berücksichtigen als bisher; die negativen Folgen der Spezialisierung und Intensivierung der Landwirtschaft auf das traditionelle Dorf- und Landschaftsbild sollten durch Landschaftsentwicklung und integrierte Dorfentwicklung soweit wie möglich beseitigt werden (Unterallgäu); die Landschaftsplanung muß die Raumplanung und die landwirtschaftliche Fachplanung hierbei laufend planerisch unterstützen;

- Ausgleichszahlungen im Rahmen der agrarpolitischen Förderung sollten als Flächensubventionen an die Leistungen für Landschaftspflege und für den Umweltschutz angebunden werden und nicht an Kriterien der Agrarproduktion (Vogelsberg); es muß sich dabei jedoch um wirkliche, spezifische Leistungen handeln; ein allgemeines Entgelt für alle Landwirte, bei dem unter dem Deckmantel der Umweltpolitik lediglich Einkommensumverteilungspolitik betrieben wird, bremst nur den notwendigen Strukturwandel und ist generell abzulehnen (Unterallgäu);

- die Landwirtschaftsberatung sollte im höheren Ausmaß als bisher auf folgende Probleme achten und nach neuen Lösungen suchen:

    - Folgenutzungen bei Stillegungen von Flächen oder ganzer Betriebe,
    - Schaffung eines weitmaschigen Netzes von Landauffangbetrieben,
    - Herausarbeitung und Darstellung der positiven Wirkungen von Brachflächen,
    - Belastung der Landwirte durch Erwerbskombinationen,
    - Möglichkeiten zur Erhöhung der Innovationsbereitschaft und Originalität,
    - Übermechanisierung, Spezialisierung, Kostensenkung,
    - Prüfung der Möglichkeiten zur Verwendung der ausscheidenden Landwirte in den Gemeindediensten wegen ihrer "Allround-Fähigkeiten",
    - Vermarktung des Naturraumpotentials;

- Standortfindung für Aufforstungen und die Waldschadensbekämpfung (Breisgau-Hochschwarzwald) sind vor allem in den Mittelgebirgslagen weitere Aufgaben von Landschaftsplanung und Regionalplanung;

- Wiederherstellung des traditionellen Dorf- und Landschaftsbildes (Unterallgäu); wie auch in anderen Regionen muß in dieser Raumkategorie eine bessere Ausbildung der Nichtlandwirte und Landwirte in den allgemein- und berufsbildenden Schulen angestrebt werden; besonderer Wert ist dabei auf die Schaffung von Voraussetzungen und Möglichkeiten für die Fortbildung und Umschulung zu legen.

Nur über verbesserte "Regionale Raumplanung", "Regionale Entwicklungsprogramme" im Sinne der EG-Richtlinien und über Koordinierung der Fachplanungen ist die Entwicklung im ländlichen Umland von Regionen mit Verdichtungsansätzen künftig positiv zu steuern.

4.4 Entwicklung in ländlich geprägten Regionen

4.4.1 Lage der peripher gelegenen ländlichen Regionen

Die in diese Raumkategorie fallenden Untersuchungsregionen (vgl. Kap. 3.1) sind die abgelegenen "Ländlichen Räume" fernab von Verdichtungsräumen und ohne Oberzentrum. Von Nord nach Süd betrachtet findet sich Nordfriesland im äußersten Norden an der Nordseeküste und an der dänischen Grenze (Riemann). Soest liegt zwischen den größeren Verdichtungsräumen Ruhrgebiet und Bielefeld-Paderborn und hat trotz der relativen Nähe zu Verdichtungsräumen seinen ländlichen Charakter erhalten (Burberg). Kronach ist als kleiner Kreis im nördlichen Oberfranken an der Grenze zur DDR gelegen (v. Urff) und wird wie Bayreuth wesentlich geprägt durch seine periphere, verkehrsferne Lage im Grenzgebiet (Maier). Der Raum Straubing-Bogen, Deggendorf, Stadt Straubing (künftig Deggendorf genannt) ist auch ein wirtschaftsschwaches ländliches Gebiet in extremer Randlage sowohl innerhalb der Bundesrepublik Deutschland als auch innerhalb der EG (Hösch).

Mit Ausnahme von Soest liegen also alle Regionen verkehrsfern in Grenzgebieten, sie alle sind wirtschaftsschwach, verfügen über kein richtiges Oberzentrum und haben ohne Ausnahme sehr differenzierte naturräumliche Verhältnisse, die im Hinblick auf die künftige agrarische Entwicklung keine pauschalen Urteile zulassen. Während zum Beispiel die Räume Soest und Deggendorf überwiegend Bodenklimazahlen (BKZ) von über 40 aufweisen, lagen diese in Nordfriesland durchschnittlich mit 49 %, in Bayreuth und in Kronach sogar durchschnittlich mit 90 % erheblich darunter.

4.4.2 Veränderung in der Bevölkerungs- und Wirtschaftsstruktur

Die Bevölkerungsentwicklung in diesen Untersuchungsregionen zeigt in den letzten Jahren, mit Ausnahme von Kronach (-4 % 1985), insgesamt kaum Veränderungen. Allgemein ist eine sinkende Tendenz in der natürlichen Bevölkerungsentwicklung und eine relativ starke Abwanderung in der Altersgruppe der 18 bis 25jährigen, aber eine wachsende Zuwanderung älterer Menschen (Nordfriesland) zu beobachten, die besonders in Kronach verhältnismäßig hoch ist (Tab. 5). Die für die Untersuchungsregionen vorliegenden Bevölkerungsprognosen zeigen denn auch, daß bis zum Jahre 2000 voraussichtlich kaum mit größeren Bevölkerungsveränderungen zu rechnen ist. Sterbefallüberschüsse und Wanderungsverluste führen voraussichtlich zu relativ geringen Bevölkerungsabnahmen. Lediglich für

Kronach wird ein stärkerer Bevölkerungsrückgang (jährlich um etwa 1 %) vorausgesagt (v. Urff). Ob die jüngsten agrarpolitischen Entscheidungen der EG zu einer verstärkten Abwanderung der Bevölkerung aus diesen Regionen führen werden, bleibt abzuwarten.

Die Wirtschaftsstruktur ist in den Kreisen dieses Regionstyps sehr unterschiedlich. Während in Nordfriesland die Dienstleistungen und der Handel (43 %) dominieren, hatten 1983 in Soest die Elektrotechnik und die Dienstleistungen (32 %), in Kronach Steine und Elektrotechnik (26 %) und in Bayreuth Stahlbau und Textil (26 %) den höchsten Branchenanteil an der Zahl der Beschäftigten. Bis auf Kronach und Nordfriesland war auch das Baugewerbe überall stark vertreten. Der Anteil der in der Land- und Forstwirtschaft Beschäftigten lag hingegen in den Regionen Soest und Kronach nur bei 6 %. Die Zahl der sozialversicherungspflichtigen Beschäftigten ist 1983/86 überall angestiegen, besonders stark in Bayreuth, Kronach und in der Stadt Straubing (+6 %). Besonders zugenommen hat 1983/86 überall, bis auf Deggendorf (nur +13 %), die Zahl hochqualifizierter Beschäftigter, vor allem wohl wegen dem Universitätsausbau in Bayreuth (+57 %). Bis auf Soest (6 %) lag die Ausländerquote überall unter 2 % und war damit unterdurchschnittlich (3,7 %). Die Arbeitslosenquote war 1984 in allen diesen wirtschaftsschwachen Untersuchungsregionen überdurchschnittlich (11,5 %) hoch und erreichte in Deggendorf fast 17 %, in Nordfriesland 15 %. Im Landkreis Kronach hat sich die Beschäftigtensituation jedoch kräftig gebessert und ist vergleichsweise günstig (v. Urff). Die Erwerbslosenquote lag hier, allerdings bei unterdurchschnittlichem Lohnniveau (86 %), im Mai 1987 nur bei 4,5 %. Bei diesen Zahlen müssen die starken saisonalen Schwankungen der Arbeitslosigkeit in den verschiedenen Regionen beachtet werden (Hösch).

Gemessen an der BWS in DM je Ew. lag die Wirtschaftskraft dieser Untersuchungsgebiete 1982, so etwa Bayreuth (12 700 DM) und Deggendorf (13 900 DM), weit unter dem Bundesdurchschnitt, ja sogar unter dem Durchschnitt der ländlich geprägten Kreise (21 030 DM). Die Entwicklung des BWS war 1982/84 mit fast 15 % überdurchschnittlich in Deggendorf. Wegen des hohen Anteils der Schattenwirtschaft sollte das niedrige BIP in den Untersuchungsregionen nicht überbewertet werden (Hösch). Langfristig gesehen hat sich die BWS für Nordfriesland gegenüber dem Landesdurchschnitt jedoch verschlechtert (Riemann).

Die Technologieentwicklung hat, gemessen an den Teletext- und Telefax-Anschlüssen, in allen Regionen Fortschritte gemacht. Sie lag 1984 und 1986 jedoch z.T. mit mehr als 50 % noch weit unter dem Bundesdurchschnitt und im allgemeinen auch unter dem Durchschnitt für ländliche Regionen. Lediglich in Kronach und Bayreuth war die Zahl der Teletext-Anschlüsse überdurchschnittlich, die der Telefax-Anschlüsse lag nur in Nordfriesland über dem Durchschnitt. Dies zeigt den großen Nachholbedarf dieser Gebiete.

Der Fremdenverkehr hat, außer in Kronach und Deggendorf, in allen anderen Regionen eine überdurchschnittliche Bedeutung. Abgesehen von Nordfriesland hat er sich in den anderen Regionen aber erst seit den 60er Jahren entwickelt. Durch die wachsende Freizeit vergrößerte sich die Nachfrage. Der Anteil der sozialversicherungspflichtigen Beschäftigten im Fremdenverkehr lag 1986 in Nordfriesland bei 11 %, in Soest, Straubing und Bayreuth zwischen 3,6 % und 4 % (Bundesdurchschnitt 1986 = 3,4 %). Die Entwicklung 1983/86 war allerdings nur in Soest und Kronach überdurchschnittlich. In Kronach erscheint der Fremdenverkehr, besonders in der Wintersaison, noch entwicklungsfähig (v. Urff). Hier gilt es die enge wirtschaftliche Verbindung mit Berlin und die touristischen Möglichkeiten in Grenznähe weiter auszubauen. In Nordfriesland stagniert der Fremdenverkehr. Hier ist seit 1970, insbesondere wegen ausgelasteter Kapazitäten, kein wesentlicher Zuwachs zu verzeichnen (Riemann).

Eine Besonderheit für Nordfriesland ist der Wirtschaftsfaktor Bundeswehr, der 7 % aller Sozialversicherungspflichtigen beschäftigt und über die Hälfte seiner Mittel für Einrichtung und Verpflegung in der Region ausgibt.

Die Ergebnisse der regionalen Wirtschaftsförderung 1981 bis 1986 (GRW) waren in allen Untersuchungsregionen positiv. So konnten zum Beispiel in Soest mit einer Investitionssumme von 215 Mio. DM, bei 76 Förderfällen, ca. 1000 Arbeitsplätze geschaffen werden. In Nordfriesland lag die Relation bei 181 : 140 : 547, in Bayreuth bei 200 : 112 : 1330, in Deggendorf bei 904 : 147 : 1902, in Kronach bei 376 : 206 : 1382. Hinzu kommt noch eine Vielzahl von gesicherten Arbeitsplätzen. So können zum Beispiel in Kronach etwa 15 % der sozialversicherungspflichtigen Beschäftigten der regionalen Wirtschaftsförderung in den letzten 15 Jahren zugerechnet werden, wobei allerdings nur etwa 6 % auf die Neuansiedlung von Betrieben fielen (v.Urff).

4.4.3 Flächennutzungs-, Siedlungs- und Infrastrukturentwicklungen

Der Anteil der Siedlungsflächen an der Gesamtfläche war 1984 mit ca. 7 % in Bayreuth, Deggendorf, Straubing-Bogen und Kronach relativ gering. Lediglich in Nordfriesland (11 %) und Soest (13 %) lag er über dem Durchschnitt (10 %). Die Bevölkerungsdichte betrug in Bayreuth 76, in Nordfriesland 79, in Straubing-Bogen 66, in Kronach 113, in Deggendorf 117 und lediglich in Soest 202 Ew/qkm 1985, d.h. bei den Untersuchungsgebieten handelt es sich überwiegend um ausgesprochen dünn besiedelte "Ländliche Räume" mit gut ausgebauten Mittelzentren, aber ohne Oberzentren (Tab. 6).

Der Anteil der landwirtschaftlichen Fläche lag in den Kreisen Soest und Deggendorf zwischen 64 % und 68 %. In Nordfriesland betrug er sogar 80 %, in Bayreuth und Kronach hingegen nur 42 % bzw. 36 %, weil hier der Waldflächenanteil besonders hoch ist. In Deggendorf, in Bayreuth und Kronach wird insbesondere in Höhen über 700 m NN über Waldschäden geklagt. In Deggendorf und Soest zeigen sich Bodenschädigungen, insbesondere durch Bodenverdichtungen und Bodenerosionen, denen neuerdings entgegengewirkt wird (Hösch).

Von den peripher gelegenen, hier untersuchten "Ländlichen Räumen" hat der Raum Deggendorf die besten Verkehrsanbindungen. Zu den bereits bestehenden Bundesbahn- und Autobahnanschlüssen (A 3) kommen ab 1989 der Autobahnanschluß (A 92) in Richtung München sowie ab der 90er Jahre mit der Fertigstellung des Rhein-Main-Donau-Kanals der Anschluß an eine internationale Schiffahrtsstraße hinzu (Hösch). Von diesen Infrastrukturmaßnahmen erwartet der Raum kräftige Entwicklungsimpulse. Auch Soest ist durch zwei Autobahnen und zwei Eisenbahnlinien gut an die Verkehrsinfrastruktur angebunden. Ähnliches gilt auch für Bayreuth. Etwas anders ist die Situation in Nordfriesland und in Kronach, die zwar über Eisenbahnen und über Bundesfernstraßen an das Fernverkehrsnetz angeschlossen sind, in denen sich aber die Verkehrsferne trotzdem negativ bemerkbar macht. Hinsichtlich der Erschließung der Regionen mit ÖPNV betrug der Anteil der Ew. mit DB/P 1985 nur in Soest 71 %, in Kronach 67 % und in Deggendorf 58 %. In den anderen Gebieten lag er unter 50 % und damit unter dem Durchschnitt von 60 % in den ländlich geprägten Kreisen.

Die Wasserversorgung und Abwasserbeseitigung ist vor allen Dingen in Soest wegen der vielen kleinen Ortsteile und Einzelgehöfte noch verbesserungsbedürftig (Burberg). Der Frankenwald in Kronach hingegen ist Wassermangelgebiet. Zur Versorgung aus dem Grundwasser mußten hier mit Hilfe überregionaler Zweckverbände hohe Investitionen vorgenommen werden. Auch konnten bisher in Kronach nur 72 % der Haushalte an eine kommunale Kläranlage angeschlossen werden (v. Urff). Der Anschlußgrad in Deggendorf hingegen lag schon mit ca. 80 % etwas höher (1979). Seither ist in den bayerischen Regionen viel für die Abwasserbeseitigung getan worden. Sieht man von den mit hohen Mitteln im "Programm Nord" sanierten Gebieten Nordfrieslands einmal ab, so zeigt sich, daß sowohl im Bereich der Wasserversorgung, der Abwasserbeseitigung und auch der Abfallbeseitigung in den ländlichen Regionen noch viel zu leisten ist.

Hinsichtlich der Schulausbildung in weiterführenden Schulen kann man für die ländlichen Regionen - gemessen an der Quartanerquote und Studierquote - für die 80er Jahre nur geringfügige Abweichungen gegenüber den Regionen am Rande von Verdichtungsgebieten feststellen. Hier ist fast volle Chancengleichheit gegeben. Bei der ärztlichen Versorgung hingegen ergaben sich doch beträchtliche Unterschiede. Die Zahl der Einwohner pro Arzt/Facharzt und die der Akutkrankenbetten lag in der Regel erheblich unter dem Bundesdurchschnitt und dem Durchschnitt für ländliche Regionen, wobei allerdings nicht überall von einer schlechten Versorgung gesprochen werden kann.

Tab. 5: Aktuelle Daten für die Untersuchungsregionen in der Raumkategorie: Ländlich geprägte Regionen

Indikatoren zur Entwicklung Ländlicher Räume	Untersuchungsregionen - Kreise						
	Soest	Nord-frieslandd	Kronach	Strau-bing-Bogen	Deggen-dorf	Stadt Strau-bing	Bay-reuth
Bevölkerungsentwicklung 80/85 in %	- 0,7	0,5	- 4,0	1,8	0,7	- 2,5	0,0
Bevölkerungsbestand (1000) 85	267,4	161,6	73,8	79,6	100,8	41,6	96,3
Binnenwanderungssaldo 83/85:							
18 bis unter 25 Jahre je 1000 Einwohner	- 31,7	- 19,0	- 52,3	- 41,3	- 34,3	- 42,8	- 26,1
25 bis unter 30 Jahre je 1000 Einwohner	16,3	4,9	- 2,7	49,8	10,8	4,5	41,1
Bruttowertschöpfung DM/Einw. 82 in 1000	19,5	19,6	18,3	13,9	19,5	25,2	12,7
BWS-Entwicklung 80/82 in %	9,2	11,4	8,5	9,7	11,7	8,5	6,1
sozialvers. Beschäftigte 83/86 in %	3,4	2,8	6,0	3,0	4,6	6,1	5,4
Betriebsgröße unter 100 in %	24,7	50,2	38,7	36,3	26,4	33,7	26,2
Anteil Landwirtschaft 86 in %	1,3	3,7	0,9	5,7	1,6	1,0	2,3
hochqualifizierte Beschäftigte in o/oo	37	21	17	13	24	28	18
hochqualifizierte Beschäftigte 83/86 in %	26,8	24,9	23,3	22,9	12,8	18,9	56,5
Projektförderung je Beschäftigten im verarbeitenden Gewerbe in DM 85	131	0	21	0	0	0	0
Teletexanschlüsse je 100.000 Einwohner 86	10,8	7,4	16,3	1,3	4,0	19,2	16,6
Telefaxanschlüsse je 100.000 Einwohner 84	9,0	13,0	6,7	2,5	8,9	4,8	9,4

Quelle: Bundesforschungsanstalt für Landeskunde und Raumordnung, Laufende Raumbeobachtung, Aktuelle Daten zur Entwicklung der Städte, Kreise und Gemeinden 1986, Heft 28, Bonn 1987.

Tab. 6: Aktuelle Daten für die Untersuchungsregionen in der Raumkategorie: Ländlich geprägte Regionen

Indikatoren zur Entwicklung Ländlicher Räume	Untersuchungsregionen - Kreise						
	Soest	Nord-friesland	Kronach	Straubing-Bogen	Deggendorf	Stadt Straubing	Bayreuth
Anteil landwirtschaftl. Fläche 84 in %	65,6	79,6	35,7	68,3	64,1	72,3	49,0
Anteil LWF/BKZ 40 < 84 in %	5,4	49,0	90,0	16,7	27,0	-	89,7
Größe landwirtschaftl. Betriebe in ha 79	21	31	11	13	11	18	11
Größe landwirtschaftl. Betriebe in ha 83	22	32	12	14	12	20	12
Anteil HE Betriebe 83 in %	59,3	65,9	32,4	49,8	45,6	-	40,6
Entwicklung HE Betriebe 79/83 in %	- 7,2	- 6,5	- 19,0	- 14,2	- 13,2	-	- 17,2
Betriebe mit hohem Einkommen 83 in %	41,4	56,3	3,0	21,5	18,1	-	5,6
Entwicklung dieser Betriebe 79/83 in %	11,9	- 3,6	- 10,5	17,0	18,6	-	- 7,1
Beschäftigte im Fremdenverkehr 86 in %	3,6	11,1	1,7	4,0	2,8	3,8	4,4
Entwicklung dieser Besch. 83/86 in %	14,0	1,2	13,0	3,9	5,6	6,7	1,9
Betten in HG je 1000 Einwohner 85	30	259	32	64	23	14	80
Übernachtungen je Einwohner 85	4,6	30,0	2,8	7,2	1,7	1,3	8,8
Steueraufkommen DM/Einwohner 85	774	557	776	492	641	934	574
Steuerentwicklung 83/85 in %	17,0	5,8	17,4	6,6	10,4	1,3	15,4
Quartanerquote 85 in %	56,8	54,0	42,9	36,6	48,4	66,9	40,1
Studienquote 84 in %	69,9	70,0	77,6	74,1	71,0	66,7	76,4
Einwohner/Arzt in freier Praxis 84	1010	998	1048	1590	1029	616	1781
Einwohner/Facharzt 84	791	865	1690	3057	1018	505	3206
Akutbetten je 10.000 Einwohner 84	89	45	54	66	78	154	13
Strompreis Ind. Pf./ KWh 86	19,7	20,7	20,9	18,6	18,6	18,6	20,9
Gasversorgte Einwohner 85 in %	57,2	19,0	4,3	1,3	5,0	34,6	2,3
Kfz.-Dichte 84	413	400	397	410	414	400	441
Anteil Einwohner DB/P 85 in %	71,3	48,7	57,0	42,2	58,0	100	44,8

Quelle: Bundesforschungsanstalt für Landeskunde und Raumordnung, Laufende Raumbeobachtung, Aktuelle Daten zur Entwicklung der Städte, Kreise und Gemeinden 1986, Heft 28, Bonn 1987.

4.4.4 Sozio-ökonomische Entwicklung in der Landwirtschaft

In allen Untersuchungsregionen ist die Größe der landwirtschaftlichen Betriebe in den letzten Jahren angestiegen, die Zahl der Betriebe hingegen zurückgegangen. Während die Durchschnittsgröße in Nordfriesland 32 ha LF und in Soest 22 ha LF betrug, lag sie in den anderen Untersuchungsgebieten nur zwischen 12 und 14 ha LF. Die Betriebsgrößenstruktur ist hier besonders ungünstig. Der Anteil der Haupterwerbsbetriebe betrug 1983 in Nordfriesland 66 % und in Soest 60 %. In den anderen Kreisen lag er zwischen 40 % und 50 %, in Kronach sogar nur bei 32 %. Die Zahl der Haupterwerbsbetriebe hat von 1979 bis 1983 besonders in Kronach (-19 %), in Bayreuth (-17 %) und in Deggendorf (-14 %) abgenommen. Nur Nordfriesland (56 %) und Soest (41 %) hatten einen relativ hohen Anteil von Haupterwerbsbetrieben mit über 50 000 DM Standardbetriebseinkommen. In den anderen Kreisen lag der Anteil unter 20 %, in Bayreuth und in Kronach nur bei 6 % bzw. bei 3 %. Der seit Jahren zu beobachtende Trend zu größeren Betrieben hält an (Burberg, Riemann) und ist in dieser Raumkategorie besonders stark entwickelt. In diesem Zusammenhang gewinnt auch die Frage der Hofnachfolge Bedeutung, die vor allem in den schlecht strukturierten Gebieten der Mittelgebirge besondere Folgen hat, weil hier derzeit mehr als 50 % der Betriebe keine sichere Hofnachfolge haben (Maier).

Die Zahl der in der Landwirtschaft Beschäftigten hat in allen Regionen, vor allem im Zeitraum von 1971 bis 1979, mit 20 bis 30 % abgenommen. Der Rückgang war besonders stark in Straubing-Deggendorf, Soest und in Bayreuth. Er wurde zum Teil möglich oder hervorgerufen durch den wachsenden Grad der Mechanisierung (Maier). Der AK-Besatz je Betrieb lag 1979 überall zwischen 1,0 und 1,2. Generell kann man feststellen, daß der Arbeitsplatzrückgang in der Landwirtschaft in diesem Regionstyp erheblich schneller verlaufen ist als in Industrie und Handwerk (Hösch, Riemann).

Auch die Betriebsformen haben sich in den letzten beiden Jahrzehnten verändert. Feststellbar ist, mit Ausnahme von Soest und Kronach, ein Rückgang der Marktfruchtbetriebe zugunsten der Futterbau- und Veredlungsbetriebe sowie der Gemischtbetriebe. Die Spezialisierung hat zugenommen (Burberg, Riemann). Der Dauergrünlandanteil ist den natürlichen Verhältnissen entsprechend besonders hoch in Nordfriesland und wurde dort auch noch ausgedehnt (Riemann). In Kronach und Bayreuth ist er auch hoch, ist aber dort bis 1983 praktisch unverändert geblieben (v. Urff). In den übrigen Regionen ist er zugunsten des Ackerlandes zurückgegangen. Bei der Nutzung des Ackerlandes überwog überall die Getreideproduktion. Nennenswerter Hackfruchtanbau wurde auf den guten Böden im Raum Straubing-Deggendorf betrieben (Hösch).

Große Bedeutung für die landwirtschaftlichen Betriebe in Kronach hat der hohe Waldanteil (36 % an der Gesamtfläche). In Bayreuth betrug der Anteil des

Bauernwaldes nur ca. 17 %. Hier wurden in den 70er Jahren die Waldflächen um ca. 20 % erhöht, vor allem durch Aufforstung von landwirtschaftlichen Grenzertragsböden (Maier).

Während die Zahl der Rindvieh haltenden Betriebe 1971 bis 1979 in allen Regionen, außer in Soest, praktisch gleich geblieben ist, wurde die Zahl der Rinder kräftig ausgedehnt. Inzwischen gehört Bayreuth zum Beispiel zu den bekanntesten Rinderzuchtgebieten Bayerns (Maier). Die Zahl der Betriebe mit Milchkuhhaltung und die Anzahl der Milchkühe sind hingegen, abgesehen von Nordfriesland und Bayreuth, zurückgegangen. Trotzdem hat sich die Anzahl der Milchkühe pro Betrieb zum Teil kräftig erhöht, vor allem in Nordfriesland. Hier betrug sie 1982 56 Milchkühe je 100 ha LF (Riemann). Die Mastschweinproduktion ist vor allem in Soest und Nordfriesland kräftig angestiegen, in den anderen Regionen ging sie 1971 bis 1979 zurück. Diese Entwicklung deutet darauf hin, daß Gebiete mit schlechter Agrarstruktur, marktferner Lage und entsprechender Bevölkerungsmentalität kaum eine Eignung für flächenunabhängige Veredelungsproduktionen besitzen (v. Urff). Tierhaltung wird hier auch nur mit sehr kleinen, zu kleinen, Beständen betrieben. In Bayreuth ist im Zuge des Rückganges der Schweinehaltung eine Spezialisierung vieler Betriebe auf Zuchtsauenhaltung und Ferkelproduktion zu beobachten (Maier).

In Nordfriesland gibt es ca. 50 000 Schafe, von denen etwa die Hälfte an den Seedeichen und auf den Halligen gehalten wird (Riemann). Der Bayreuther Raum tritt in Teilgebieten durch seine Ziegenhaltung hervor, aber auch die Zahl der Schafe hat sich hier im letzten Jahrzehnt in etwa verdoppelt, obwohl sie mit insgesamt ca. 3 000 Tieren noch relativ unbedeutend ist (Maier). Auch in Soest sind die Bestände der Wanderschäfer und der Schafhaltungsbetriebe (1984 = 15 000 Schafe) kräftig aufgestockt worden (Burberg).

Haupterwerbsbetrieben mit einem Standardbetriebseinkommen von mehr als 50 000 DM hatten 1983/84 lediglich in Nordfriesland mit 56 % und in Soest mit 41 % einen relativ hohen Anteil (vgl. Tab. 6). In Nordfriesland betrug der Gewinn je Familien-AK 1985 durchschnittlich etwa 36 000 DM (Riemann). In Soest lag er für Vollerwerbsbetriebe je Voll-AK auch bei 36 000 DM, für alle Betriebe bei 26 000 DM je Voll-AK. Das Betriebseinkommen in Soest lag für Vollerwerbsbetriebe durchschnittlich bei 73 000 DM, wobei etwa nur die Hälfte der Betriebe das für die Weiterentwicklung notwendige Betriebseinkommen von DM 60 000 erwirtschaften (Burberg).

Als Vergleich zu diesen Gebieten mit relativ günstigen natürlichen und agrarstrukturellen Verhältnissen können ausgewählte Betriebsergebnisse aus Bayern herangezogen werden, die die Gebiete Kronach und Bayreuth zum Teil erfassen. Hier lag der Gewinn 1985/86 bei den Betrieben zwischen 5 bis 20 ha bei 21 000 DM/FamAK und bei den Betrieben zwischen 20 bis 50 ha bei 26 500 DM/FamAK (v.

Urff). Hierbei zeigen sich einerseits die erheblichen Unterschiede der bayerischen Betriebe gegenüber den Betrieben in Nordfriesland, andererseits aber auch die relativ große Übereinstimmung mit den Betriebsergebnissen in Soest. Wie die Betriebsergebnisse vor allem in den bayerischen Räumen, aber auch im Norden ausweisen, sind aufgrund der Buchführungsergebnisse viele Betriebe überhaupt nicht lebensfähig, aber bei der genügsamen und arbeitswilligen Bevölkerung leben sie trotzdem. Vielerorts hat man sogar den Eindruck, und dies gilt insbesondere für die guten Betriebsstandorte in Straubing-Deggendorf, sie leben gar nicht schlecht (Hösch, Riemann).

4.4.5 Stärken und Schwächen der Untersuchungsräume

Die wirtschaftlichen und auch die landwirtschaftlichen Entwicklungsmöglichkeiten in einer Region hängen zumeist davon ab, inwieweit es künftig gelingt, die Stärken der Region zu nutzen und die Schwächen auszugleichen oder zu beseitigen.

In den Regionaluntersuchungen, die zu dieser Frage Stellung bezogen haben, werden folgende Stärken besonders hervorgehoben:

- Branchenmäßig breit gestreutes Angebot an außerlandwirtschaftlichen Arbeitsplätzen (Kronach, Deggendorf), bei relativ niedrigem Lohnniveau;
- Möglichkeiten zur Verbesserung der Standortvorteile der Regionen Bayreuth und Kronach in bezug auf ihre Lage zum großen "Berliner Markt";
- landschaftliche Attraktivität mit guter Eignung für Fremdenverkehr (Nordfriesland, Kronach und Teilen von Soest) oder für Tages- und Kurzerholung (Soest-Südteil, Kronach, Bayreuth, Deggendorf) und "sanften Tourismus" (Soest-Südteil);
- Gunst guter landwirtschaftlicher Standortbedingungen (Nordfriesland, Soest, Deggendorf);
- gut ausgebautes leistungsfähiges Ausbildungs-, Fortbildungs- und Beratungssystem für die Landwirtschaft mit relativ hohem Ausbildungsstand der Betriebsleiter (Nordfriesland, Soest, Deggendorf);
- Genügsamkeit und Arbeitswilligkeit der Bewohner (Deggendorf).

Im Zusammenhang mit diesen Stärken der Untersuchungsgebiete sind auch ihre spezifischen Schwächen zu sehen:

- die allgemeine Wirtschaftsschwäche mit schwachen Arbeitsmärkten und mangelhafter industrieller Tradition; diese Räume haben aber auch einen dementsprechend hohen Rangplatz bei der Förderung der GRW-Gebiete im Rahmen der Regionalpolitik (Nordfriesland, Deggendorf);

- periphere Rand- und Verkehrslage, die z.B. auch auf den relativ schlechten Verkehrsanbindungen beruht und die Nutzung einiger regionaler Stärken (Potentiale), wie etwa die landschaftliche Attraktivität, weitgehend einschränken (Kronach, Deggendorf, Soest);

- Ungunst der natürlichen Standortbedingungen für die Landwirtschaft (Kronach, Bayreuth);

- schlechte Agrarstruktur (Kronach, Bayreuth, Deggendorf) mit unzureichenden und einseitigen Produktionsgrundlagen und schlechtem Ausbildungsstand der Betriebsleiter;

- Vermarktungs- und Transportprobleme für die Landwirtschaft aufgrund der Randlage (Bayreuth, Deggendorf);

- traditionelle Verhaltensweisen und unrealistische Vorstellungen in den Bauernfamilien über die langfristigen Perspektiven ihres Betriebes, die Berufswechsel und die Wahl eines nichtlandwirtschaftlichen Ausbildungsberufs verhindern und die vor allem in den Gebieten mit schlechter Agrarstruktur zu überhöhtem AK-Besatz, unzureichender Flächenausstattung, unbefriedigendem Einkommen und zu einem aufgestauten Bedarf für Agrarstrukturwandel führen (Burberg).

Gerade für die ländlich geprägten Regionen kann man generell feststellen, daß die großen Schwächen dieser Regionen durch die Stärken nur dann zum Teil aufgefangen werden können, wenn auch in Zukunft die Verkehrsanbindung dieser Gebiete verbessert wird sowie der Infrastrukturausbau und die regionale Wirtschaftsförderung weiter betrieben werden, damit die aus der Landwirtschaft freiwerdenden Arbeitskräfte in anderen Branchen aufgefangen werden können.

4.4.6 Vorhersehbare Entwicklungen und Folgen

Die Auswirkungen der räumlichen Entwicklungen unter "Status-quo-Bedingungen" lassen sich weitgehend durch Extrapolation aus der Entwicklung in der Vergangenheit ableiten (v. Urff). Für die ländlich geprägten Regionen bedeutet dies:

- Der Strukturwandel geht etwa im bisherigen Rahmen weiter (Riemann), wegen "Nachholbedarf" möglicherweise im größeren Tempo (Burberg); gelegentlich eröffnen sich für freiwerdende landwirtschaftliche Beschäftigte bei entsprechender Qualifikation neue Beschäftigungsmöglichkeiten; das traditionelle Fernpendeln in die Verdichtungsgebiete bleibt attraktiv (Hösch);

- Die flächendeckende landwirtschaftliche Bewirtschaftung auf guten Böden (Nordfriesland, Soest und z.T. Deggendorf) bleibt aufrechterhalten; bei Betriebsaufgaben werden die freiwerdenden Flächen von verbleibenden Betrieben aufgenommen; aus Grenzertragslagen in Höhengebieten zieht sich die Landwirtschaft zunehmend zurück, selbst bei Gewährung von Ausgleichszulagen (Bayreuth, Kronach, Südteil von Soest);

- Die Beeinträchtigungen von Natur und Landschaft durch intensive Bewirtschaftung werden auf guten Böden weitergehen, solange sich umweltverträgliche Produktionsverfahren noch nicht durchsetzen (z.B. N-Minderungsstrategie (Burberg); auf offen zu haltenden Flächen in Höhenlagen bildet die Landschaftspflege ohne Produktion bei Honorierung, zum Teil in Kombination mit landwirtschaftsnahem Fremdenverkehr, einen neuen Betriebszweig (Soest, Deggendorf, Halligen in Nordfriesland). Der Bewaldungsanteil sollte aus ökologischen und landschaftsästhetischen Gründen 60 v.H. nicht überschreiten;

- Auf guten Böden (Soest, Deggendorf) entsteht eine zunehmende Zahl stabiler Nebenerwerbsbetriebe mit größerer Flächenausstattung;

- Ein Rückgang der Milchkuhhaltung (Nordfriesland, Soest) ist zu verzeichnen; Schweinemast und Sauenhaltung, Schafhaltung und evtl. auch die Rindermast werden ausgedehnt; durch die regionale Konzentration der Tierhaltung in den ländlichen Räumen der Kategorien 1 und 2 und der Nähe von Verdichtungsräumen wird den peripher gelegenen Regionen Produktions- und Einkommenspotential entzogen (Kronach);

- Der Anbau alternativer Agrarerzeugnisse und regenerierbarer Rohstoffe wird ausgebaut (z.B. Raps, Ackerbohnen, Feldgemüse und Rohstoffe für industrielle Produktion - in Soest und Bayreuth);

- Vielfach besteht zunehmend die Schwierigkeit für die Jungbauern, Ehefrauen auf den Hof zu bekommen (Maier).

Bei einem Rückgang der Landwirtschaft aus den Gebieten mit ungünstigen Produktionsbedingungen sind die Auswirkungen auf die Wirtschaftskraft des Raumes relativ gering, weil hier die Landwirtschaft zumeist kaum noch eine Rolle spielt; drastische Veränderungen ergeben sich hingegen beim Landschaftsbild, und es muß dann die Frage geklärt werden, inwieweit aufgeforstet werden kann, und wo Landschaftspflegemaßnahmen betrieben werden müssen (v. Urff).

Bei ökologischen Schwerpunktsetzungen in der Agrarpolitik, wie sie sich immer stärker abzeichnen, werden die Auswirkungen in den peripher gelegenen ländlich geprägten Regionen, vor allem bei gleichbleibendem oder absinkendem EG-Agrarpreisniveau, sehr differenziert und zum Teil sehr kontrovers betrachtet. Grob kann man hier unterscheiden zwischen: 1. Gebieten mit sehr guten Böden in relativ zentraler Lage (Soest), 2. peripher gelegenen Gebieten mit relativ guter Agrarstruktur (Nordfriesland) und 3. peripher gelegenen Gebieten mit schlechten Produktionsbedingungen und schlechter Agrarstruktur (Bayreuth, Kronach). So werden für Soest in den Höhengebieten, aber vor allem auf den Bördestandorten und im Raum Straubing, also auf den guten Böden, keine großen Veränderungen gegenüber der Entwicklung unter Status-quo-Bedingungen gesehen. Restriktionen im Natur-, Gewässer- und Umweltschutz und bei der Intensivtierhaltung werden jedoch das Tempo des Agrarstrukturwandels und das Ausmaß der Intensivierung verlangsamen. Die flächenunabhängige Viehhaltung wird bis zur zulässigen Obergrenze ausgeweitet, die intensive Agrarlandschaft durch ein Biotopverbundsystem bis zum geforderten Mindestanteil an der LF aufgelockert (Burberg).

Ganz anders werden bei ökologischer Schwerpunktsetzung die Entwicklungen für Nordfriesland und Deggendorf eingeschätzt. Hier wird unter anderem

- eine drastische Verringerung der Zahl der hauptberuflich bewirtschafteten Betriebe bei sinkenden Bodenpreisen vorausgesagt, allerdings bei stabiler Vergrößerung der leistungsfähigen Groß- und Familienbetriebe bis hin zur extensiven Rindfleischproduktion (Nordfriesland);

- die Intensität der Nutzung auf den in der Produktion verbleibenden Flächen wird sich - soweit nicht eine generelle Produktionsumstellung auf extensive Wirtschaftsweise erfolgt - kaum verändern, insbesondere dann nicht, wenn für den Natur- und Landschaftschutz keine nennenswerten Flächen in Frage kommen (Nordfriesland, Deggendorf);

- sich das Landschaftsbild durch das Freisetzen von Flächen, durch Entstehen von Auwäldern und Hecken - gezielt oder ungeplant - erheblich wandeln (Nordfriesland); Flächen ohne Referenzmenge werden im bayerischen Vorwald kaum noch annehmbare Preise erzielen und deshalb brachfallen oder eventuell aufgeforstet;

- die Abwanderung der jüngeren Generation, wenn Fremdenverkehr und Wochenenderholung im größeren Stil nicht mehr möglich ist, zur Existenzgefährdung in den von der Landwirtschaft abhängigen Betrieben, beim Handel und beim Handwerk und zu einer Entwicklung führen, die früher als "passive Sanierung" bezeichnet wurde (Hösch).

Wiederum anders werden die Entwicklungen bei ökologischer Schwerpunktbildung für die Gebiete Kronach und Bayreuth zu beurteilen sein, weil sich in diesen schlecht strukturierten Agrargebieten die Veränderungen in der Nachfrage weniger stark auswirken als in den Gebieten mit höherer Produktionsintensität. Dadurch verbessert sich die relative Position der Landwirtschaft in diesen Landkreisen. Die aus ökologischen Gründen und wegen der Nahrungsmittelüberschüsse eingeforderten Beschränkungen der Produktion, die mit Ausgleichszahlungen verbunden werden, wirken sich hier positiv aus. In diesen Gebieten wird die Landwirtschaft nicht mehr zur Sicherung der Ernährung der Bevölkerung benötigt; zur Erhaltung des Landschaftscharakters und für die Funktionsfähigkeit des geschichtlich gewachsenen Agrarökosystems kommen ihr jedoch unverzichtbare Funktionen zu (v. Urff). Darüber hinaus könnten sich in diesen von der Natur weniger begünstigten Agrargebieten durch die Herstellung von "Spezialitäten" Marktnischen besetzen und u.U. im tertiären Sektor neue Zuerwerbsmöglichkeiten erschließen lassen (Maier). Durch die Ausübung dieser Funktionen erhält der Landwirteberuf in diesen Regionen eine Aufwertung; es kommt zu einer positiven Umstrukturierung in den Denk- und Entscheidungsprozessen der Betriebsleiter, und darüber hinaus kann eine neue Generation unternehmerischer Persönlichkeiten entstehen, was sich letztendlich über die Art der Bodennutzung und die Tierhaltung positiv auf die Attraktivität der Landschaft auswirken kann.

4.4.7 Vorschläge für die Raum- und Fachplanung

Generell kann zunächst einmal festgestellt werden, daß die vor 20 Jahren in den Untersuchungen der ARL gehegten Erwartungen in der Regel ebensowenig eingetroffen sind, wie die Ziele der Regionalpläne erreicht werden konnten. Einerseits waren die Erwartungen an den Strukturwandel und an die Entwicklungspolitik einfach zu hoch, andererseits aber entwickelten sich auch die Rahmenbedingungen für die vorausgesagte Politik anders, wie etwa in der Milchwirtschaft, als dies vorauszusehen war. Raum- und Fachplanung werden künftig die Entwicklungen der Bevölkerung und des Arbeitsmarktes realistischer einschätzen müssen, und die Raumplanung muß der Fachplanung konkretere Ziele vorgeben, auf die sich dann die Fachplanung - den EG-Bedingungen entsprechend - einzustellen hat.

Aufgabe der Landes- und Regionalplanung wird es in verstärktem Maße sein, konkrete Leitziele für die Nutzung der Flächen aufzustellen, um die konkurrierenden Nutzungsansprüche in der Region zum Ausgleich zu bringen (Soest) oder um die Landschaft neu zu gestalten. Bisher bringen die Regionalpläne nur in seltenen Fällen für die Land- und Forstwirtschaft konkrete Planungshinweise. Agrarleitpläne stoßen z.B. in den bayerischen Regionen auf heftige Widerstände (Deggendorf). Nicht übersehen werden dürfen aber auch die für "Ländliche Räume" bedeutsamen allgemeinen Planungsziele in den Raumordnungsplänen, die aber konsequenter als bisher verfolgt und durchgesetzt werden müssen. Zusammenfassend werden nachfolgend für diese Raumkategorie der ländlich geprägten Räume die z.T. auch für andere Regionen geltenden, allgemeinen und spezifischen Ziele und Maßnahmen der Raum- und Fachplanung dargestellt, wie sie in den Regionaluntersuchungen zum Ausdruck gekommen sind:

- Aufstellung und Durchsetzung von Regionalplänen in allen Räumen, möglichst in Verbindung mit Landschaftsplanung und Regionalen Aktionsprogrammen;

- Aufstellung von Landschaftsplänen als integrierter Bestandteil der Regionalplanung und Bauleitplanung, mit Ausweisung landwirtschaftlicher Vorranggebiete, Wasserschutz- und Naturschutzgebiete (Nordfriesland, Deggendorf), mit Vernetzung von Natur- und Landschaftsschutzgebieten, mit Aufbau von Biotop-Verbundsystemen in den räumlichen Agrarlandschaften (Soest), mit der Erhaltung von der Landwirtschaft verbundenen Kleingewässern (Nordfriesland), mit Festlegung der Aufforstungsflächen und Ausweisung von künftigen Brachflächen (Deggendorf), mit Planung von Maßnahmen zur Anlage von Amphibienwegen (Bayreuth) und mit der Ausweisung der Rekultivierungsflächen von oberirdischen Abbauflächen (Kies etc.);

- Erarbeitung und Umsetzung von Regionalen Aktionsprogrammen auf der Grundlage einer Stärken-Schwächen-Analyse vor allem zwecks Ansiedlung von umweltfreundlichen Industrie- und Gewerbebetrieben zur Schaffung außerlandwirtschaftlicher Arbeitsplätze und zur Stärkung der Wirtschaftskraft auch im Fremdenverkehr (Deggendorf, Nordfriesland) sowie vorausschauende Schaffung der dafür erforderlichen wirtschaftlichen Infrastruktur (Straßen, Eisenbahnen, Schiffahrtswege), aber auch der Förderung des traditionellen Fernpendelns (Deggendorf);

- Ausbau der Verkehrsinfrastruktur unter Einbeziehung des öffentlichen Personennahverkehrs (ÖPNV) entsprechend den Erfordernissen in allen Regionen; Fortbildung und verstärkte Qualifizierung um- und angelernter Arbeitskräfte sowie der Arbeitslosen (Deggendorf);
- Ausbau der zentralen Orte, vor allem durch Stärkung von Teilfunktionen, wie etwa Entwicklung des Schulwesens oder Ausbau von Einrichtungen für den Fremdenverkehr, nicht zuletzt um vor allem Bevölkerung in diesen Gebieten zu halten (Nordfriesland), einschließlich des Versuchs der Dezentralisierung von Verwaltungsbehörden zwecks Stärkung kleinerer zentraler Orte (Deggendorf);

- Verbesserung der Abwasser- und der Müllbeseitigung (Bayreuth);

- Intensivierung der landwirtschaftlichen Fachplanung, u.a. zwecks Ausbau der flächendeckenden landwirtschaftlichen Beratung (Nordfriesland), vor allem für die Anwendung umwelt- und ressourcenschonender Landbaumethoden (Bay-

reuth, Soest) einschließlich der Durchsetzung restriktiver Pflanzenschutz-
und Düngungsvorschriften, wie Vorgabe zulässiger Dungeinheiten für die
Güllebeseitigung (Bayreuth, Soest); planerische Feststellung der Gebiete
für Flächenstillegungen (Deggendorf); Beratung und Hilfen für Produktion
und Vermarktung alternativer landwirtschaftlicher Produktion (Bayreuth,
Deggendorf);

- weitere Durchführung von Flurbereinigung vor allem in Verbindung mit Dorferneuerung (Bayreuth);

- Neubelebung sozialer und kultureller Einrichtungen in den Gemeinden und
Dörfern (Bayreuth) mit entsprechendem Entwicklungsmanagement;

- Verstärkung der Zusammenarbeit zwischen land- und forstwirtschaftlichen
Fachbehörden zwecks Erhöhung des Waldanteils auch auf guten landwirtschaftlichen Böden auf mindestens 15 % der Gesamtflächen, evtl. durch Anbau
schnellwachsender Hölzer; Ausbau schutzwürdiger Biotope und eines Biotop-
netzes auch in den Ackerbaugebieten (Flurbereicherung); Aufforstungen in
Höhenlagen sollten 60 % der Gesamtfläche nicht übersteigen, schützenswerte
Biotope hier etwa 30 % der Gesamtfläche umfassen (Soest).

Insbesondere der Regionalplanung wird in diesen Räumen in Zukunft die Aufgabe
zuwachsen, die bisherigen Pläne durch verbindliche Offenlegung der Ansprüche
an den Raum zu konkretisieren, die festgelegten Entwicklungsziele durch Koordination und intensive Auseinandersetzung mit fachlichen Problemen und Planungen besser als bisher durchzusetzen sowie durch Schaffung entsprechender
planerischer Grundlagen das regionale Entwicklungsmanagement noch besser zu
unterstützen bzw. wahrzunehmen.

4.5 Zusammenfassende Thesen

1. Die Lage und die naturräumlichen Bedingungen der Untersuchungsgebiete weisen insgesamt, innerhalb der Typisierung und auch innerhalb der Untersuchungsregionen selbst, eine große Heterogenität aus. Ländlicher Raum ist eben
nicht gleich ländlicher Raum. Diese Verschiedenartigkeit der einzelnen ländlichen Räume macht für die Raumplanung, die Landes- und Regionalplanung und für
die Fachplanung zwingend kleinräumige sozio-ökonomische Analysen erforderlich,
wenn man die Stärken und Schwächen der Regionen (Kreise) oder von Städten und
Gemeinden herausarbeiten, integrierte regionale und kommunale Entwicklungskonzepte entwerfen und koordinierte Entwicklungsmaßnahmen für den ländlichen Raum
einleiten will. Da insbesondere den Gemeinden hier eine wichtige Funktion beim
Ausbau und bei der Gestaltung des Ländlichen Raumes (LR) zukommt, sind sie

finanziell so auszustatten, daß sie die erforderliche öffentliche Infrastruktur im LR bereitstellen können.

2. Die Bevölkerungsentwicklung ist bisher erst in einigen Untersuchungsregionen rückläufig. Deshalb sind die Folgen der natürlichen Bevölkerungsentwicklung, die sich in allen Regionen erst nach dem Jahre 2000 für die regionale Wirtschafts-, Siedlungs- und Infrastruktur gravierend bemerkbar machen werden, noch nicht überall voll erkannt worden. Die in den früheren Jahren prognostizierten stärkeren Bevölkerungsabnahmen für LR sind nicht voll eingetroffen. Allerdings nimmt die Zahl der Jugendlichen überall ab, die der Älteren zu. Lediglich in den sehr peripher gelegenen wirtschaftsschwachen ländlichen Gebieten wird schon für die kommenden Jahre mit einem stärkeren Bevölkerungsrückgang gerechnet. Da eine ausreichende Bevölkerungsdichte die Voraussetzung für die tragfähige Entwicklung ausreichender Infrastruktureinrichtungen für die Wirtschaft und die Versorgung ist, muß in vielen Regionen geprüft werden, ob und wie eine Mindesteinwohnerdichte gesichert werden kann.

In den wirtschaftsschwachen LR war auch die Bruttowertschöpfung überdurchschnittlich niedrig und die Erwerbslosenquote besonders hoch. In diesen LR hat die regionale Wirtschaftsförderung in den letzten 15 Jahren viele Arbeitsplätze sichern und eine Reihe neuer Arbeitsplätze schaffen können. Ohne eine derartige Förderung wäre die Entwicklung in diesen Gebieten wesentlich schlechter verlaufen. Eine ausreichende Zahl von Arbeitsplätzen ist die Grundlage für die Existenzfähigkeit ländlicher Räume.

Mit zunehmender Nähe der Untersuchungsregionen zu den Verdichtungsräumen wachsen in der Regel Wirtschaftskraft, Beschäftigung und auch die Technologieentwicklung. Durch räumlichfunktionale Arbeitsteilung zwischen wirtschaftsschwachen und wirtschaftstarken LR einerseits sowie zwischen Verdichtungsräumen und LR andererseits sollten vorhandene Entwicklungspotentiale (Entwicklungsreserven) aufgespürt und besser als bisher in den Regionen genutzt werden. Die Verbesserung der Informations- und Kommunikationsdienste und die des Technologietransfers sind Voraussetzung für die Sicherung der Chancengleichheit auch in LR.

3. Der "Siedlungsflächenverbrauch" ist in den verdichtungsnahen Räumen immer noch wesentlich höher als in den ausgesprochen ländlich geprägten Räumen. Aber auch diese haben über Bodenschädigungen und vor allem über Waldschäden zu klagen. Mit wachsender Entfernung zu den Verdichtungsräumen nimmt auch die Infrastrukturausstattung der Regionen und Gemeinden ab. Es mangelt hier, trotz hoher Leistungen und Verbesserungen in den letzten Jahren, vor allem immer noch an entsprechenden Anschlüssen an das Fernverkehrsnetz, an ausreichender Wasserversorgung und an ausreichend qualifizierter Abwasser- und Abfallbeseitigung. Die quantitative und vor allem die qualitative Verbesserung der Verkehrs- und Versorgungsinfrastruktur ist zwingende Voraussetzung für die Hebung der Wirtschaftskraft und die Verbesserung der Lebensbedingungen im LR. Hierzu gehört auch die Verbesserung der ärztlichen Versorgung, die vielerorts noch Wünsche offen läßt. Hinsichtlich der Schulausbildung in den weiterführenden Schulen kann man für die ländlichen Regionen - gemessen an der Quartaner- und Studierquote - für die letzten Jahre erfreulicherweise nur noch geringe Abweichungen gegenüber den ländlichen Regionen am Rande von Verdichtungsräumen feststellen. Dennoch muß immer wieder hervorgehoben werden, daß ein umfassendes Bildungsangebot mittel- und langfristig wichtige Grundlage für die Entwicklung LR ist.

4. Die sozioökonomische Entwicklung in der Landwirtschaft in den letzten 20 Jahren ist vor allem durch den starken Wandel der Agrarstruktur geprägt. Es hat sich eine stärkere Differenzierung zwischen Voll- und Nebenerwerb vollzogen. Der seit Jahren zu beobachtende Trend zu größeren Betrieben hält an. Die Erwerbskombination nimmt vor allem im Verdichtungsraum stark zu. Die größeren Betriebe haben nach Zahl und Fläche besonders an den günstigen Standorten zugenommen. Die Zahl der landwirtschaftlichen Betriebe, der landwirtschaftlichen Beschäftigten und die landwirtschaftliche Flächennutzung sind überall mehr oder weniger zurückgegangen. Für die Zukunft wird Agrarstrukturwandel aller Voraussicht nach

- in den von der Natur bevorzugten Gebieten und in der Nähe von Verdichtungsgebieten etwa im Tempo gleich bleiben oder sich sogar noch beschleunigen;
- in den von der Natur benachteiligten und verdichtungsfern gelegenen Gebieten, also vor allem in den Mittelgebirgslagen, nur unter besonders günstigen Rahmenbedingungen, d.h. vor allem wenn alternative Arbeitsplätze außerhalb der Landwirtschaft angeboten werden, sich weiterhin wie bisher fortsetzen, aber möglicherweise auch verschärfen, weil derzeit fast die Hälfte aller Betriebe keine sichere Hofnachfolge haben.

Dadurch wirft die künftige Entwicklung der Landwirtschaft vielfältige Fragen für die Siedlungsstruktur im LR auf. Durch den Agrarstrukturwandel unter Umständen frei werdende Höfe und brach fallende Flächen müssen im Rahmen der Entwicklung und Gestaltung der Dörfer und Städte des LR mit Hilfe der städtebaulichen Erneuerung, der Flurbereinigung und der ganzheitlichen Dorfentwicklung aufgefangen werden, um die Attraktivität des LR zu erhalten bzw. zu erhöhen.

5. Der Wandel in der Flächennutzung der landwirtschaftlichen Betriebe ist in verdichtungsnäheren Räumen gekennzeichnet durch den Rückgang der Vergrünlandung der 60er Jahre und durch die damit verbundene Zunahme des Ackerlandes, vor allem in den marktnahen Räumen. Die Spezialisierung hat hier zugenommen.

In den Mittelgebirgslagen ist der Grünlandanteil praktisch gleich geblieben. Hier haben, mit Ausnahme des Dillkreises, auch die Viehbestände, vor allem die Rindviehhaltung, stark zugenommen, bei einer Abnahme der Rindvieh haltenden Betriebe. Die Entwicklung der letzten Jahrzehnte deutet darauf hin, daß Gebiete mit schlechter Agrarstruktur, marktferner Lage und entsprechender Bevölkerungsmentalität keine Eignung für flächenunabhängige Veredelungsproduktion besitzen. In der Mehrzahl der untersuchten Regionen, vor allem in den von der Natur benachteiligten Gebieten, ist die Entwicklung der Betriebe mit hohem Einkommen rückläufig. Auch diese Entwicklung deutet unter Umständen auf einen verstärkten agrarstrukturellen Wandel hin. In den bäuerlichen Familienbetrieben müssen künftig durch Flächennutzung und Viehhaltung einerseits ausreichende landwirtschaftliche Einkommen gesichert werden, andererseits müssen sie aber auch mit zum Schutz der natürlichen Lebensgrundlagen im LR beitragen. Bei der immer größer werdenden Bedeutung des Umweltschutzes müssen die Landwirte für diese Probleme Lösungen finden.

6. Alle Untersuchungen zeigen deutlich, daß die landwirtschaftliche Entwicklung und der Wandel in der Agrarstruktur in verdichtungsnahen Gebieten, die zumeist auch noch über relativ günstige natürliche Ertragsbedingungen und über größere Arbeitsmärkte verfügen, günstiger zu beurteilen ist als in den marktfernen peripheren ländlichen Gebieten. Dennoch darf nicht verkannt werden, daß die Landwirtschaft in der Nähe von Verdichtungsräumen unter erschwerten Bewirtschaftungsbedingungen, wie etwa hohen Kauf- und Pachtpreisen, Wasserschutz, Gemengelagen und siedlungswirtschaftlichen Problemnutzungen der Städte, arbeiten muß. Besonders schwer wiegen hier zukünftig die zu erwartenden weiteren Bewirtschaftungsbeschränkungen durch Grundwasser-, Landschafts- und Naturschutz, von denen in besonderer Weise die kleineren landwirtschaftlichen Betriebe negativ betroffen werden. In der Form von Verträgen zwischen den Gebietskörperschaften und den Versorgungsunternehmen einerseits und den Landwirten andererseits müssen - wie bereits an vielen Orten erprobt - besondere Lösungen gefunden werden.

7. Die Stärken-Schwächen-Analysen der Regionen zeigen eine Vielzahl bekannter Tatbestände deutlich auf und bestätigen eine Reihe früherer Untersuchungsergebnisse, wie etwa:

- die Vorteile der Lage in der Nähe von Verdichtungsräumen in Verbindung mit dem Vorhandensein gut ausgestatteter Mittelzentren, großer, weitgefächerter Arbeitsmärkte, die vielfältigen Fühlungsvorteile für die gewerbliche Wirtschaft, die Vermarktungsvorteile für die landwirtschaftlichen Betriebe sowie die umfangreichen Möglichkeiten für die Landwirte zur Erwirtschaftung zusätzlicher Einkommen aus gewerblichem Haupt- oder Nebenerwerb;

- die Wahrnehmung dieser Lagevorteile am Rande oder in der Nähe größerer Verdichtungsräume setzen allerdings für die ländliche Bevölkerung eine gute Verkehrserschließung mit Bahn-, Straßen- und ÖPNV-Verbindungen voraus, die leider immer noch nicht in allen Untersuchungsgebieten vorhanden bzw. verbesserungsbedürftig sind, sowie den weiteren Aufbau der Versorgungsinfrastruktur zur Verbesserung der Lebensbedingungen;

- die spezifischen Schwächen der peripher gelegenen ländlich geprägten Regionen mit ihren allgemeinen Standortnachteilen, mit schwachen Arbeitsmärkten, mit mangelhafter industrieller Tradition, unzureichenden Verkehrsanbindungen, schlechter Agrarstruktur - häufig auch noch in Verbindung mit der Ungunst natürlicher Standortbedingungen - und mit traditionellen Verhaltensweisen der bäuerlichen Bevölkerung.

Generell kann man für alle Untersuchungsräume feststellen, daß die Stärken der Region, wie etwa "Arbeitsmarktnähe" oder "landschaftliche Attraktivität" nur dann genutzt werden können, wenn die qualitativen Verkehrsanbindungen an die Verdichtungsgebiete und Mittelzentren weiterhin verbessert und der Ausbau der Versorgungsinfrastruktur in den zentralen Orten der LR weiter vorangetrieben wird. Auch durch die weitere Ausgestaltung des Wohn- und Arbeitsumfeldes und die Pflege des kulturellen und sozialen Klimas in den Dörfern und Städten müssen die Lebensbedingungen weiter verbessert werden. Gerade die wirtschaftsschwachen Regionen bedürfen weiterhin einer regionalen Förderung in allen Bereichen, um die aus der Landwirtschaft freigesetzten Arbeitskräfte in anderen Wirtschaftsbereichen auffangen zu können.

8. Unter Status-quo-Bedingungen werden in der Nähe der Verdichtungsräume die Entwicklungsmöglichkeiten der Landwirtschaft relativ positiv eingeschätzt. Durch verhältnismäßig günstige Arbeitsmarktsituationen und damit verbundener Differenzierung in Voll- und Nebenerwerbslandwirtschaft werden sich in Verbindung mit den wachsenden Landwirtschaftsflächen je Betrieb die agrarwirtschaftlichen Verhältnisse stabilisieren, wobei größere Produktionsumstellungen (verstärkter Gemüseanbau, intensivere alternative Agrarproduktion, hochwertiger Obst- und Weinanbau) vorhersehbar sind.

Im Umland verdichteter Räume geraten vor allem die Grünland bewirtschaftenden Betriebe wegen der Milchkontingentierung und steigender Kosten für Betriebsmittel unter Einkommensdruck, wenn es nicht zu direkten Einkommensübertragungen z.B. als Entgelt für landeskulturelle Leistungen kommt. Auch hier sind große landwirtschaftliche Umstrukturierungen zu erwarten. Die räumlichen Konsequenzen sind aller Voraussicht nach ein weiteres Schrumpfen des landwirtschaftlichen Bereichs, Veränderungen des Landschaftsbildes (zunehmender Ackerbau, Aufforstungen) und eine Veränderung der Dorfstrukturen. Hier kommt der

Gestaltung des Wohnumfeldes und der Arbeitsstätten eine besondere Bedeutung
zu.

In den stärker ländlich geprägten Regionen wird sich der Agrarstrukturwandel
unter Status-quo-Bedingungen weiter so fortsetzen wie bisher. In den von der
Natur bevorzugten Gebieten bleibt die flächendeckende Landbewirtschaftung
voraussichtlich erhalten. Auf entsprechenden Standorten wird die Landschaftspflege ohne Produktion in Verbindung mit landwirtschaftsnahem Fremdenverkehr
einen neuen Betriebszweig bilden. Der Anbau alternativer Agrarerzeugnisse wird
ausgebaut. In den von der Natur benachteiligten Gebieten, d.h. aus den Grenzertragslagen in den Höhengebieten, wird sich die Landwirtschaft aller Voraussicht nach, auch bei Gewährung von Ausgleichszulagen, zunehmend zurückziehen.
Die ökonomischen Auswirkungen des Rückganges der Landwirtschaft sind hier
relativ gering. Drastische Veränderungen wird es hingegen beim Landschaftsbild
geben, wenn dem nicht durch z.B. Dorferneuerung und Flurbereinigung entgegengewirkt wird.

9. Bei ökologischer Schwerpunktsetzung in der künftigen Agrarpolitik ist vor
allem in der Nähe von Verdichtungsräumen mit einer erheblichen - die Landbewirtschaftung behindernden - räumlichen Ausdehnung der Natur-, Landschafts-
und Wasserschutzgebiete zu rechnen, was zu erheblichen Einkommens- und Vermögenseinbußen führen kann, wenn es nicht zu sinnvollen Bewirtschaftungs- und
Pflegevereinbarungen mit den Landwirten kommt. Der Agrarstrukturwandel wird
sich hier durch eine ökologisch orientierte Agrarpolitik voraussichtlich verlangsamen.

Im Umland verdichteter Räume - und hier vor allem in den Mittelgebirgslagen - wird die Entwicklung für die Landbewirtschaftung nicht ganz so negativ
gesehen. Hier wird sich das Grünland wieder ausweiten. Die Nutztierhaltung
wird allerdings beim Fehlen neuer Verfahren zur Beseitigung von Flüssigmist
eingeschränkt werden müssen. Die Raumnutzungsansprüche der Landwirtschaft
(intensive Grünlandnutzung) geraten vor allem in diesen Räumen in Konflikt mit
anderen Raumnutzungen (Erholung, Natur- und Wasserschutz). Auch hier wird es
zu tragbaren Bewirtschaftungs- und Pflegevereinbarungen mit den Landwirten
kommen müssen, die die Einkommenseinbußen einigermaßen auffangen. Der erwünschte agrarstrukturelle Wandel wird dadurch jedoch verlangsamt.

In den peripher gelegenen ländlichen Räumen wird sich bei ökologischer Schwerpunktsetzung, nach guten und schlechten Produktionsvoraussetzungen verschieden, voraussichtlich eine sehr differenzierte Situation für die Landwirtschaft
ergeben:

- auf den guten Standorten werden kaum nennenswerte Produktionsumstellungen
  erforderlich, es sei denn, es erfolgt die generelle Umstellung auf extensi-

ve Wirtschaftsweise; durch Entstehen von Auwäldern und Hecken sowie durch Aufforstungen von Brachen wird sich das Landschaftsbild verändern; einige kleinere Gebiete werden verstärkter Abwanderung von Bevölkerung und Gewerbebetrieben ausgesetzt sein;

- auf die schlechten Standorte mit schlechter Agrarstruktur wirken sich die ökologisch orientierten agrarpolitischen Maßnahmen voraussichtlich positiver aus als in Räumen mit höherer Produktionsintensität; hier erhält der Landwirteberuf durch die Aufgabe der Erhaltung des Landschaftscharakters und des geschichtlich gewachsenen Agrarökosystems eine unverzichtbare Funktion und Aufwertung, wodurch in Verbindung mit der Nutzung von "Marktnischen" neue Denk- und Entscheidungsprozesse der landwirtschaftlichen Betriebsleiter entstehen und neue unternehmerische Persönlichkeiten in der Landwirtschaft heranwachsen können, die durch ihre Tätigkeit positiv auf die Landschaft und damit auf den LR wirken.

Dort, wo eine extensive Landwirtschaft in Zukunft möglich sein wird, kann es zu der erwünschten Verflechtung von landwirtschaftlicher Betriebsführung mit den Aufgaben des Natur- und Landschaftsschutzes kommen, wodurch eine Existenzsicherung und möglicherweise auch eine Fortentwicklung der bäuerlichen Familienbetriebe erreicht wird.

10. Die räumlichen Auswirkungen der Veränderungen in der Landwirtschaft werden sich also, je nach Lage der Region und nach ihren natürlichen Produktionsvoraussetzungen, sehr unterschiedlich vollziehen. Generell ist die Entwicklung nach den Aussagen der Regionaluntersuchungen abhängig von:

- der künftigen Ausformung der nationalen Agrarpolitik in der EG-Politik und den entsprechenden Umstellungen des Marktes für Agrarprodukte und der landwirtschaftlichen Betriebsformen;

- der wachsenden Bedeutung der Umweltfunktionen des ländlichen Raumes mit der Aufgabe der qualitativen Verbesserung und langfristigen Instandhaltung der Natur und Landschaft;

- der wachsenden Bedeutung, die der ländliche Raum im Bewußtsein der Bevölkerung hinsichtlich der Qualität von Umwelt, Natur, Landschaft und Raumgestaltung künftig erhält.

Die Politik der Raumplanung auf allen Ebenen (Länder, Regionen, Städte und Gemeinden) muß deshalb darauf gerichtet sein, den "Ländlichen Raum" so zu verändern, daß in allen Teilräumen gleichwertige Lebensverhältnisse erhalten, gesichert und geschaffen werden sowie die räumliche Qualität möglichst erhöht wird. Sie muß zu diesem Zweck auf dem Hintergrund der neuen raumordnungspolitischen Leitvorstellungen, Grundsätze und Ziele die bisherigen Regionalpläne durch verbindliche Offenlegung der Raumnutzungs ansprüche regional differenziert weiter konkretisieren, abgewogene räumliche Entwicklungsziele aufstellen und diese mit Hilfe z. B. der agrarischen und regionalwirtschaftlichen Fachplanungen (agrarstrukturelle Raumplanungen, regionale Aktionsprogramme) im Rahmen des regionalen Entwicklungsmanagements (Regionen, Kreise, Gemeinden, Entwicklungsgesellschaften) durchzusetzen versuchen. Besonders bei der Durchsetzung der Raumordnungsziele besteht ein Vollzugsdefizit.

5. Anregungen für Agrarpolitik, Umweltschutz und Raumordnung aus den Untersuchungen der ausgewählten ländlichen Räume

5.1 Ziele und Zielkonflikte von Agrar-, Umwelt- und Raumordnungspolitik

5.1.1 Die gegenwärtige Lage

Im ersten und zweiten Abschnitt dieses Bandes ist von Reinken, Hösch, Riemann, Thiede und Hötzel ausführlich dargelegt worden, daß die heutige Lage der Landwirtschaft durch folgende Tatsachen und Sachzwänge gekennzeichnet ist:

- Aufgrund des technischen Fortschritts auf allen Gebieten (Züchtung, Düngung, Pflanzenschutz, Fütterung, Tierhaltung, Mechanisierung) steigt die landwirtschaftliche Produktion mit 2 bis 3 % pro Jahr an.

- Der Verbrauch landwirtschaftlicher Produkte nimmt fast nicht mehr zu, da der Verbraucher eher zuviel als zuwenig ißt und die Bevölkerung nicht mehr zu-, sondern eher abnimmt.

- Beides hat, zusammen mit hohen und garantierten Agrarpreisen (gemessen an den Produktionskosten wettbewerbsfähiger und rationell geführter Betriebe), zu wachsenden Überschüssen geführt.

- Wegen der am Weltmarkt nennenswert niedrigeren Preise lassen sich diese Überschüsse nur mit sehr hohen Kosten (Verlusten) für die öffentliche Hand absetzen.

- Die Kosten der europäischen Agrarpolitik sind inzwischen so sehr gestiegen, daß eine Eindämmung der Produktion und eine Verminderung der Überschüsse unumgänglich geworden sind. Das muß zwangsläufig zu einer Verminderung der Bruttowertschöpfung der Landwirtschaft und damit insbesondere der ländlichen Räume führen.

- Trotz der bislang an den Einkommenserwartungen ausgerichteten Agrar- und Preispolitik befinden sich die mittleren und kleinen bäuerlichen Betriebe in einer schlechten Lage. Ihr Einkommen ist, gemessen an dem der übrigen Bevölkerung und dem ihrer Konkurrenten in den Niederlanden, in Belgien, Großbritannien, Dänemark und Frankreich, recht niedrig.

- Die Maßnahmen zur Verbesserung der Agrarstruktur und zur Steigerung der Produktivität der landwirtschaftlichen Arbeitskräfte hatten trotz aller relativ großen Fortschritte nur einen bescheidenen, absoluten Erfolg, obwohl die Zahl der landwirtschaftlichen Betriebe und Arbeitskräfte ständig kleiner wird.

- Düngung, Pflanzenschutz, Massentierhaltung und die starke Mechanisierung haben regional zu einer teilweise nicht mehr zu verantwortenden Belastung der Umwelt, insbesondere des Bodens und des Grundwassers, aber auch zu einer Bedrohung der Artenvielfalt, geführt. Gegenmaßnahmen könnten die bäuerlichen Einkommen ungünstig beeinflussen, jedoch auch zur kurzfristigen Verminderung der Produktion beitragen.

- Die Einstellung der Bauern zum Beruf hat sich gewandelt. An die Seite der "Erhaltung des Hofes für kommende Generationen" sind andere Werte wie Einkommen, wirtschaftlich orientierte Betriebsführung, verbesserte Ausbildung im landwirtschaftlichen und außerlandwirtschaftlichen Bereich etc. getreten. Das führt zu größerer Mobilität und erleichtert den Strukturwandel.

Überschüsse und Umweltschutz, zusammen mit dem unaufhaltsamen technischen Fortschritt, zwingen zu unbequemen Entscheidungen.

5.1.2 Raumrelevante Ziele und Instrumente der Agrarpolitik

5.1.2.1 Wandel der agrarpolitischen Leitbilder

Nach der Regierungserklärung vom 18. März 1987 zu urteilen, rückt die offizielle Agrarpolitik offensichtlich von dem früheren, widersprüchlichen Oberziel der "Erhaltung der bäuerlichen Familienbetriebe", d.h. ihres Einkommens und ihrer Zahl bei gleichzeitigem "Abbau der Überschüsse", deutlich ab (14)[*]. Man sieht ein, daß "die bisherige Agrarpolitik nicht mehr imstande ist, das Einkommen unserer Bauern zu sichern". Man spricht deshalb nicht mehr von der

---

[*] Die Literaturangaben befinden sich am Schluß des Bandes.

Erhaltung der bäuerlichen Familienbetriebe, sondern nur noch davon, daß "der bäuerliche Familienbetrieb als gemeinsames Leitbild zur freiheitlichen Gesellschaft gehört" und "im Voll-, Zu- und Nebenerwerb besser als jede andere Betriebsform ihre Anforderungen erfüllt". Kombiniert mit einer "finanziellen und sozialen Absicherung des Strukturwandels" durch eine "Neuorientierung der Agrarsozialpolitik" bei gleichzeitiger "Mengenreduzierung" durch "Extensivierung" will man nur noch die "Landwirtschaft" bei "Herausnahme von Flächen aus der Produktion" erhalten.

Der "Agrarbericht" 1988 (15, S. 3) geht noch einen Schritt weiter: "Wichtige Ziele sind ... die Verbesserung der Lebensverhältnisse im ländlichen Raum sowie ... Teilnahme an der Einkommens- und Wohlstandsentwicklung. Die Verwirklichung dieser Ziele setzt die Sicherung einer leistungsfähigen bäuerlichen Landwirtschaft und ihrer Wettbewerbsfähigkeit voraus." Die Beschlüsse des Europäischen Rates vom Februar 1988 gehen mit Mengenbeschränkung, Preissenkung, Flächenstillegung bei verstärkten sozialen Hilfen in die gleiche Richtung.

Die daraus resultierenden agrarwirtschaftlichen, sozialen, raumwirtschaftlichen und ökologischen Unterziele und deren denkbare Instrumente und Auswirkungen sowie ihre Verflechtungen untereinander sind nunmehr zu erörtern. (Die Reihenfolge ihrer Behandlung stellt keine Wertung dar.)

5.1.2.2 Abbau von Überschüssen und Kapazitäten zur Entlastung der Märkte, der öffentlichen Haushalte und zur Verbesserung der Umwelt

Offensichtlich gibt es nur vier durchweg für die betroffenen Landwirte sehr schmerzhafte Instrumente, um Erzeugung und Verbrauch wieder einander anzugleichen:

- Preissenkung
- Verteuerung von Betriebsmitteln
- Stillegung landwirtschaftlicher Nutzflächen
- Kontingentierung.

a) Preissenkung[1]

Wenn wir zunächst einmal stark vereinfachend annehmen, daß die Angebotselastizität für Agrarprodukte = 1,0 wäre, d.h. daß die Bauern 1 % weniger produzieren, wenn die Preise real um 1 % gesenkt würden, dann würde das zunächst eine notwendige Preissenkung von 10 bis 15 % bedeuten, um die jetzigen Überschüsse europaweit abzubauen und dann fortlaufend eine jährliche, reale Preissenkung von 2 - 3 % entsprechend der durch den technischen Fortschritt bestimmten kontinuierlichen Zunahme der Erträge und Leistungen je ha und Kuh etc.

Tatsächlich ist die Angebotselastizität aber kleiner als 1 und liegt langfristig wohl eher bei 0,5. Die Preissenkungen müßten also doppelt so groß sein, wollte man nur auf diesem Weg Angebot und Nachfrage einander anpassen. Preissenkungen werden sich natürlich in den ländlichen Räumen, in denen wegen der ungünstigen natürlichen Verhältnisse das Betriebseinkommen niedriger ist als in den Mittelgebirgen, stärker auf das Einkommen auswirken als in Gebieten mit guten Böden und die Betriebsleiter eher vor grundsätzliche Entscheidungen stellen. Soziale Erwägungen zugunsten der bäuerlichen Einkommen stehen hier natürlich im Konflikt mit volkswirtschaftlichen. Je niedriger die staatlich garantierten Preise sind, um so weniger kosten Lagerung und Absatz der Überschüsse auf dem Weltmarkt.

Eine besondere Problematik entsteht aufgrund der bestehenden Produktüberschüsse. Maßnahmen zur Marktentlastung stellen die Voraussetzung für die finanzwirtschaftliche Funktionsfähigkeit der Europäischen Gemeinschaft dar. Produktpreissenkungen, Produktionsmittelverteuerung sowie das Herauskaufen von Marktkapazitäten werden als Hauptmaßnahmengruppe diskutiert. Die Auswirkungen dieser Maßnahmen sind im Hinblick auf die Umwelt zu betrachten.

Eine geringe Produktpreissenkung führt zu keiner entscheidenden Reduzierung der Betriebsmittelintensität auf leistungsfähigen Acker- und Grünlandflächen, besonders dann, wenn der technische Fortschritt eine weitere Anhebung des Ertragspotentials der Pflanzen bewirkt. Lediglich bei sehr starker Produktpreissenkung und bei Konstanz der Faktorpreise ist mit einem Rückgang der Betriebsmittelnachfrage in der pflanzlichen Produktion zu rechnen.

---

1) Unter Preissenkung wird alles verstanden, was den durchschnittlichen Nettoerlös je Produkteinheit mindert, auch wenn es Erzeugermitverantwortungsabgabe, verzögerte Zahlung bei Intervention, Agrarstabilisatoren, höhere Qualitätsansprüche etc. genannt wird.

Kurzfristig ökologisch wirksamer ist die Verringerung des Milchkontingentes auf ertragsschwachen Futterbaustandorten mit einer schlechten Futterverwertung für alternative Verfahren der Rindviehhaltung, z.B. der Rindermast. Ein steigender Anteil extensiv genutzten Grünlandes bis hin zu Brachflächen mit positivem ökologischem Effekt ist hier zu erwarten.

Ein ähnlicher Effekt dürfte auf den ertragsstärkeren Standorten eintreten, wenn flächengebundene Milchquoten zugekauft werden. Steigende Milchleistungen, die nur mit Hilfe von konzentriertem Futter erzeugt werden können, führen dazu, daß weniger Grundfutter verwertet werden kann mit der Konsequenz einer Reduzierung der Intensität auf dem Grünland, soweit keine konkurrenzfähigen alternativen Produktionsverfahren (Fleischrinderhaltung, Schafe, Damtiere) vorhanden sind. Ökologisch negativ ist demgegenüber der Umbruch von Futterflächen bei betrieblicher Anpassung an vermindertem Grundfutterbedarf zu werten.

b) Verteuerung von Betriebsmitteln

Weinschenck und Gebhard haben vorgeschlagen, Mineraldünger und Pflanzenschutzmittel hoch zu besteuern, sobald ihr Aufwand einen bestimmten Grundbedarf überschreitet (66). Dadurch würde der Verbrauch an diesen zumindest potentiell umweltschädlichen Mitteln so weit zurückgehen, daß wenigstens prophylaktischer Pflanzenschutz und Überdüngung ausgeschlossen würden. Die landwirtschaftliche Produktion würde nur dann zurückgehen, wenn die Verteuerung so erheblich wäre, daß die dann wirtschaftlich optimale Einsatzmenge nennenswert unter dem pflanzenphysiologischen Optimum läge.

Deswegen denkt Weinschenck mit Recht wenigstens an eine Verdreifachung der Preise bei Düngemitteln. Bei speziellen Mitteln im Pflanzenschutz, die - gemessen an der Wirkung - nicht teuer sind, müßte es bei weitem mehr sein. Die anfallende Steuer sollte einkommenswirksam eingesetzt werden. Diese Vorschläge müßten natürlich EG-weit verwirklicht werden. Sie würden sich im übrigen nur in den Gebieten mit günstigen Boden- und Klimaverhältnissen auswirken, die hohe Düngermengen einsetzen.

Die Realisierbarkeit aller dieser agrarpolitischen Maßnahmen muß in starkem Maße in Zusammenhang mit der Bereitschaft aller EG-Länder zur Beteiligung gesehen werden. Eine nationale Stickstoffsteuer führt z.B. zu einer einseitigen Angebotsverteuerung in dem Land, das diese Steuer alleine erhebt.

c) Stillegung landwirtschaftlicher Nutzflächen

Wiederum handelt es sich offensichtlich um erhebliche Größenordnungen. Rein rechnerisch führt die EG der Zwölf, nach Thiede (62, 63), z.Z. 10 Mio. ha in Form von Futtermitteln ein; das entspricht knapp 10 % der europäischen landwirtschaftlichen Nutzfläche. Die gesamten Überschüsse liegen mit etwa 14 % hoch darüber. Wollte man sie also allein durch zeitweilige oder dauernde Flächenstillegung abbauen, müßte man wohl zunächst einmal an mehr als 20 % aller Flächen denken. Denn die Landwirte werden natürlich nicht durchschnittlich oder gar ertragsreiche, sondern Böden mit geringer Ertragskraft aus der Produktion herausnehmen. Das im Februar 1988 vom Europäischen Rat beschlossene Programm von ca. 1 000 000 ha Brachfläche auf zunächst fünf Jahre kann deshalb nur als schüchterner Anfang angesehen werden. Ebenso würden zuerst die Betriebe mit schlechten Ertragsbedingungen bzw. unbefriedigenden Wirtschaftsergebnissen ihre Gesamtfläche zur Stillegung dem Staat anbieten. Im übrigen wäre es bei weitem wirksamer, ganze Betriebe und nicht nur Teilflächen gegen entsprechende Entschädigung brachliegen oder dem Naturschutz zuführen zu lassen. Dabei ist agrarpolitisch die endgültige Herausnahme von Flächen aus der Produktion der zeitweiligen Brache (EG und Grünbracheprogramm Niedersachsens) vorzuziehen. An diesem Programm haben lt. Neander (47, 48) bisher größere Betriebe stärker teilgenommen als kleinere und Nebenerwerbsbetriebe nicht mehr als Haupterwerbsbetriebe.

Offensichtlich stehen solche Programme aber im Konflikt zu allen Bemühungen einer Verbesserung der Agrarstruktur. Mit öffentlichen Mitteln aus der Produktion genommene Flächen können nicht mehr "zum besseren Wirt" wandern. Ferner regt die "Brachlegung" zur "Intensivierung" auf der verbleibenden Fläche an.

In Gebieten wie Lahn-/Dillkreis, Vogelsberg, Kronach, Vorwald, Bayreuth, Ost-Deggendorf und Hochschwarzwald würde vermutlich mehr landwirtschaftlich genutzte Fläche zur Stillegung angeboten werden als etwa in Kleve, der Vorderpfalz, Nordfriesland, Soest und im Breisgau. Neben den natürlichen Ertragsbedingungen werden allerdings auch die Agrarstruktur und die Verdienstmöglichkeiten außerhalb der Landwirtschaft eine Rolle spielen. Im ländlichen Umland der Verdichtungsräume mit kleineren Betrieben bzw. viel Nebenerwerb dürfte bei befriedigenden finanziellen Bedingungen wohl am meisten angedient werden. Sollten die angebotenen Entschädigungen jedoch nennenswert niedriger als das Netto-Einkommen je ha liegen, so wird es zu einer Flächenstillegung nicht kommen.

Auch hier könnte es sich nicht um eine einmalige, EG-weite Maßnahme handeln, sondern um eine fortlaufende Verminderung der landwirtschaftlichen Nutzfläche entsprechend der produktionstechnisch bedingten Ertragssteigerung von 2 - 3 %

auf den verbleibenden Flächen, die solange fortgeführt werden müßte, bis Angebot und Nachfrage wieder im Gleichgewicht sind.

Aufgrund der begrenzten Durchsetzbarkeit stärkerer Produktpreissenkungen gewinnen Flächenstillegungsprogramme zur Marktentlastung an Bedeutung, die hier im Hinblick auf ihren ökologischen Effekt betrachtet werden sollen.

Eine temporäre Brache, z.B. für ein Jahr, hat primär einen Marktentlastungseffekt. Ihr ökologischer Beitrag wird jedoch aufgrund der kurzzeitigen Stillegung der Fläche für relativ gering angesehen. Aus ökologischer Sicht wird eine längere Stillegung von Flächen angestrebt.

Der Umfang der anfallenden Brachflächen ist abhängig von der Ertragsfähigkeit des Standortes in Verbindung mit der Höhe der Transferzahlungen. Auf ertragsschwachen Standorten ist bereits bei geringeren Geldbeträgen mit einem größeren Anfall an Brachflächen zu rechnen. Auf ertragsstarken Standorten dagegen müssen relativ hohe Abfindungsbeträge bereitgestellt werden, um ein Stillegen zu bewirken. Auf viehstarken Standorten kommt es nicht zur Flächenstillegung, wenn auf den stillgelegten Flächen eine Gülleausbringung nicht erlaubt ist.

Eine derartige Entwicklung führt zu Konflikten zwischen finanziellen und ökologischen Kriterien auf verschiedenen Standorten. Ertragsschwache Futter- und Ackerbaustandorte leisten bereits heute einen höheren Beitrag zur Ökologie, als dies auf den ertragsstarken Ackerbaustandorten der Fall ist. Die gezielte Entwicklung würde diese Tendenz zu einer Funktionsspezialisierung der Räume aus der Sicht der Lebensmittelproduktion verstärken.

Aus ökologischer Sicht muß dies als negativ bewertet werden, da durch diese Maßnahme in den ertragsstarken Ackerbaustandorten nur eine geringe Verbesserung der ökologischen Situation eintreten würde und diese Regionen aufgrund ihrer günstigen Produktionsbedingungen den Märkten hohe Angebotsmengen zuführen.

Unklar ist, wie sich Landwirte bei reduzierten Flächenkapazitäten hinsichtlich ihres Betriebsmitteleinsatzes verhalten. Bei ausschließlicher Ausrichtung auf finanzielle Teilziele ist bei veränderten AK-LF-Relationen jedoch damit zu rechnen, daß z.B. durch Ausdehnung arbeits- und vorleistungsintensiver Kulturen die Intensität der Bewirtschaftung der verbleibenden Flächen zunimmt.

In enger Verbindung mit der Verminderung der Bewirtschaftungsintensität auf ertragsschwachen Grünlandstandorten ist die Nutzung der Fläche vorrangig durch Rindvieh, Schafe u.a. zu sehen. Ihre Bewertung orientiert sich am minimalen Zuschußbedarf bei verschiedenen angestrebten ökologischen Leistungen. Probleme der Weidenutzung können darin bestehen, daß Extensivflächen nicht großflächig anfallen. Ein Übertragen von Nutzungsrechten an private oder staatliche Institutionen kann hier zum Angebot geschlossener Weideflächen beitragen.

Im Zuge des Rückganges der landwirtschaftlichen Flächennutzung ist parallel zur Entwicklung der Weideflächen eine Zunahme der forstlichen Nutzung positiv zu beurteilen, die die Realisierung ökologischer und finanzieller Teilziele unterstützt. Probleme ergeben sich bei der Ermittlung eines ökologisch optimalen Verhältnisses zur Freizeitnutzung, die offene Flächen (Waldrand, freier Ausblick) bevorzugt.

d) Kontingentierung

Genauso wie sich Mangel, scheinbar gerecht, durch Zuteilung - Rationierung verteilen läßt, könnte man den Überschuß dadurch beseitigen, daß man die den Landwirten abgekaufte Menge auf die tatsächliche Nachfrage oder darunter begrenzt. Wie schwierig das politisch ist, zeigt die Zuckermarktordnung, bei der die Quoten (A + B) weit über der Nachfrage festgesetzt wurden. Demzufolge muß trotz Quotenregelung mit hohen Kosten exportiert werden, die allerdings die Erzeuger übernehmen.

Eben nur theoretisch könnte es mit einer einmaligen, allerdings sehr drastischen Entscheidung getan sein. Mit einem generellen Rückgang des Verbrauchs (bei gleichbleibenden Preisen), der weitere Anpassungen erforderlich machte, bräuchte nicht gerechnet zu werden. Nur lassen sich nicht alle landwirtschaftlichen Erzeugnisse, bei denen Überschüsse bestehen, kontingentieren, sondern nur diejenigen, bei denen die Vermarktung, wie bei Milch und Zucker, auf wenige Einrichtungen konzentriert ist. Allerdings werden die Landwirte auf jede Kontingentierung dadurch antworten, daß sie auf andere Betriebszweige, z.B. Rindfleisch oder Raps, ausweichen. Dort werden dann wieder neue Überschüsse entstehen, wenn sich die garantierten Erzeugerpreise nicht an der Nachfrage ausrichten.

5.1.2.3 Wirkung auf Einkommen und öffentlichen Haushalt

Von den vier vorgenannten Instrumenten vermindert die Preissenkung die landwirtschaftlichen Einkommen und damit natürlich auch die Bruttowertschöpfung am meisten. Demzufolge ist auch ihre Wirkung auf die ländlichen Räume und auf eine Veränderung der Agrarstruktur am größten. Auch die Erhöhung der Preise für Betriebsmittel wirkt direkt und vor allem indirekt einkommensmindernd. Dafür belasten beide die öffentlichen Kassen am wenigsten. Die Kontingentierung könnte theoretisch einkommensneutral sein, vorausgesetzt, man könnte die Produktion kleiner als die Nachfrage halten und dann die garantierten Preise entsprechend erhöhen. Der praktischen Politik scheint dies aber nicht zu gelingen; auch ist zweifelhaft, ob die Verbraucher so starke Preiserhöhungen hinnehmen würden. Auch die Flächenstillegung könnte einkommensneutral sein, wenn genügend Geld vorhanden wäre, das entgangene Einkommen der Landwirtschaft zu ersetzen.

Der Konflikt zwischen einer marktwirtschaftlich orientierten Politik, die öffentliche Mittel für andere (wichtigere) Zwecke freimachte, und einer sozial orientierten landwirtschaftlichen Politik, die durch Einkommenstransfers die Kaufkraft der Landwirte in den ländlichen Räumen erhalten will, ist unlösbar.

5.1.2.4 Erhaltung des bäuerlichen Familienbetriebes als soziales und raumwirtschaftliches Ziel

Bislang hat die amtliche Agrarpolitik nie genau gesagt, was sie unter einem "bäuerlichen Familienbetrieb" versteht, weil sie den offensichtlichen Konflikt zwischen volkswirtschaftlich erwünschtem Wandel und sozial und raumwirtschaftlich angestrebter Erhaltung der Agrarstruktur nicht ansprechen wollte. Aber auch dann, wenn die Nutzfläche der landwirtschaftlichen Vollerwerbsbetriebe so groß ist, daß 2 - 3 AK mit moderner Vollmechanisierung wirklich ausgelastet sind und ein befriedigendes, vergleichbares Einkommen erwirtschaften können, handelt es sich um "bäuerliche Familienbetriebe", allerdings wettbewerbsfähige. Auch die amerikanische oder englische Landwirtschaft ist überwiegend in der Hand von Familienbetrieben, die allerdings 50 - 200 ha oder auch größer sein können. Wir sollten deswegen den "Familienbetrieb" als Gegensatz zum "industriell organisierten" Großbetrieb mit 10 oder mehr ständigen AK definieren. Dem würde in der Landwirtschaft eine Fläche von mindestens 1 000 oder 2 000 ha entsprechen, bei extensivem Anbau auch nennenswert mehr.

In diesem Sinne ist eine "Industrialisierung" im großen Maßstab der europäischen Landwirtschaft nicht zu befürchten, denn in der Landwirtschaft sind der Rationalisierung in Feld und Stall durch Vergrößerung (economies of scale) infolge der notwendigen Mobilität der Maschinen und der mit zunehmender Fläche wachsenden Transportkosten enge Grenzen gesetzt. Eine gewisse Ausnahme macht nur die Getreideveredlung durch Schweine, Geflügel und eventuell Rinder, die in Hafennähe auch ohne Land betrieben werden kann. Allerdings setzt hier der Umweltschutz (Gülleverwertung) jetzt auch Grenzen.

Letzten Endes wird der unternehmerisch geführte 2 bis 3 AK-Betrieb mit ausreichender Flächenausstattung immer und überall in Europa wettbewerbsfähig sein und ein befriedigendes Einkommen erzielen können. Er braucht die Konkurrenz des "industrialisierten" Großbetriebes nicht zu fürchten. Nur wird sich die optimale Flächenausstattung laufend ändern. Die Betriebe werden weiterhin größer und ihre Anzahl kleiner werden und damit weniger Menschen je km^2 LF wirtschaften. Das Einkommen je Flächeneinheit wird dadurch jedoch nicht zurückgehen, sondern eher - wegen der niedrigeren Produktionskosten - wachsen. Ein nennenswerter Effekt auf die Wirtschaftskraft des ländlichen Raumes wäre durch den Strukturwandel allein also nicht zu befürchten.

Stärkere struktur- und umweltpolitische Effekte sind von der Produktpreissenkung und der Milch- und Zuckerrübenquotenreduzierung zu erwarten. Eine starke Verringerung der Zahl der Vollerwerbsbetriebe mit wachsenden Anteilen von landwirtschaftlichen Unternehmen mit gemischtem Einkommen sowie ländlichen Haushalten wäre die Folge. Dabei kommt es zwangsläufig zu einer Reduzierung intensiv bewirtschafteter Flächen, primär auf ertragsschwachen Standorten bis hin zum Brachfallen.

Mit einer Entwicklung zu größeren Vollerwerbsbetrieben können positive Effekte im Bereich der Umweltpolitik entstehen, die jedoch kurzfristig nicht überschätzt werden dürfen. Selbst bei starker Flächenaufstockung in den Familienbetrieben in Verbindung mit niedrigerem Produktpreisniveau muß es auf den leistungsfähigen Ackerbaustandorten zu einer sehr starken Aufstockung der Fläche kommen, ehe eine Reduzierung der Betriebsmittelintensität vorgenommen wird. Hohe Anbauintensitäten sind deshalb auf ertragsstarken Standorten auch bei hohem Anteil an Zupachtfläche wettbewerbsfähig. Vielmehr verändert sich die Existenzfähigkeit der Vollerwerbsbetriebe bei sinkenden Produktpreisen aufgrund des geringeren Einkommensniveaus.

In enger Verbindung mit der Strukturpolitik sind arbeitsmarktpolitische Maßnahmen zu sehen. Verminderte Einkommensbeiträge aus der Nahrungsmittelerzeugung in Verbindung mit der Nutzung nichtlandwirtschaftlicher Arbeitsplätze fördern die Entwicklung von Einkommenskombinationen in landwirtschaftlichen Haushalten, denen soziale und umweltpolitische Bedeutung zukommt.

Unklar ist das Umweltverhalten dieser Unternehmer hinsichtlich der Organisation ihrer landwirtschaftlichen Nutzung unter dem Einfluß der Markt- und Umweltpolitik. Der These, daß Nebenerwerbsbetriebe eine geringere Intensität der Bodennutzung bevorzugen, steht die Aussage gegenüber, daß Betriebe mit gemischtem Einkommen weiterhin einen hohen Einkommensbeitrag aus der Landwirtschaft anstreben. Vermutlich wird die eine oder andere Verhaltensweise maßgeblich von der Höhe des Einkommensbeitrages aus der nichtlandwirtschaftlichen Tätigkeit bestimmt. Hohe Einkommensbeiträge aus außerlandwirtschaftlicher Tätigkeit können zu einer Reduzierung der Anbauintensität im Vergleich zu niedrigem Einkommen aus gewerblicher Tätigkeit führen, das zu einem stärkeren AK- und Betriebsmitteleinsatz in der Flächennutzung zwingt.

Eine Förderung des frühen Ausscheidens von Arbeitskräften aus dem Arbeitsprozeß in landwirtschaftlichen Betrieben kann bei entsprechenden Transferzahlungen den Übergang zu einer Flächenstillegung bewirken, der seinerseits marktentlastend und umweltschonend wirkt.

Die Gestaltung einer sich weiter entwickelnden Agrarstruktur kann nicht ohne Berücksichtigung ökologischer Aspekte erfolgen. Eine einseitig auf die Maximierung des Einkommens ausgerichtete Flurgestaltung muß eine Abschwächung durch die Aufnahme ökologischer Werte erfahren. Anreizzahlungen für die Akzeptanz von Biotopen und Feldgehölzen auf Flächen geringerer Ertragsfähigkeit oder Anlage von Gehölzen an Bachläufen oder gar Flurlagen mit geringerer Schlaggröße im Rahmen von Vernetzungskonzepten sind zu schaffen (61).

5.1.2.5 Räumliche Auswirkungen einiger agrarpolitischer Instrumente

Die räumlichen Auswirkungen mancher Instrumente und ihr Einfluß auf die Agrarstruktur werden häufig unterschätzt. Hierfür einige Beispiele:

Die Getreidepreispolitik und insbesondere die Festlegung eines einzigen Schwellen(Import-)preises sowie die seit Caprivis Zeiten mehr oder weniger subventionierten Transportkosten für Getreide (aber nicht für Mehl) haben zu einer Benachteiligung der von Rotterdam, Emden, Bremerhaven und Hamburg entfernt liegenden ländlichen Räume geführt. Die Vermahlung des Getreides konzentrierte sich in den Häfen und entlang des Rheins, d.h. in den Ballungs(Verbrauchs-)gebieten. Dort fallen auch die Mühlennachprodukte an. Das Einfuhrgetreide und vor allem die Getreidesubstitute sind ebenfalls billig. So hat sich auch die Getreideveredlung entlang der norddeutschen, holländischen und belgischen Küste im Übermaß konzentriert. Die hafenfernen ländlichen Räume wie Passau-Straubing sind dadurch bei der "Betriebserweiterung über Zukauf von Importgetreide" benachteiligt, obgleich gerade diese Gebiete mit schwachem gewerblichem Sektor darauf angewiesen wären.

Die, gemessen an den Produktionskosten, sehr hohen Zuckerrübenpreise haben zu einer Überproduktion geführt, die auch die Festlegung von Quoten (123 % des EG-Bedarfs) nicht verhindern konnte. Rüben wachsen auf ertragreichen Böden, meist im ländlichen Umland großer Verdichtungsräume oder in Regionen mit überdurchschnittlichen, außerlandwirtschaftlichen Erwerbsmöglichkeiten. Anders ausgedrückt, die Mittel, die zum verbilligten Zuckerexport benötigt werden, gehen der Agrarstrukturverbesserung oder der Einkommensstützung ländlich geprägter Regionen mit ungünstigen natürlichen Verhältnissen verloren.

Die Milchquotenregelung hat in allen Grünlandgebieten (z.B. Kleve, Unterallgäu, Nord-Friesland) und in den Mittelgebirgen (Vogelsberg, Kronach, Eifel,

Hochschwarzwald, Bayreuth) das Einkommen effektiv gesenkt. Sie stellt allerdings gleichzeitig eine beachtliche Einkommensgarantie dar. Würde man den Abbau der Überschüsse auschließlich über den Preis versuchen, würden die wirtschaftlichen Schwierigkeiten der von Natur aus schon benachteiligten Gebiete (Vogelsberg, Kronach, Eifel, Schwarzwald, Bayreuth) noch erheblich größer werden. So besteht wenigstens noch die Hoffnung, daß bei einer erfolgreichen Anpassung der Milch(Butter-)erzeugung an den Bedarf Raum für spätere Preisanhebungen bleibt.

Da gerade diese Gebiete auf die Milchquoten besonders angewiesen sind, sollte der Staat hier keine freiwerdenden Quoten aufkaufen (z.Z. werden mindestens 20 %, bei mehr als 300 000 kg 80 % abgeschöpft). Wenn man vor allem den ärmeren Gebieten helfen möchte, sollten staatliche Aufkäufe auf die gemischtwirtschaftlichen, begünstigten Räume (u.a. Vechta, Soest, Kleve, Ludwigshafen) beschränkt bleiben. Hat man jedoch die Wettbewerbsfähigkeit der deutschen Landwirtschaft im Auge, so müßte man natürlich umgekehrt vorgehen, da in Gebieten mit höherer Erzeugung je ha und größeren Betrieben die Produktionskosten niedriger sind.

5.1.3 Ziele und Maßnahmen spezieller Umweltpolitiken

Die begrenzte Umweltwirkung allgemeiner agrarpolitischer Maßnahmen zwingt zu ergänzenden speziellen umweltpolitischen Eingriffen in die Landnutzung. Die Notwendigkeit spezieller Umwelteffekte nimmt ab, wenn die Agrarpolitik generell zu einer Flächenextensivierung führen würde. Im einzelnen sind Maßnahmen des Naturschutzes, des Wassserschutzes und des Bodenschutzes zu unterscheiden.

5.1.3.1 Spezielle Ziele des Umweltschutzes

Im einzelnen stehen folgende ökologische Ziele im Vordergrund:

1. Naturschutz:

    Zielsetzung des Naturschutzes und der Landschaftspflege ist es, Natur und Landschaft im besiedelten und unbesiedelten Bereich zu schützen, zu pflegen und zu entwickeln (69). Dazu zählen die Sicherung

    - der Leistungsfähigkeit von Naturhaushalt und Naturgütern,
    - der Tier- und Pflanzenwelt,
    - der Vielfalt, Eigenart und Schönheit von Natur und Landschaft.

Diese Größen stellen die Lebensgrundlagen des Menschen dar und sind die Voraussetzung für seine Erholung in Natur und Landschaft.

2. Wasserschutz (70):

Ziele des Wasserschutzes:

- Erhaltung einer möglichst weitgehend natürlichen Grundwassergüte
- Erhaltung der Grundwasserneubildung ("Entsiegelung" der Landschaft)
- Beschränkung von Grundwasserabsenkungen auf unumgängliches Mindestmaß (z.B. Braunkohletagebau, Drainagen)
- Schutz des Grundwassers vor Stoffeinträgen

3. Bodenschutz (67):

"Schutz des Bodens vor

- Belastungen der Bodensubstanz durch Eintrag von Schadstoffen, insbesondere von Schwermetallen und anderen Stoffen, die in der Umwelt nicht oder nur schwer abbaubar sind,
- Belastungen der Bodenstruktur wie Erosionen und Bodenverdichtungen infolge von Eingriffen,
- Belastungen der Bodenfläche durch Landschaftsverbrauch wie unbedachte Inanspruchnahme natürlicher oder naturnahe genutzter Flächen für Siedlung, Industrie und Verkehr,

die zu Gefährdungen u.a. für die Nahrungsmittelerzeugung, für Biotope und für den Wasserhaushalt führen können."

Die verschiedenen Maßnahmen zum Schutz unterschiedlicher Umweltgüter sind in starkem Maße komplementär. So kann eine Verbesserung der Grundwasserqualität auf bestimmten Standorten mit einer Erhaltung von Biotopen einhergehen und zusätzlich Ziele des Bodenschutzes unterstützen.

4. Immissionsschutz (68)

Ziele des Immissionsschutzes:

- der Schutz von Menschen, Tieren, Pflanzen und anderen Sachen vor schädlichen Umweltwirkungen im Sinne des Bundesimmissionsschutzgesetzes (BImSchG) (Immissionen = auf Menschen, Tiere, Pflanzen oder andere Sachen einwirkende Luftverunreinigungen, Geräusche, Erschütterungen, Licht, Wärme, Strahlen und ähnliche Umwelteinwirkungen),

- Schutz vor Gefahren, erheblichen Nachteilen und Belästigungen sowie der Vorbeugung schädlicher Umwelteinwirkungen bei genehmigungspflichtigen Anlagen.

5.1.3.2 Ökologische Situation und Maßnahmen

Die auf Bundesebene definierten Umweltziele sowie die derzeitige Umweltsituation haben in den einzelnen Gebieten zu einer unterschiedlichen Ausgestaltung von Umweltmaßnahmen geführt, um den standortspezifischen Besonderheiten gerecht zu werden. Beispielhaft soll dieser Zusammenhang verdeutlicht werden.

a) Naturschutz

Die größte flächenmäßige Bedeutung haben bisher die Maßnahmen zum Naturschutz durch das Einführen von Nutzungsbeschränkungen auf land- und forstwirtschaftlichen Flächen, die vom Staat oder von Kommunen gekauft werden oder sich im Eigentum der Landwirte befinden.

Informationen über die derzeitige ökologische Situation liegen nur begrenzt vor. So weisen z.B. die Landkreise Straubing und Deggendorf eine Kartierung aller Natur- und Landschaftsschutzgebiete aus. Auf anderen Standorten, z.B. im Landkreis Bayreuth, werden ein starker Artenschwund sowie ein verstärkter Umbruch von Grünland registriert, der in Verbindung mit der Kontingentierung der Milch zu sehen ist.

Auf dem Gebiet der Landes- und Fachplanung sind für den Bereich der Ökologie verschiedene Maßnahmen durchgeführt worden. So weist z.B. das Untersuchungsgebiet Kleve Landschaftspläne auf. Ca. 47 % der Gesamtfläche sind als Landschaftsschutzgebiet ausgewiesen, davon 1,7 % als Naturschutzgebiete. Ackerrandstreifen-, Wiesenbrüter- und Trockenrasenprogramme haben den Anstoß zur Erhaltung von naturnahen Flächen gegeben.

Geplant ist der Schutz spezieller Biotope, z.B. das Erhalten von Bannwald in den waldarmen Tälern der Donau und der Isar sowie die Auenwaldbereiche des Isarunterlaufes. Das Mittelgebirgsprogramm des Landes Nordrhein-Westfalen sieht zum Schutz spezieller Biotope und ganzer Landschaftsbilder die Reduzierung der Intensität auf Grünlandstandorten vor.

In Schleswig-Holstein gibt es neben dem "Nationalpark schleswig-holsteinisches Wattenmeer", der zum größten Teil zum Kreis Nordfriesland gehört, 25 Naturschutzgebiete mit Flächen zwischen 5 ha und 2 000 ha, zusammen ca. 5 000 ha. Vielfach handelt es sich um großflächige Dünenlandschaften auf den Inseln, vornehmlich auf Sylt. Auf dem Festland gibt es 12 Naturschutzgebiete mit 5-84 ha, insgesamt ca. 320 ha. Eine Biotopkartierung ist für die Jahre 1988/89 geplant. Eine besondere Aufgabe für die landwirtschaftlichen Betriebe ergibt sich dadurch, daß die Naturschutzflächen gepflegt werden müssen. Die natürliche Sukzession auf größeren Flächen kann die Bildung von Einheitsbiotopen mit einem Artenrückgang zur Folge haben. Lediglich über kleinere Sukzessionsflächen ist das ökologische Ziel Artenvielfalt positiv zu gestalten.

Probleme ergeben sich im Hinblick auf das Landschaftsbild. Von der Gesellschaft wird eine offene und übersichtliche Landschaftsstruktur mit eingestreuten Strukturelementen (Wäldchen, Tümpel) bevorzugt. Eine natürliche Sukzession läßt eine Verbuschung der Landschaft erwarten. Diese läuft den ästhetischen Wertvorstellungen der Gesellschaft zuwider.

Bei starker Betonung des Wertes des Landschaftsbildes und der ökologischen Vielfalt ist eine generelle Aufgabe der landwirtschaftlichen Nutzung in bestimmten Gebieten nicht erstrebenswert. Die Existenz landwirtschaftlicher Unternehmen mit verschiedenen Erwerbstypen wird als wesentliche Voraussetzung für die Wahrnehmung wesentlicher ökologischer Funktionen angesehen.

Unklar ist dabei, inwieweit die Existenz erwerbswirtschaftlich orientierter Unternehmen mit hohen Anteilen aus der Lebensmittelproduktion und aus Zahlungen für die Pflege des Landschaftsbildes und der Artenvielfalt langfristig sichergestellt ist.

Für die ökologische Planung stellen sich aufgrund dieser Anforderungen verschiedene Aufgaben:

- Definition des zu erhaltenden ökologischen Zustandes,
- Maßnahmen zur Wiederherstellung der ökologischen Situation, die z.T. durch intensive Landbewirtschaftung aufgegeben wurde,
- Maßnahmen zur Erhaltung eines existenten ökologischen Zustandes.

Diese Informationen müssen im Rahmen der Landschaftplanung in einem Pflegeplan zusammengestellt werden, aus dem die landwirtschaftlichen Betriebe entnehmen können, welche Aufgaben ihnen im Rahmen des Naturschutzes zukommen.

Darüber hinaus sind Preise zu ermitteln, die entweder landschaftspflegerische Tätigkeiten für ohnehin existenzfähige Betriebe attraktiv machen oder auf Standorten mit geringerer wirtschaftlicher Leistungsfähigkeit dazu führen, daß mit Hilfe von Transferzahlungen landwirtschaftliche Betriebe soweit existent bleiben, daß die Arbeitskräfte bei einem gemischten Einkommen, verstärkt durch Anteile aus landschaftspflegerischen Aktivitäten, das Beibehalten des landwirtschaftlichen Betriebes aus der Landwirtschaft für erstrebenswerter ansehen als einen Übergang zum reinen Nebenerwerb ohne weitere Interessen an der Landnutzung.

b) Wasserschutz

Eine vorrangige Bedeutung kommt dem Schutz des Wassers zu, dessen Qualität primär in den Gebieten mit hoher Veredlungsdichte, aber auch mit geringer wasserhaltender Kraft bei hohen mineralischen Düngergaben gefährdet ist. Im einzelnen lassen sich folgende Detailinformationen über den jetzigen Zustand geben:

In den Landkreisen Straubing und Deggendorf wird über stark belastete Abschnitte der Donau berichtet, deren Nitratbelastung auf die geforderte Qualität des Zuckerrübenbaus zurückzuführen sein soll. Im Untersuchungsgebiet der Vorderpfalz werden Belastungen von 100 bis 150 mg/l NO_3 auf den Gemüsebaustandorten gemessen. Im Gebiet Vechta führt der hohe Viehbestand zum Überschreiten kritischer Werte in Hausbrunnen.

Probleme bereiten in Nordfriesland flache Brunnen, vor allem auf den Inseln. Auf Föhr wurden zu hohe Nitratwerte gemessen. Auch das beim Maisanbau eingesetzte Atrazin wurde festgestellt. Außer den üblichen Auflagen in Wasserschutzgebieten - in einem Fall darf die Gülleausfuhr nur durch Lohnunternehmer erfolgen - sind vertragliche Absprachen zur Extensivierung getroffen worden. Über 90 % der Fläche (ca. 900 ha) sind in Dauergrünland mit reduziertem Düngeraufwand umgewandelt worden. Zum Ausgleich der Nutzungsbeschränkungen erhalten die Landwirte 675 DM/ha - einschl. der Ausgleichszulagen von z.Z. 240 DM/GV.

Für das Gebiet des Vogelsberges wird neben den flächenmäßigen Schutzausweisungen zukünftig mit verstärkten Schutzauflagen gerechnet, die jedoch politisch umstritten sind. Eine vorwiegend von Landwirten organisierte Interessengemeinschaft zum Schutz des Wasserhaushaltes im Vogelsberg fordert u.a. Ausgleichszahlungen über Wasserschutzbeschränkungen in einer Höhe von 300,- DM/ha Ackerland bzw. 210,- DM/ha Grünland.

Schon jetzt bestehen Maßnahmen zum Schutz des Wassers. Durch raumorganisatorische Maßnahmen wird der Nutzung des Wasservorkommens für die Trinkwasserversorgung ein Vorrang eingeräumt. Das Ausweisen von Vorranggebieten für die Wasserwirtschaft im Landesentwicklungsplan des Landes Nordrhein-Westfalen führt zur gemeindegrenzenscharfen Kennzeichnung von Wassergewinnungsgebieten. Hinzu kommt hier eine Gülleverordnung, die den maximal zulässigen Viehbesatz je ha Nutzfläche mit 3 Dungeinheiten (DE) begrenzt. Für das Land Niedersachsen gilt eine Güllegrenze von 3 DE/ha für die Genehmigung aller Neu- und Umbauten.

Eine Reduzierung auf 2 bzw. 1,5 DE/ha wird in einer Region für notwendig angesehen.

Die regionale Bedeutung von Wasservorranggebieten ist auf den verschiedenen Standorten unterschiedlich. So weist z.B. der Kreis Kleve 42,3 % der Katasterfläche als Wassergewinnungsgebiete aus. Im Untersuchungsgebiet Euskirchen dagegen beträgt dieser Anteil nur 36 %. Noch geringer ist der Flächenanteil der Wassergewinnungsgebiete in Nordfriesland, weil die Wasserversorgung wegen der weiten Marschgebiete überwiegend überregional erfolgen muß.

Durch diese Zahlen werden nicht die tatsächlich bereits ausgewiesenen Wassereinzugsgebiete dokumentiert. Dies geschieht durch entsprechende Rechtsverordnungen, die in der Schutzzone III keine Massentierhaltung, keine Anwendung boden- oder wasserschädigender chemischer Mittel für Pflanzenschutz sowie Wachstumsregulatoren erlauben.

Noch restriktiver ist die Landbewirtschaftung in der Schutzzone II zu regeln. Das Verbot einer Intensivbeweidung, wie eine starke Einschränkung der organischen Düngung, ist hier ebenso gegeben wie das Verbot einer Bebauung der betroffenen Flächen mit Stallungen und Futterbehältern.

c) Bodenschutz

Der derzeitige Zustand des Bodengefüges in Untersuchungsgebieten ist bisher differenziert und vollständig nicht erfaßt. Es liegen jedoch Einzelbeobachtungen vor, die den Anstoß zu Maßnahmen ergeben. Dazu rechnen: starke Bodenerosion in Hanglagen und Bachtälern; Bodenverdichtungen durch schweres Ackergerät; Regen- und Winderosion bei verstärktem Maisanbau (Landkreis Straubing, Deggendorf, Bayreuth).

Zu den geplanten Maßnahmen zur Verminderung des Bodenabtrages rechnen erosionshemmende Fruchtfolgen, Bodenbearbeitungsverfahren sowie eine entsprechende Flurgestaltung. An steilen Hängen sollen naturnahe Mischwälder und Hecken für einen wirkungsvollen Bodenschutz sorgen (Straubing, Deggendorf).

d) Immissionschutz

Als Emittenten sind zu nennen

- die Verkehrsemissionen in ihrer Wirkung auf die Flächennutzung,
- die landwirtschaftliche Tierhaltung in ihrer Wirkung auf die Wohnbebauung,
- die Emissionen von Industrieanlagen und Wohnbebauungen.

Im Mittelpunkt dieses Berichtes sind die Beziehungen zwischen Emissionen landwirtschaftlicher Unternehmen, aber auch die Wirkungen von Industrie- und Verkehrsemissionen zu erfassen. Da in den Untersuchungsgebieten ein regionales Netz von Meßstationen fehlt, sind flächendeckende Emissionswerte nicht ausgewiesen.

Als Maßnahmen sind Umweltauflagen beim Emittenten am wirksamsten. Dies bedeutet zusätzliche Investitionen und Kosten durch verfahrenstechnische Lösungen oder spezielle Umwelttechniken in den Industriebetrieben bzw. die Entwicklung von Kraftstoff und Fahrzeugen mit geringen schädigenden Wirkungen ohne ein totales Verbot des Neubaus emittierender Anlagen.

Ebenfalls setzt beim Verursacher die Raum- und Verkehrsplanung an (59). Als wirksamste Maßnahme im Verkehrsbereich erweist sich die Reduzierung des Straßenbaus, ein Vorschlag, der von ökologischer Seite verstärkt gemacht wird. Eine gesunde Lebensmittelproduktion würde von dem Wunsch nach geringeren Zuwachsraten bei den Verkehrswegen profitieren; ein sich ausdehnender Straßenbau muß mit seinen zweifellos ökonomischen Vorteilen sowie dem Gewinn an individueller Freiheit mit den ökologischen Nachteilen abgewogen werden.

In landwirtschaftlichen Betrieben kann zwar durch die Genehmigungspflicht für größere Stallanlgen und die damit in Verbindung stehenden Auflagen nicht das Entstehen von Emissionen vermieden werden, jedoch sind technische Einrichtungen in der Lage, ihre Wirkungen zu verringern, allerdings mit nicht unmaßgeblichen Auswirkungen über die Wettbewerbsfähigkeit des Angebotes tierischer Produkte auf speziellen Standorten.

5.1.4 Ziele und Maßnahmen der Raumordnungspolitik

5.1.4.1 Raumordnungspolitische Aufgaben und Leitvorstellungen

Im Mittelpunkt der Raumordnungspolitik der Bundesrepublik Deutschland steht seit Jahren unverändert die aus dem Grundgesetz abgeleitete und fortentwickelte Leitvorstellung, in allen Teilräumen des Bundesgebietes gleichwertige Lebensbedingungen zu schaffen und zu erhalten. Das bedeutet, allen Bürgern in allen Regionen des Bundesgebietes ein angemessenes Angebot an Wohnungen, Erwerbsmöglichkeiten und öffentlichen Infrastruktureinrichtungen in zumutbarer Entfernung zur Verfügung zu stellen und überall eine menschenwürdige Umwelt zu gewährleisten. Diese Leitvorstellung soll bei der angestrebten Novellierung des Bundesraumordnungsgesetzes von 1965 im § 1 ROG festgeschrieben werden (7, S. 18 ff.).

Die für den Fachbereich "Land- und Forstwirtschaft geltenden allgemeinen raumordnerischen Grundsätze sind derzeit im § 2 (1) 5 ROG festgelegt: "Es sind die räumlichen Voraussetzungen dafür zu schaffen und zu sichern, daß die land- und forstwirtschaftliche Bodennutzung als wesentlicher Produktionszweig der Gesamtwirtschaft erhalten bleibt." Weiter heißt es im Raumordnungsgesetz z.B.: "Für die landwirtschaftliche Nutzung gut geeignete Böden sind nur in unbedingt notwendigem Umfang für andere Nutzungsarten vorzusehen".

Wie aus den Regionaluntersuchungen hervorgeht, sind diese "Grundsätze des ROG" novellierungsbedürftig. Der Beitrag der Land- und Forstwirtschaft zur Bruttowertschöpfung ist seit Jahren gesunken. Er betrug im Bundesdurchschnitt 1984 2 % und schwankte in den Untersuchungsregionen zwischen 0,7 % (Lahn-Dill-Kreis), 2,4 % (Kronach), 13,2 % (Nordfriesland) und 24,3 % (Vechta). Auch die Zahl der in der Landwirtschaft Beschäftigten ist seit Jahren kräftig zurückgegangen. Die Land- und Forstwirtschaft ist also nur noch in wenigen Kreisen und Regionen des Bundesgebietes "wesentlicher Produktionszweig". In Anbetracht der wegen des Abbaus der agrarischen Produktionsüberschüsse und ihrer Verhinderung in der Zukunft erforderlichen Flächenfreisetzungen in der Landwirtschaft in den Größenordnungen von mindestens 25 % bis zum Jahre 2000 (63) bzw. einer entsprechenden Extensivierung der Produktion ist auch das generelle Ziel der Schonung guter landwirtschaftlicher Böden vor anderen Nutzungen falsch und revisionsbedürftig.

Die raumordnerischen Ziele für das Bundesgebiet wurden seit Bestehen des Raumordnungsgesetzes in den letzten 20 Jahren mehrfach weiterentwickelt, so etwa in den "Programmatischen Schwerpunkten der Raumordnung" 1985 und im Raumordnungsbericht 1986 (19). Danach bedürfen die ländlichen, überwiegend peripheren Regionen einer besonderen Entwicklungsförderung, die Räume mit hoher Umweltbelastung einer besonderen Umweltvorsorge und die Räume mit schutzbedürftigen Ressourcen eines besonderen Schutzes, darunter auch die land- und forstwirtschaftlich genutzten Flächen. Der Bundesminister für Raumordnung, Bauwesen und Städtebau hat 1987/88 unter Mitarbeit einer Bund-Länder-Expertengruppe, an der auch die kommunalen Spitzenverbände mitgewirkt haben, einen Gesetzesentwurf zur Änderung des Raumordnungsgesetzes (ROG) erarbeitet. In dem Entwurf sind auch Vorstellungen der Akademie für Raumforschung und Landesplanung (ARL) eingearbeitet worden (7). Das Bundeskabinett hat in seiner Sitzung am 29. Juni 1988 den Gesetzesentwurf zur Novellierung des ROG verabschiedet (13). Dieser Gesetzesentwurf schreibt die rahmenrechtlichen Grundlagen für eine zukunftsorientierte Raumordnungspolitik sehr maßvoll fort. Im Mittelpunkt des Gesetzesentwurfes stehen die Änderung und Ergänzung der Leitvorstellungen und Grundsätze der Raumordnung (§ 1 u. § 2 ROG-E) und die rahmenrechtliche Verankerung des Raumordnungsverfahrens (§ 6a ROG-E), in das eine erste Stufe der EG-rechtlich vorgesehenen Umweltverträglichkeitsprüfung integriert wird. Mit dem Gesetzesentwurf sollen die inhaltlichen Aussagen des

ROG, die für die räumliche Entwicklung des Bundesgebietes und seiner Teilräume von Bedeutung sind, den Veränderungen der Lebensverhältnisse in unserer Gesellschaft angepaßt werden.

Aufgabe der Raumordnung ist es nach dem ROG-E, die Struktur des Gesamtraumes der Bundesrepublik Deutschland unter Beachtung folgender Leitvorstellungen zu entwickeln (13, S. 5 f.):

- "freie Entfaltung der Persönlichkeit in der Gemeinschaft"
  - wie bisher im ROG;
- der "Schutz, die Pflege und die Entwicklung der natürlichen Lebensgrundlagen" werden, wegen der wachsenden Bedeutung des Umweltschutzes als Leitvorstellung in den ROG-E aufgenommen;
- die "langfristige Offenhaltung von Gestaltungsmöglichkeiten der Raumnutzung" wird als Leitvorstellung einer zukunftsorientierten räumlichen Vorsorgepolitik im ROG-E gesetzlich geregelt;
- die Schaffung "gleichwertiger Lebensbedingungen der Menschen in allen Teilen des Bundesgebietes" wird als Leitvorstellung nunmehr erstmals ausdrücklich im Gesetz aufgeführt.

Diese Leitvorstellungen im § 1 ROG-E verdeutlichen den Handlungsrahmen der künftigen Raumordnung.

Im Gesetzesentwurf wird darüber hinaus der "Ländliche Raum" mit seinen Strukturproblemen und seinen Chancen als wesentlicher Aufgabenbereich der Raumordnung herausgestellt. In ihm werden die Bestimmungen zur Entwicklung der räumlichen Voraussetzungen für die land- und forstwirtschaftliche Bodennutzung unter besonderer Berücksichtigung des Agrarstrukturwandels aktualisiert. Zu den inhaltlich veränderten Grundsätzen der Raumordnung hat insbesondere die Beschlußempfehlung des Ausschusses für Raumordnung, Bauwesen und Städtebau des Deutschen Bundestages zum Raumordnungsbericht 1986 beigetragen (21). Darin wird festgestellt, daß "der ländliche Raum und die ihn bewirtschaftende Landwirtschaft zwar das Erscheinungsbild des Bundesgebietes prägen, jedoch die Landwirtschaft allein nicht mehr in der Lage ist, dem ländlichen Raum insgesamt eine tragfähige wirtschaftliche Grundlage zu geben".

Nicht zuletzt auf diesem Hintergrund wurden die Grundsätze des § 2 ROG-E in verschiedenen, für den "Ländlichen Raum" bedeutsamen Punkten neu gefaßt, so etwa (13, S. 6 ff.):

§ 2 Abs. 1 Nr. 1: "1. Die Struktur des Gesamtraumes soll mit einem ausgewogenen Verhältnis von Verdichtungsräumen und ländlichen Räumen entwickelt werden."

§ 2 Abs. 1 Nr. 2: "2. Die räumliche Struktur der Gebiete mit gesunden Lebensbedingungen, insbesondere mit ausgewogenen wirtschaftlichen, sozialen, kulturellen und ökologischen Verhältnissen, soll gesichert und weiterentwickelt werden. In Gebieten, in denen eine solche Struktur nicht besteht, sollen Maßnahmen zur Strukturverbesserung ergriffen werden ..."

§ 2 Abs. 1 Nr. 3: "3. In Gebieten, in denen die Lebensbedingungen in ihrer Gesamtheit im Verhältnis zum Bundesdurchschnitt wesentlich zurückgeblieben sind oder ein solches Zurückbleiben zu befürchten ist, sollen die Lebensbedingungen der Bevölkerung, insbesondere die Erwerbsmöglichkeiten, die Wohnverhältnisse, die Umweltbedingungen, so die Verkehrs- und Versorgungseinrichtungen, allgemein verbessert werden."

§ 2 Abs. 1 Nr. 6: "6. Für ländliche Räume ist eine ausreichende Bevölkerungsdichte anzustreben sowie auf die angemessene Ausstattung mit Dienstleistungs-, öffentlichen Verkehrs- und anderen Versorgungseinrichtungen auch bei rückläufigen Bevölkerungszahlen hinzuwirken. Eine wirtschaftliche Leistungsfähigkeit mit ausreichenden und qualifizierten Ausbildungs- und Erwerbsmöglichkeiten, auch außerhalb der Land- und Forstwirtschaft, ist anzustreben. Soweit in ländlichen Räumen ungesunde oder unausgewogene Bedingungen bestehen oder zu befürchten sind, finden Nr. 2 Satz 4 und Nr. 3 entsprechend Anwendung.

Die Funktionen dieser Räume als Standort der land- und forstwirtschaftlichen Produktion, als Wohn- und Wirtschaftsstandort sowie als naturnahe Erholungs- und Feriengebiete, sollen gesichert und verbessert werden. Für die Erhaltung und Stärkung der ökologischen Funktionen ist Sorge zu tragen."

§ 2 Abs. 1 Nr. 6: "7. Es sind die Voraussetzungen dafür zu schaffen oder zu sichern, daß insbesondere eine bäuerlich strukturierte Landwirtschaft und die Forstwirtschaft langfristig einen wesentlichen Beitrag zur Sicherung angemessener Erwerbsmöglichkeiten in den ländlichen Räumen leisten können und mit ihrer Bodennutzung sowie der darauf beruhenden Tierhaltung verstärkt die natürlichen Lebensgrundlagen schützen und die Kulturlandschaft erhalten und gestalten können. Für die land- oder forstwirtschaftliche Nutzung gut geeignete Böden sind in ausreichendem Umfang zu erhalten. Bei einer

Änderung der Bodennutzung sollen ökologisch verträgliche Nutzungen angestrebt werden."

Diese im ROG-E enthaltenen Leitvorstellungen und Grundsätze für die Entwicklung "Ländlicher Räume" zielen deutlich darauf ab, daß im Rahmen der staatlichen Handlungsmöglichkeiten unter gegebener föderaler Kompetenzverteilung die Politik im gesamten Bundesgebiet dazu beitragen soll, den Menschen in allen Teilräumen die Chance zur Teilhabe an der allgemeinen Wirtschafts- und Gesellschaftsentwicklung zu eröffnen und ihnen gleichwertige Lebensbedingungen zu ermöglichen (13, S. 21). Dabei ist u.a. auch der Entleerung von Räumen entgegenzuwirken. Bei allen öffentlichen Zielvorgaben, Maßnahmen und Entscheidungen sollen die räumlichen Auswirkungen künftig verstärkt mitbedacht und bei Bedarf nach regional differenzierten Lösungen gesucht werden.

5.1.4.2 Situationen, Ziele und Maßnahmen der Raumordnung und Fachplanung

a) Situation der Raumplanung und Fachplanung

Nach wie vor ist der "Ländliche Raum" wesentlicher Schwerpunkt der raumordnerischen und fachplanerischen Bemühungen der Bundesregierung und der Landesregierungen, weil er - wie dies in den einleitenden Beiträgen und den meisten Regionaluntersuchungen herausgearbeitet wurde - wichtige Aufgaben und Funktionen für die Gesellschaft erfüllt. Der ländliche Raum (LR) ist Standort für:

- die Land- und Forstwirtschaft, aber auch vor allem für Gewerbe, Handel, Dienstleistungen und damit für die Beschäftigung der auf dem Lande lebenden Bevölkerung;
- angenehmes Wohnen mit vergleichsweise hoher Umweltqualität für relativ große Teile der Bevölkerung;
- landschaftsorientierte Freizeitgestaltung und Erholung der Bevölkerung in Stadt und Land;
- grundlegende ökologische Funktionen, wobei die Land- und Forstwirtschaft weitgehend für die Pflege und Erhaltung der natürlichen Ressourcen die Verantwortung trägt.

Wie alle Beiträge und Regionaluntersuchungen deutlich zeigen, ist der LR sehr vielgestaltig in seinen Entwicklungsvoraussetzungen und -möglichkeiten. Dabei haben auch die Funktionen des LR in den verschiedenen Raumkategorien (vgl. Kap. 4) unterschiedliche Bedeutung, und LR ist nicht gleich LR! Alle Funktionen und Typen ländlicher Räume sind darüber hinaus einem ständigen Funktionswandel und einer Neubewertung der Aufgaben und Funktionen ausgesetzt.

So ist der LR in der Nähe von Verdichtungsgebieten und in Räumen mit Verdichtungsansätzen immer noch wachsendem Siedlungsdruck und damit verstärkten Umweltbelastungen ausgesetzt. In den mehr peripher gelegenen ländlichen Räumen fehlt es vor allem an Arbeitsplätzen in der gewerblichen Wirtschaft und an ausreichender Verbindungs- und zum Teil Versorgungsinfrastruktur. In beiden Raumkategorien ist deshalb nach wie vor - auch im Hinblick auf den zu erwartenden weiteren Funktionswandel des LR - verstärkte planerische Vorsorge erforderlich. Fast überall wird die Ernährungsfunktion der Landwirtschaft künftig zurückgedrängt, die Erholungsfunktionen und die ökologischen Funktionen hingegen werden zunehmen, wenn auch in unterschiedlichem Ausmaß. Dieser Tatbestand, der für die künftige Entwicklung des LR besonders weitreichende Konsequenzen hat, wird von allen Regionaluntersuchungen deutlich herausgearbeitet (vgl. Kap. 4).

Die Folgen dieser Entwicklungen sind voraussichtlich für die fernere Zukunft eine verstärkte Extensivierung der Landnutzung und ein umfangreiches Brachfallen bisher landwirtschaftlich genutzter Flächen, die durch zukunftsträchtige Raumplanung und Agrarstrukturverbesserung aufgefangen werden müssen. Dabei wird sich diese Entwicklung in der Regel von Verdichtungsräumen weg hin zu den peripheren LR verstärken. In diesen LR kann es durchaus auch zu den unerwünschten Abwanderungen kommen. Von dieser Entwicklung ist dann die im LR lebende Bevölkerung in unterschiedlicher Weise betroffen. Raumplanung und Fachplanungen müssen sich auf diese veränderte Situation in vielen Teilen der Bundesrepublik Deutschland rechtzeitig einstellen.

b) Ziele der Raumordnung und Fachplanung

Die Leitvorstellungen und Grundsätze der Raumordnung als Rahmenvorgaben des Bundes im ROG wurden, wie in Kapitel 5.1.4.1 aufgezeigt, in den letzten Jahren weiterentwickelt und haben ihren Niederschlag im ROG-E gefunden. An diesem Entwurf wirkten u.a. auch die Bundesländer mit, die für die Ziele und Maßnahmen der Landesplanung in ihren Ländern zuständig sind. Sie haben - wie dies in den Regionaluntersuchungen deutlich zum Ausdruck kommt - (vgl. Kapitel 4) bisher in allen Landesentwicklungsplänen und -programmen Zielaussagen der Raumordnung und Landesplanung für den LR und für die Landwirtschaft in nahezu fachplanerischer Vollständigkeit aufgestellt bzw. übernommen, wenn auch zwischen den einzelnen Ländern große Unterschiede bestehen (vgl. ARL - Daten zur Raumplanung, Teil II).

Das Land Baden-Württemberg z.B. will für den LR gleichwertige Lebensverhältnisse durch Solidarität mit dem LR herbeiführen. Die Ziele der Landesplanung sehen den LR als eigenständigen Lebensraum, der den dort wohnenden Menschen dank seiner charakteristischen Eigenentwicklung auch in Zukunft die Möglichkeit für ein attraktives Wohnen, Arbeiten und Erholen bieten soll. Auch bei stagnierender und zurückgehender Bevölkerung ist dazu eine Mindestausstattung mit öffentlichen Versorgungseinrichtungen nötig. Der Landesentwicklungsplan setzt deshalb unter Berücksichtigung der demographischen, wirtschaftlichen und ökologischen Entwicklung neue Akzente (45, S. 7):

- der Gestaltungsraum der Kommunen wurde erweitert;
- die raumbezogenen Aussagen des Landschaftsrahmenprogramms wurden integriert;
- die Versorgung soll im Rahmen der dezentralen Siedlungsstruktur durch Konzentration auf kleine und mittlere Schwerpunkte außerhalb der Verdichtungsräume (Zentrale Orte) langfristig gesichert werden;
- im LR zu fördern und zu entwickeln sind deshalb:
  - die Siedlungsstrukturen mit günstigen Wohn- und Arbeitsbedingungen;
  - die wirtschaftliche Leistungskraft;,
  - eine ausreichende Bevölkerungsdichte und
  - günstige Umweltbedingungen.

Die Landesregierung von Baden-Württemberg setzt mit einem ganzheitlichen Entwicklungskonzept für den LR an, das alle Kräfte des LR stärken und seine eigenständigen Funktionen sichern soll.

Nordrhein-Westfalen (NRW) z.B. will für seine Gebiete mit ländlicher Siedlungsstruktur, d.h. für Gebiete, die nach dem Entwurf zum Landesentwicklungsprogramm (LEPro-E) und dem Landesentwicklungsplan (LEP) I/II durch eine aufgelockerte Verteilung städtischer und dörflicher Siedlungen gekennzeichnet sind, die Voraussetzungen für eine funktionsgerechte Grundausstattung der Gemeinden und für eine Erhöhung ihrer wirtschaftlichen Leistungsfähigkeit erhalten, verbessern oder schaffen, vor allem durch (38):

- Ausrichtung der Siedlungsstruktur auf zentrale Orte und Siedlungsschwerpunkte;
- aufgaben- und bedarfsgerechte Entwicklung der Gemeinden entsprechend der Tragfähigkeit ihrer zentralörtlichen Versorgungsbereiche unter Berücksichtigung der Entwicklungsschwerpunkte;
- Stärkung der Wirtschaftskraft durch die Erweiterung und Ansiedlung vor allem von strukturverbessernden gewerblichen Betrieben insbesondere in Entwicklungsschwerpunkten;
- Verbesserung der Produktions- und Betriebsstruktur in der Land- und Forstwirtschaft unter Berücksichtigung ihrer Wohlfahrtswirkungen;
- Entwicklung des Fremdenverkehrs vor allem in Gebieten mit besonderer Bedeutung für die Erholung;

- Schutz und Entwicklung der natürlichen Lebensgrundlagen unter besonderer Berücksichtigung der Erfordernisse des Boden-, Wasser-, Immissions-, Natur- und Freiraumschutzes.

In NRW ist der "Schutz der natürlichen Lebensgrundlagen" durch Änderung der Landesverfassung vom März 1985 zum Verfassungsauftrag erklärt worden. Die Landesregierung hat daran anknüpfend 1985 die "ökologische und ökonomische Erneuerung des Landes" gefordert. Die neuen Ziele der Landesplanung entsprechen dieser politischen Zielsetzung. In den Gebieten mit überwiegend ländlicher Siedlungsstruktur werden darin stärker als bisher die Schaffung qualitativer und struktureller Voraussetzungen für eine Erhöhung der wirtschaftlichen Leistungsfähigkeit ländlicher Regionen gefordert und der Schutz und die Erhaltung der natürlichen Lebensgrundlagen als unabweisbares landesplanerisches Ziel betont.

Die Fachplanungen beider hier beispielhaft aufgeführten Länder, der anderen Bundesländer und des Bundes ordnen sich mit ihren Zielsetzungen nicht zuletzt auch in Verbindung mit der "Europäischen Kampagne für den ländlichen Raum" und ihren Zielen (38, S. 3) in die übergeordneten Konzeptionen zur Entwicklung Ländlicher Regionen ein (15, 38, 45). Die wichtigsten Ziele der Europäischen Kampagne für den ländlichen Raum sind:

- die Eigeninitiative der Gemeinden im ländlichen Raum zu stärken;
- die Möglichkeiten zur Steigerung der Attraktivität des ländlichen Raumes durch Maßnahmen der Dorferneuerung darzustellen;
- einen Beitrag zur Bewahrung des kulturellen, architektonischen und landschaftlichen Erbes zu leisten;
- Wege aufzuzeigen, wie die Interessen von Landwirtschaft, Fremdenverkehr, Bauwirtschaft und Umweltschutz besser koordiniert werden können.

c) **Maßnahmen und Instrumente der Raumordnung und Fachplanung**

Wie aus den Regionaluntersuchungen (Kap. 4) und den schon vorliegenden Leitvorstellungen zur Entwicklung der LR hervorgeht (38), erhalten folgende Aufgaben für die Entwicklung der LR in den kommenden Jahren besondere Bedeutung:

- Schaffung und Erhaltung gleichwertiger Lebensbedingungen in den ländlichen Problemgebieten, die durch einen Mangel an Arbeitsplätzen, Versorgungsproblemen und von Bevölkerungsrückgang gekennzeichnet sind;
- Schutz, Pflege und Entwicklung naturnaher Landschaftsstrukturen und Sicherung der natürlichen Lebensgrundlagen, und zwar sowohl im Interesse eines ökologischen Ausgleichs für die gesamte Bundesrepublik als auch im Interesse der Erhaltung von Vielfalt und Eigenart des LR und seiner Teilregionen;

- Sicherung der Existenz für bäuerliche Familienbetriebe im Haupt- und Nebenerwerb und Erhaltung historisch gewachsener bäuerlicher Kulturlandschaften;
- Erneuerung von Städten und Dörfern im LR zur Sicherung einer hohen Umwelt- und Wohnqualität sowie zur Erhaltung historisch wertvoller Bausubstanz bei Beachtung der Pflege des Ortsbildes.

Zur Lösung der mit diesen Aufgaben verbundenen ökonomischen und ökologischen Probleme im LR bedarf es großräumiger, regionaler und kommunaler branchenübergreifender Lösungskonzepte, die möglichst die Auswirkungen der EG-Wirtschafts- und Agrarpolitik auf Flächennutzung und Wirtschaftsstrukturen im LR berücksichtigen. Wie die allgemeinen Ausführungen (Kap. 2 und Kap. 3) und die Regionaluntersuchungen (Kap. 4) zeigen, sind die möglichen räumlichen Auswirkungen, insbesondere der veränderten EG-Agrarpolitik und der nationalen Agrarpolitik, noch nicht voll überschaubar. Aus diesen Gründen können nur die Maßnahmen und Handlungsschwerpunkte aufgezeigt werden, über deren Notwendigkeit bereits weitgehendes Einvernehmen besteht.

Als wichtigste Handlungsfelder und Maßnahmen können zusammengefaßt folgende Bereiche hervorgehoben werden:

- Raumordnungs- und Umweltpolitik: Anpassung des landes- und regionalplanerischen Zielsystems und Instrumentariums an die zu erwartenden Veränderungen, vor allem an die bedarfsgerechte Siedlungsentwicklung, umweltgerechte Freiraumsicherung, Ausweisung von Vorrang- und Schutzgebieten und sonstige Flächensicherung in enger Zusammenarbeit mit den Fachplanungen;

- Wirtschafts- und Beschäftigungspolitik: Erhaltung und Schaffung von Arbeitsplätzen im LR durch Regionalförderung, Mittelstandsförderung, Existenzgründungsförderung, Unternehmensberatung und Technologietransfer, Fremdenverkehrsförderung und gleichwertige Versorgung mit Kommunikations- und Informationstechniken;

- Landwirtschaft und Landschaft: sozial- und umweltverträgliche Gestaltung der Agrarpolitik durch soziale Sicherung der landwirtschaftlichen Beschäftigten, Reform der GA "Verbesserung der Agrarstruktur ..." im Hinblick auf Umweltschutz, Flurbereinigung als Planungs- und Instrument der Bodenordnung, Dorferneuerung und Durchführung "Regionaler Strukturprogramme" im LR, Durchsetzung der EG-Produktionsbegrenzungen, Verbesserung der Entwicklungsbedingungen für bäuerliche Familienbetriebe, Schaffung von Auffangmöglichkeiten für freiwerdende Flächen, Intensivierung des Natur- und Umweltschutzes zur Sicherung der natürlichen Lebensgrundlagen;

- Infrastruktur: Qualitative Verbesserung der Verkehrsinfrastruktur im ÖPNV, der Bundesbahn, des Straßenbaus nach dem Prinzip Ausbau vor Neubau, Bau von

Ortsumfahrungen, Beseitigung von Unfallschwerpunkten; Sicherung und Förderung der sozialen Infrastruktur durch Familienpolitik, verbesserte Versorgung älterer Menschen, Alten- und Krankenpflege, Kindergärten, Sozialstationen etc.; Schaffung und Errichtung eines umfassenden und standortnahen Bildungsangebotes im LR für Ausbildung, Weiterbildung, Umschulung und berufliche Beratung, Verhinderung einer Senkung des Versorgungsniveaus an Infrastruktur im LR, Pflege des kulturellen und sozialen Klimas durch Förderung von Kunst, Kultur und Sport im LR;

- Städtebau- und Wohnungspolitik: Städtebauliche Erneuerung zur Verbesserung und Pflege des ortsbildprägenden Baubestandes und der Bewahrung von Denkmalen durch intensive innerörtliche Flächennutzung, verbunden mit Förderung des ökologischen Bauens, zur Verbesserung alter Industrie- und Gewerbegebiete; Umgestaltung des innerörtlichen Straßennetzes und des Arbeits- und Wohnumfeldes mit Folgen für das Baugewerbe, die Schaffung von Arbeitsplätzen und die Stärkung der Versorgungsfunktion ländlicher Zentralorte; Anpassung des Planungs- und Baurechts an die Bedürfnisse der Bevölkerung und der Gemeinden im LR.

Durch all diese Maßnahmen und ihre Koordination soll künftig für den LR ein ganzheitliches Entwicklungskonzept zur Verbesserung der Lebensverhältnisse der Bevölkerung im LR angestrebt werden. Bisher hat die die Landesplanung konkretisierende Regionalplanung - wie dies die Regionaluntersuchungen zeigen - die umfassenden Zielaussagen der Raumordnung und Fachplanung noch nicht überall aufgenommen und in ihren Plänen konkretisiert. Hier besteht deshalb noch ein großer Handlungsbedarf, insbesondere hinsichtlich der Durchsetzung der Ziele.

Die Prüfung der Auswirkungen raumbedeutsamer Maßnahmen (§ 3 Abs. 1 ROG) auf den Raum sollte durch eine verstärkte Zusammenarbeit mit den Fachressorts herbeigeführt werden, die unmittelbar über § 3 Abs. 1 ROG dafür verantwortlich sind, daß ihre Planungen und Maßnahmen den Grundsätzen und Zielen der Raumordnung Rechnung tragen. In diesem Zusammenhang ist es erforderlich, die regionale Wirtschaftsförderung, Verkehrs- und Arbeitsmarktpolitik, Städtebau, Dorferneuerung sowie Umweltschutz stärker miteinander zu verzahnen und die regional-wirtschaftliche Effektivität sowie die räumlichen Auswirkungen des eingesetzten Instrumentariums zu überprüfen. Die Regionalplanung muß für diese Aufgaben auf dem Hintergrund der übergeordneten Leitvorstellungen, Raumordnungsgrundsätze und -ziele, der agrarstrukturellen Entwicklungen und der landwirtschaftlichen Fachplanung in der Region künftig klare Zielvorgaben entwickeln und diese aus gesamtregionaler Sicht den Fachplanungen vorgeben. Nur so kann sie ihre Koordinierungs- und Kontrollfunktion im Hinblick auf die angestrebte räumliche Entwicklung voll ausführen.

5.2 Maßnahmen zur Anpassung der Landwirtschaft an die neueren agrarwirtschaftlichen Entwicklungen

5.2.1 Agrarstrukturwandel und Bodenmarkt

5.2.1.1 Den Wandel fördern oder bremsen?

Die Agrarstruktur wird sich auch in Zukunft unaufhaltsam ändern. Die einzusetzenden agrarpolitischen Instrumente können den durch den technischen Fortschritt und die steigenden Einkommensansprüche bedingten Wandel nur beschleunigen oder verlangsamen.

Der Strukturwandel, d.h. der Übergang zu wettbewerbsfähigen Betrieben, in denen Boden, Arbeitskräfte, Anbau, Viehhaltung und Maschinenausstattung optimal aufeinander abgestimmt sind und kostengünstiger produzieren könnten, würde logischerweise gebremst werden:

a) durch die bewußte und unökonomische Steigerung der bäuerlichen Familieneinkommen im Rhythmus der allgemeinen Einkommenssteigerungen (1 bis 3 % pro Jahr) durch

- fortlaufende Erhöhung der Erzeugerpreise (bei stagnierender kontingentierter Produktion),
- Bewirtschaftungszuschüsse je ha oder je Betrieb (z.B. allg. Entgelt für die Erhaltung der Kulturlandschaft),
- soziale Beihilfen je AK oder je Familie (Steuererleichterungen, Beiträge zur Alters- und Krankenversicherung).

Je höher diese Einkommensübertragungen sind, je kleiner kann die Fläche je Familien-Betrieb und je AK sein, um ein "vergleichbares" Einkommen zu erzielen. Es wäre allerdings ein Irrtum zu glauben, daß derartige "Beihilfen" produktionsneutral wären. Auch sie würden zu weiteren Überschüssen führen.

Der Strukturwandel würde außerdem verlangsamt werden durch:

b) die Behinderung der Ausweitung der Produktionskapazität:

- Erschwerung der Zupacht oder des Zukaufs von Flächen,
- Festlegung von Bestandesobergrenzen, absolut oder je ha, in der Tierhaltung durch Verordnung oder indirekt durch steuerliche Maßnahmen (330 VE/landw. Betrieb).

Natürlich würden solche Maßnahmen die Entwicklung wettbewerbsfähiger Betriebe verhindern. Die "Quälbetriebe" (62, 63) überleben allerdings auch nicht länger, weil sie von den leistungsfähigeren ausländischen Betrieben verdrängt werden. Diese scheinbar sozialen Maßnahmen sind also den ländlichen Räumen langfristig besonders abträglich.

Der Strukturwandel wird weiterhin aufgehalten durch:

c) die weniger günstige, allgemeine wirtschaftliche Entwicklung, d.h. die angebliche Unsicherheit oder den Mangel von Arbeitsplätzen außerhalb der Landwirtschaft.

In der Tat verlangsamte die Lage am Arbeitsmarkt den Strukturwandel mancher ländlicher Räume erheblich. In anderen Gebieten, wie etwa in Kronach oder im Lahn-/Dillkreis, ist das Gegenteil zu beobachten. Auch stehen den potentiellen Hofnachfolgern jetzt wieder mehr handwerkliche und industrielle Lehrstellen zur Verfügung, so daß sie bessere Chancen außerhalb der Landwirtschaft haben. Das wird auch künftig so sein.

Es versteht sich von selbst, daß Maßnahmen mit umgekehrten Vorzeichen, wie unter a), b) und c) erwähnt, den Strukturwandel erheblich beschleunigen. In der Vergangenheit ließ sich das sowohl in Großbritannien als auch in den Niederlanden und Dänemark beobachten. Ihre Betriebsstruktur ist heute weit besser als die deutsche.

Der Wandel der Agrarstruktur wird darüber hinaus von der Altersstruktur der Landbevölkerung bestimmt. Ein Teil der Einzelberichte macht deutlich, daß im Mittel 30 % der Betriebsleiter über 55 Jahre alt sind und weniger als die Hälfte einen Nachfolger haben. Schon allein deshalb ist in den nächsten 10 bis 15 Jahren mit einem beachtlichen Anwachsen der mittleren Betriebsgröße und einer Abnahme der Zahl der Betriebe zu rechnen. Die Unterschiede zwischen den Bundesländern sind nicht sonderlich groß. Dagegen ergibt sich aus einer Arbeit von Fasterding (25), daß gerade in den peripheren Räumen mit ungünstigen natürlichen Verhältnissen mit einem stärkeren Abgang wegen des Alters zu rechnen ist.

Das sollte man jedoch nicht bedauern, denn durch die Betriebsaufgabe wegen des Alters werden letztlich ohne staatliche Eingriffe Flächen zur Aufstockung bzw. Stillegung frei. Beides ist notwendig.

Beachtlich ist allerdings, daß im europäischen Vergleich die deutschen Landwirte bei weitem die jüngsten sind. Nur 30 % sind über 55 Jahre; in den Niederlanden und Belgien sind es etwa 40 %, und in allen übrigen Ländern liegt die Zahl bei ungefähr der Hälfte.

Die alterstrukturell bedingte Veränderung der Agrarstruktur wird also im Ausland noch schneller verlaufen als in Deutschland. Dadurch werden diese Länder noch konkurrenzfähiger.

5.2.1.2 Der Bodenmarkt - Hemmschuh der Anpassung

Eine Wanderung des Bodens zum besseren Wirt und eine Extensivierung der Bewirtschaftung werden durch niedrige Bodenpreise gefördert. Bis dahin ist jedoch ein weiter Weg, denn im Augenblick sind die deutschen Bodenpreise die bei weitem höchsten Europas. In den Niederlanden und Belgien werden im Durchschnitt nur etwa zwei Drittel je ha erzielt (trotz der im Mittel schlechteren Böden in Deutschland), in Frankreich ein Fünftel und im Vereinigten Königreich ein Drittel.

Die regionalen Unterschiede in Deutschland sind erheblich. Sie schwanken etwa im Verhältnis 1 : 3 zwischen den Bundesländern. Die höchsten Preise werden in Nordrhein-Westfalen gezahlt, im Mittel etwa 70 000,- DM/ha. Selbst im Landkreis Kleve, also immerhin schon in einiger Entfernung vom Industriegebiet, sind auch heute noch 80 000,- DM/ha keine Ausnahme. Erstaunlicherweise liegt Bayern, trotz weniger günstiger Produktionsbedingungen, an zweiter Stelle, während sich Niedersachsen und Schleswig-Holstein, zusammen mit den agrarstrukturell benachteiligten Ländern, im unteren Bereich befinden.

Der seit 1982 beobachtete Rückgang der Bodenpreise von etwa 10 % scheint auf den ersten Blick noch nicht allzu bedeutend, jedoch sind die regionalen Auswirkungen erheblich. Die "Beleihungsgrenze" sinkt, so daß Betrieben, die in letzter Zeit ihre Investitionen (evtl. ihren Konsum) stark mit Krediten finanziert haben, keine neuen Darlehen mehr gewährt werden. Auch die finanziell noch gesunden Betriebe werden sich in ihren Entwicklungsmöglichkeiten eingeschränkt sehen, weil ihr Kreditrahmen kleiner wird. Der Bodenmarkt ist nach wie vor durch einen sehr kleinen Umsatz gekennzeichnet. Die Preisvorstellungen der Verkäufer sind gemessen am Ertragswert so hoch, daß sich nur in Ausnahmefällen Käufer finden. Die Verkäufer ziehen es dann vor, entweder für ein kleines Entgelt zu verpachten oder sogar - wie im Saarland und im Lahn-/Dillkreis - das Land brachfallen zu lassen.

Erlaubte man allen Interessenten - insbesondere Industriellen, Freizeitunternehmern, Hobbyfarmern und ansiedlungswilligen Städtern - den Ankauf von Land und natürlich auch das "Bauen im Außenbereich" (auf eigene Kosten = ohne Belastung der Gemeinden etc.), so würde gerade ärmeren ländlichen Räumen, die fast durchweg auch die landschaftlich reizvollen sind, Kapital in erheblichem Maße aus den reicheren Verdichtungsräumen zufließen. Der Wandel der Agrarstruktur würde zwar langsamer vonstatten gehen, aber die aufgebenden Landwirte hätten geringere Kapitalverluste zu beklagen. Landwirtschaftliche Flächen würden durch die "Städter" automatisch aus der Produktion herausgenommen und einer anderen Verwendung zugeführt. Das realisierte Kapital würde vermutlich weitgehend im Raum verbleiben und in Form von Alterssitzen der landwirtschaftlichen Rentner oder im Kleingewerbe durch die nachfolgende Generation angelegt. Letztlich würde wohl diese zweite Möglichkeit die sozial weniger schmerzhafte und agrar- und regionalpolitisch wünschenswertere sein.

5.2.2 Künftige Landnutzung

5.2.2.1 Landwirtschaftliche Nutzung

Auch bei stark fallenden Agrarpreisen gibt es, betriebswirtschaftlich gesehen, für tüchtige, unternehmerische und phantasievolle Landwirte rentable Nutzungsmöglichkeiten. Sie lassen sich natürlich nur dann verwirklichen, wenn die Ankaufspreise für landwirtschaftlichen Grund und Boden oder die Pachten dem in Zukunft nennenswert niedrigeren Ertragswert entsprechen. Solange das nicht der Fall ist, muß natürlich mit "Sozialbrache" gerechnet werden, insbesondere dann, wenn nur kleine, verstreute Parzellen anfallen.

Sowie nach einer gewissen Übergangszeit größere Flächen von etwa 10 bis 20 ha oder mehr preisgünstig zur Verfügung stehen, werden je nach Klima, Boden und Hängigkeit folgende Bewirtschaftungsformen denkbar:

- Extensiver Getreidebau: Er wird als ewiger Roggenbau ohne Schädigung der Umwelt im Nebenerwerb durchgeführt werden können, da nennenswerte Arbeitsspitzen nur bei Saat und Ernte anfallen. Die Pflege von 100 bis 150 ha läßt sich durch Lohnunternehmer oder an den Wochenenden erledigen. (Der Europäische Rat will die extensive Nutzung fördern.)

- Extensive Heugewinnung zum Verkauf an intensive Viehhaltungsbetriebe und Pferdehalter: Etwa 50 bis 80 ha lassen sich leicht im Nebenerwerb bewältigen. Düngung und Pflege sind nicht unbedingt erforderlich.

- Extensive Viehhaltung: Die Möglichkeiten sind besonders zahlreich, z.B. Ammenkuhhaltung, Galloway- und Angusrinder, Ziegen, Schafe (auf der Koppel oder gehütet), Damtiere, Rottiere, Wildschweine (wird in Frankreich allerdings mit zusätzlicher Fütterung schon gemacht), Freilandhaltung von Hühnern, Gänsen, Puten, Sauen- und Schweineweide. Auch die Pferdezucht kommt mit großen, kargen Weiden aus (Trakehner, Haflinger, Ponys).

- Arbeitsteilung zwischen extensiver Sommerweide und intensiver Winterstallmast (interessant für Zuckerrüben- und Maisbetriebe).

- Alternative Landwirtschaft (Anbau ohne Mineraldünger und Pflanzenschutzmittel; die Erzeugnisse können zu hohen Preisen verkauft werden).

- Anbau von Industrierohstoffen (bislang noch nicht wettbewerbsfähig).

Die Aufzählung ließe sich weiter fortsetzen. Manche der aufgeführten Bewirtschaftungsformen finden sich schon heute in den untersuchten Räumen, andere werden im Ausland praktiziert. Wieder andere werden z.Z. von der Agrarpolitik gefördert oder noch untersucht.

Betriebswirtschaftlich gesehen ist daher - darin stimmen die Untersuchungsberichte und andere Autoren überein - vorerst mit einem "Liegenlassen größerer Flächen" nicht zu rechnen. Auch bei fallenden Preisen - und sie werden nach Ansicht des Autors wohl immer weit über dem Weltmarktniveau bleiben - wird in Deutschland die Rentabilität immer hoch genug sein, um Land in der einen oder anderen Weise zu bewirtschaften.

5.2.2.2 Nichtlandwirtschaftliche Nutzung

Käme es allerdings zu einem gnadenlosen Verdrängungswettbewerb, weil die Agrarpolitik nicht in der Lage ist, anders als durch radikale Preissenkung der Überschüsse Herr zu werden, müßte mit einem Brachfallen größerer Flächen und natürlicher Sukzession gerechnet werden. Will man das vermeiden, sind umfangreiche Programme der Agrar-, Forst- und Raumordnungspolitik zur Umwidmung von landwirtschaftlich genutzten Flächen notwendig.

Was wäre denkbar?

- die nichtproduktive Bearbeitung (Grün-, Schwarzbrache, Landschaftspflege) gegen Entgelt,
- die Überführung landwirtschaftlicher Nutzfläche in öffentliche Naherholungsflächen (Parks, Stadtwälder, Golfplätze etc.) mit staatlichen Mitteln,
- großzügiger Anbau schnellwachsender Holzarten, wie Pappeln oder Weiden, u.a. zur Papierherstellung (mehr als 50 % des deutschen Zellulosebedarfs werden eingeführt),
- private Aufforstung auch kleinster Flächen (z.B. Zwickel, wie jetzt in NRW erlaubt); Anlage von Baumschulen, Weihnachtsbaumpflanzungen etc.,
- staatlich geförderte Aufforstung großer Flächen, allerdings auch in extensiver Form wie in anderen Ländern, d.h. keine dichten, pflegebedürftigen Schonungen, sondern weiträumige Pflanzung (2 x 2 m) oder Aussaat. Das wäre immer noch wirtschaftlicher als die Überschußverwertung oder die Nichtnutzung (natürliche Sukzession, Sozialbrache). Lebensversicherungsgesellschaf-

ten sind in anderen Ländern durchaus interessiert, ihr Vermögen so langfristig anzulegen,
- großzügiger Aufkauf von Flächen zum Natur- und Umweltschutz (Biotope, Wasserschutzgebiete, Nistplätze etc.) durch die öffentliche oder auch private Hand,
- die weitgehende Erlaubnis für Private, landwirtschaftliche Flächen aufzukaufen und nichtlandwirtschaftlich zu nutzen (Wochenendhäuser auf großen Flächen, Siedlungen, bei denen die Grundstücke so groß und nicht so klein wie möglich bemessen werden).

Landes- und Stadtplanung sowie Forstwirtschaft sind gefordert, umzudenken und landwirtschaftliche Fläche nicht mehr sparsam zu verwenden, sondern so großzügig wie irgend möglich anderen, umweltfreundlichen Nutzungen zuzuführen, und zwar möglichst unter Einsatz von Privatkapital. Staatliche Mittel werden nicht ausreichen, um genügend Flächen aus der landwirtschaftlichen Produktion zu nehmen.

Werden die vorerwähnten und andere Maßnahmen nicht schnell und in sehr großem Umfang ergriffen, so bleibt schließlich nichts anderes als eine radikale Preissenkung zum Abbau der Überschüsse übrig, die dann auch nur sehr unzureichend durch Einkommenstransfers sozial abgefedert werden kann. Das wäre für die ländlichen Räume wohl die schlechteste Lösung!

5.3 Mögliche Auswirkungen agrar- und umweltpolitischer Maßnahmen auf die Wirtschaft ländlicher Räume

5.3.1 Nahrungsmittelindustrie, Arbeitslose und landwirtschaftliche Voll-Arbeitskräfte als Indikatoren

Allein der Begriff "ländlicher Raum" suggeriert die Vorstellung, daß die Wirtschaft dieser Räume im wesentlichen von der Landwirtschaft geprägt wird. Dieser Eindruck wird noch optisch durch die weithin sichtbare Aktivität der Landwirtschaft und die weniger ins Auge fallenden Betriebe der gewerblichen Wirtschaft verstärkt.

Die Statistiken geben ein wesentlich anderes Bild. In Tabelle 2.6 im Aufsatz "Konzept für die Regionalstudien ländlicher Gebiete" von v. Malchus in diesem Band (3.1) sind für jeden der untersuchten Räume die vier wichtigsten Wirtschaftsbereiche aufgeführt, gemessen an der Zahl der Beschäftigten. Die Landwirtschaft gehört nirgendwo dazu! Das liegt nur zum Teil daran, daß in dieser Aufstellung lediglich die versicherungspflichtigen Arbeitnehmer zum Vergleich herangezogen wurden, die in der Landwirtschaft keine Rolle spielen.

Denn auch die Nahrungs- und Genußmittelindustrie steht nur in den Gebieten Kleve, Vechta und Straubing, also drei von intensiver Landwirtschaft geprägten einmal daran, daß eben die landwirtschaftliche Produktion, die verarbeitet werden muß, in den anderen Räumen nicht allzu bedeutend ist. Zum zweiten haben eine auf räumliche Auswirkungen selten bedachte Agrarpolitik und andere wirtschaftliche Umstände dafür gesorgt, daß die Agrarprodukte verarbeitende Industrie aus den ländlichen Räumen vielfach abwanderte. Vor allem aber muß festgehalten werden, daß die gewerbliche Wirtschaft auch in den hier untersuchten ländlichen Räumen von größerer Bedeutung ist als die Landwirtschaft und die ihr verbundenen Industrien.

Leider gibt diese Tabelle nicht die große Bedeutung der Universitäten von Gießen und Bayreuth für diese Räume wieder, da Beamte und Studenten ebensowenig in diesen Statistiken aufgeführt sind wie Selbständige und die Garnisonen.

Ein anderer Vergleich mag die geringe Bedeutung der Landwirtschaft für die wirtschaftliche Entwicklung der untersuchten Räume illustrieren. In der folgenden Tabelle 1 sind für die untersuchten Gebiete die Zahlen der landwirtschaftlichen Arbeitskrafteinheiten (AKE, geschätzt nach Fasterding für 1984) der Zahl der Arbeitslosen im Jahre 1984 (umgerechnet aus den Prozentangaben der Tabelle 2.5, Sp. 35) von v. Malchus gegenübergestellt[2].

In allen untersuchten Gebieten, mit Ausnahme des Unterallgäus, von Straubing und Bayreuth, gibt es mehr Arbeitslose als landwirtschaftliche AKE, in Bad Dürkheim, Ludwigshafen und im Lahn-/Dillkreis sogar drei- bis viermal soviel.

Selbstverständlich sollte man bei einem derartigen hypothetischen Vergleich sowohl die Arbeitslosen als auch die in der Landwirtschaft Tätigen mit der Gesamtzahl der Aktiven (Selbstständige, Beamte, Angestellte, Arbeiter und Landwirte) vergleichen. Diese Zahl steht aber nicht kreisweise zur Verfügung. Zur Abschätzung der Größenordnung sind deswegen die Arbeitslosen und die landw. AKE nur in % der Einwohner angegeben.

---

[2] Die schlechte Datenlage und die Tatsache, daß in der Landwirtschaft ein erheblicher Teil des Gesamteinkommens durch Arbeitskräfte erwirtschaftet wird, die nur zeitweise Tätigkeit sind, zwingt dazu, Personen (Arbeitslose, die selbst evtl. "schwarz" in der Landwirtschaft arbeiten) mit "Arbeitskrafteinheiten" zu vergleichen. Sie entstehen dadurch, daß Arbeitszeiten (Teilbeschäftigte) in Jahresarbeit (Vollbeschäftigte) umgerechnet werden.

In den meisten Räumen sind nur noch 1 bis 2 % der Bevölkerung in der Landwirtschaft tätig. Selbst in anscheinend stark von der Landwirtschaft geprägten Räumen wie Vechta und Nordfriesland sind es nur 3 %, im Unterallgäu, in Straubing und Bayreuth 5 %. Es wird sich also an der wirtschaftlichen Lage auch dieser Räume nicht viel ändern, wenn die Zahl der Erwerbstätigen in der Landwirtschaft aufgrund der neueren agrarpolitischen Entwicklungen weiter zurückgeht.

5.3.2 Einfluß des zu erwartenden Rückzugs der Landwirtschaft aus der Fläche auf die Wirtschaftskraft der Untersuchungsgebiete

Die vorstehenden Gedankengänge lassen sich vertiefen. Gehen wir der Frage nach, wieviele Menschen in Zukunft noch einen Arbeitsplatz in der Landwirtschaft fänden, wenn die landwirtschaftliche Nutzfläche nennenswert eingeschränkt, die Brutto-Wertschöpfung (BWS) zurückgehen würde und dennoch durch Änderung von Betriebsgröße und -organisation die verbleibenden AKE ein vergleichbares Einkommen hätten.

Thiede und andere schätzen, daß in den nächsten 10 bis 15 Jahren auf etwa 25 bis 30 % der heutigen landwirtschaftlich genutzten Fläche (LF) die bisherige Nutzung aufgegeben werden muß. Anders könnten Angebot und Nachfrage an Nahrungsmitteln nicht mehr ins Gleichgewicht gebracht werden.

Aller Wahrscheinlichkeit nach werden wohl mehr Grenzböden, vor allem in den Mittelgebirgen, als gute Böden in den Verdichtungsräumen aus der landwirtschaftlichen Produktion genommen werden. Aber auch in ertragsreichen Räumen wie der Vorderpfalz und Kleve werden für Wasserschutzgebiete, Zwickelaufforstung, Anlage von Biotopen, Erholungsflächen, Bauland und Aufforstung 10 bis 15 % in Anspruch genommen werden.

In Räumen mittlerer Ertragslage - gemessen an der Brutto-Wertschöpfung (BWS) je ha (s. Tabelle 2) - werden vermutlich 20 bis 25 % aus der landwirtschaftlichen Produktion fallen. In Räumen wie der Eifel, dem Vogelsberg, dem Westerwald, Kronach, Vorwald und Bayreuth mögen es 40 % oder mehr sein, denn dort liegt die Brutto-Wertschöpfung nur noch bei rd. 2 000,- DM/ha. Dies sind im übrigen auch die Gebiete, die im Laufe der Geschichte zuletzt gerodet und in "Kulturlandschaft" umgestaltet wurden. Eben weil sie aus Not besiedelt wurden, sind auch hier - entgegen der ökonomischen Logik - die Betriebe am kleinsten, die Flurzersplitterung am größten.

Die vorgenannten Prozentzahlen entsprechen im gewogenen Mittel aller 13 Untersuchungsräume 29 % der landwirtschaftlich genutzten Fläche.

Tab. 1: Arbeitslose und landwirtschaftliche Arbeitskräfte (AKE) in den Untersuchungsgebieten

Nr.	Untersuchungsgebiet	Bevölkerung 1000 Ew. 1982	Arbeitslose 1984 Zahl	Arbeitslose 1984 Quote (1)	Arbeitslose 1984 in % d.Ew.	in der Landwirtschaft (vollbeschäftigte) AKE 1984 Zahl	in der Landwirtschaft AKE 1984 in % d.Ew.	in % d. Arbeitslosen
A)	ländliches Umland großer Verdichtungsräume							
1	Vorderpfalz	445	13 437	8,9	3,0	4 527	1	34
2	Kleve	261	6 489	10,7	2,5	5 748	2	88
3	Euskirchen	160	4 052	11,1	2,5	2 756	2	68
	Insgesamt	866	23 978		2,8	13 031	2	54
B)	ländliches Umland in Regionen mit Verdichtungsansätzen							
4	Vogelsberg, Gießen, Wetterau	596	14 173	10,0	2,4	9 494	2	67
5	Lahn-Dill-Kreis	239	6 459	8,8	2,7	1 814	1	28
6	Vechta	100	4 390	15,9	4,4	3 178	3	72
7	Breisgau, Hochschwarzwald	381	9 820	7,9	2,6	6 124	2	62
8	Unteralgäu, Memmingen	153	4 943	9,0	3,2	7 966	5	161
	Insgesamt	1 469	39 785		2,7	28 576	2	72
C)	Kreise in ländlich geprägten Regionen							
9	Soest	268	6 680	11,0	2,5	3 575	1	54
10	Nordfriesland	162	7 268	15,3	4,5	5 360	3	74
11	Kronach	76	2 579	10,7	3,4	1 558	2	60
12	Straubing-Deggendorf	222	9 268	15,0	4,2	10 200	5	110
13	Bayreuth	96	2 562	12,4	2,7	4 770	5	186
	Insgesamt	824	28 357		3,4	25 463	3	90

1) Arbeitslose in % der Sozialversicherungspflichtigen.

Quelle: von Malchus, Abschnitt 3.1 dieses Bandes/ Statistisches Bundesamt, Berechnung der AKE 1979/ Fasterding 1986, MS.

Tab. 2: Schätzung der landwirtschaftlichen Tragfähigkeit bei Rückgang der LF um 10 bis 40 % der Bruttowertschöpfung um 15 %

Nr.	Untersuchungsgebiet	BWS 1984		BWS Land- und Forst- wirtschaft		BWS je Beschäf- tigter[1]	BWS Landwirt- schaft[4] je AKE je ha		ange- nommene Vermin- derung der LF in 10-15 Jahren	BWS Landw. nach Flächen- stille- gung + Rückgang der BWS je ha um 15%	direkte + indi- rekte Vermin- derung der BWS der Unter- suchungs- gebiete	direkte Landw. AKE in 10-15 Jahren[2]	direkt und in- direkt verlore- ne Ar- beits- plätze[3]	verlo- rene Ar- beits- plätze in % der Ar- beits- losen v.1984
		Mio DM	in %	Mio DM	in %	1000 DM	1000 DM	1000 DM	in %	Mio DM	in %			in %
A)	ländliches Umland großer Verdichtungsräume													
1	Vorderpfalz	3 304		191	6	55	42	5	− 10	146	2,2	2 435	3 347	6
2	Kleve	5 282		443	8	80	78	6	− 15	320	3,7	4 102	2 634	18
3	Euskirchen	3 250		131	4	83	48	2	− 40	67	3,2	1 117	2 622	28
B)	ländliches Umland in Regio- nen mit Verdichtungsansätzen													
4	Vogelsberg, Gießen, Wetterau	12 340		349	3	74	37	2	− 40	178	2,2	2 967	10 443	63
5	Lahn-Dill-Kreis	5 630		39	1	75	22	2	− 40	20	0,5	332	2 371	28
6	Vechta	2 061		268	13	69	84	4	− 15	194	5,7	2 309	1 389	32
7	Breisgau, Hochschwarzwald	3 780		219	6	73	36	4	− 20	149	3,0	2 482	5 827	59
8	Unterallgäu, Memmingen	3 949		270	7	68	34	3	− 25	172	4,0	2 866	8 160	165
C)	Kreise in ländlich geprägten Regionen													
9	Soest	5 279		258	5	73	72	3	− 25	165	2,8	2 292	2 053	31
10	Nordfriesland	3 406		450	13	74	84	3	− 25	287	7,7	3 417	3 109	43
11	Kronach	1 592		39	2	64	25	2	− 40	20	1,9	333	1 960	76
12	Straubing-Deggendorf	3 512		333	9	68	33	3	− 25	213	5,5	3 550	10 640	115
13	Bayreuth	1 382		111	8	55	23	2	− 40	57	6,2	950	6 112	238

1) Sozialversicherungspflichtige und landw. AKE. 2) Bei mindestens 60 000 DM BWS/AKE oder jetzige BWS/AKE, d.h. mit auskömmlichen Einkommen für Beschäftigte in den vor- und nachgelagerten Branchen. 3) Differenz der AKE Tabelle 1 und der lebensfähigen AKE x 1,6. 4) Etwas überschätzt (im Mittel 12%), da die BWS Landwirtschaft allein (ohne Forst und Fischerei) nicht zur Verfügung steht.

Quelle: Statistisches Landesamt Baden-Württemberg (schriftl. Auskunft), eigene Schätzungen und Berechnungen.

Da außerdem zu erwarten steht, daß die Preise für landwirtschaftliche Erzeugnisse weiter sinken werden, z.T. auch die Intensität zurückgehen wird, weil die Betriebe sich auf die neuen Bedingungen einstellen werden, muß wohl mit einem Rückgang der BWS auf der verbleibenden Fläche gerechnet werden, vermutlich um 10 %, vielleicht auch um 15 %. Natürlich stehen Intensität der Bewirtschaftung der verbleibenden Fläche mit der nicht mehr landwirtschaftlich genutzten Fläche in Wechselwirkung. Je mehr je ha LF erzeugt wird, um so weniger LF wird zur Deckung des Bedarfs benötigt.

Gleichzeitig werden auch in den Räumen, in denen die BWS je AKE heute noch etwa die Hälfte der BWS je gewerblich Beschäftigtem ausmacht, die Ansprüche an den Lebensstandard steigen. Wir haben deshalb angenommen, daß die BWS je landw. AKE in Zukunft wenigstens 60 000,- DM oder die von 1984 (s. Tabelle 2) betragen soll, einen Rückgang des Pro-Kopf-Einkommens also ausgeschlossen.

Teilt man die verbleibende BWS (nach Verminderung der LF und einem Abzug von 15 %) durch die erwünschte BWS je AKE ($^{\geq}$ 60 000,- DM), so erhält man die Zahl der AKE, die vermutlich in der Landwirtschaft ein angemessenes Auskommen finden könnte, d.h. die landwirtschaftliche Tragfähigkeit. Aus einem Vergleich der zukünftigen AKE mit der jetzt vorhandenen AKE in Tabelle 1 ergeben sich die in der Landwirtschaft unter diesen Hypothesen "verlorenen" Arbeitsplätze. Multipliziert man diese Zahl mit 1,6, um auch die in der gewerblichen Wirtschaft und im Handel von der Landwirtschaft direkt oder indirekt abhängigen Arbeitsplätze mit zu berücksichtigen, erhält man die vermutlichen "Auswirkungen neuerer agrarwirtschaftlicher Entwicklungen" auf die Zahl der Arbeitsplätze.

Die Zahlen der Tabelle 2, vor allem die letzte Spalte, bestätigen die Aussagen der Tabelle 1. In fast allen Räumen ist schon heute die "gewerbliche" Arbeitslosigkeit schwerwiegender, als der Einfluß agrarpolitischer Maßnahmen auf die Wirtschaftlichkeit der Räume in 10 bis 15 Jahren sein könnte. Im allgemeinen würde sich - statistisch gesehen - die Zahl der "Arbeitslosen" einschließlich aller aus der Landwirtschaft auch wegen Alters ausscheidender Personen (nach Fasterding etwa die Hälfte!) nur um etwa die Hälfte in 12 bis 15 Jahren vermehren. Allerdings würde in den Räumen, in denen heute schon die BWS/AKE nur etwa halb so groß ist wie in der gewerblichen Wirtschaft und wo außerdem noch 25 bis 40 % der LF stillgelegt werden würden, die Zahl der direkt und indirekt verlorenen Arbeitsplätze beträchtlich über die jetzige Zahl der Arbeitslosen hinausgehen (Unterallgäu, Straubing-Deggendorf, Bayreuth). Aber offensichtlich gibt es in diesen Gebieten schon heute in der Landwirtschaft versteckte Arbeitslosigkeit = Unterbeschäftigung = geringe Produktivität.

Die Zahlen dieser Modellrechnung erscheinen nun dramatischer als sie sind, weil der gegenwärtige Zustand mit dem in 10 bis 15 Jahren zu erwartenden statistisch verglichen wird. Das wird am deutlichsten, wenn man die vermutete direkte und indirekte relative Verminderung der gesamten BWS in Augenschein nimmt. Sie erreicht im Höchstfalle 7,7 % in Nordfriesland, 6,2 % in Bayreuth und 5,5 % in Straubing-Deggendorf und liegt sonst zwischen 2 und 4 %; wohlgemerkt in 10 bis 15 Jahren. Die BWS wächst aber in Deutschland normalerweise um 1,5 bis 2,5 % pro Jahr.

Diese Modellrechnungen machen deutlich, daß auch unter sehr schwierigen Annahmen nichts Dramatisches für die Wirtschaftskraft der untersuchten ländlichen Räume aufgrund der neueren agrarischen Entwicklung befürchtet werden muß. Dies um so weniger, als diese statistischen Berechnungen irgendwelche Einkommensübertragungen (Ausgleichszulage, Nichtbewirtschaftungsprämie, Entgelt für Landschaftspflege, frühzeitige Altersversorgung für Landwirte etc.) und den Kapitaltransfer zum Landankauf für nichtlandwirtschaftliche Zwecke ebenso wenig berücksichtigen konnten wie eine etwaige Wertschöpfung auf der nicht mehr herkömmlichen bewirtschafteten Fläche. Denn ein erheblicher Teil der ehemaligen LF wird letzlich doch wieder genutzt werden, etwa zur Erholung, für die Verbesserung der Umwelt (z.B. Vogelschutz), für die Holzwirtschaft (intensive-extensive Forstwirtschaft, Pappeln und Weiden) oder auch für die sehr extensive Landwirtschaft oder Para-Landwirtschaft (Thiede).

Wie auch immer, will man etwas für die ländlichen Räume und deren Wohlergehen tun, muß man nicht bei der Landwirtschaft ansetzen. Die Agrarpolitik hat, was immer sie auch tun wird, in Deutschland keinen nennenswerten Einfluß mehr auf ihre wirtschaftliche Entwicklung. Dazu ist Deutschland zu dicht besiedelt, und auch die ländlichen Räume sind letzlich schon zu industrialisiert. Raumordnung und Landesplanung mit dem Ziel einer Entwicklung der gewerblichen Wirtschaft sind die geeigneten Instrumente.

5.3.3 Auswirkungen von Umweltmaßnahmen auf landwirtschaftliche Betriebe und Räume

Die Informationen zu diesem Abschnitt stammen z.T. aus den Regionalberichten. Sie werden verbunden mit Ergebnissen einzelbetrieblicher Studien für verschiedene Standorte.

5.3.1 Naturschutz

Da die Existenzfähigkeit landwirtschaftlicher Betriebe für den Naturschutz eine wesentliche Voraussetzung darstellt, sind Ausgleichszahlungen für ökologische Leistungen zu ermitteln und in partnerschaftlicher Zusammenarbeit festzulegen. Die Basis derartiger Preisfestsetzungen bilden Modellrechnungen, die nach entsprechender Vereinfachung auf praktische Fälle übertragen werden.

Der hohe Anteil der Grünlandflächen an den Naturschutzflächen führt dazu, daß ein verminderter Gewinn primär dieser Flächen bzw. dieser Betriebe entsteht. Einige Beispiele sollen den Wert unterschiedlicher ökologischer Leistungen verdeutlichen.

- Muß z.B. auf dem Grünland eine N-Dünger-Begrenzung von max. 100 kg/ha in Kauf genommen werden, so verliert ein Betrieb bei einer bisher möglichen N-Gabe von 4oo kg N/ha und einem Ertrag von 5 500 KStE/ha je nach Anpassungsmaßnahmen und betroffener Fläche folgende Deckungsbeiträge: verstärkter Kraftfutterzukauf = 500 - 650 DM/ha, verstärkter Grundfutterzukauf = 500 - 600 DM/ha, verstärkter Feldfutterbau = 350 - 400 DM/ha (60).

- Höher liegen demgegenüber die Werte bei einem Nutzungsverbot einer zeitgerechten Mahd oder Beweidung vor dem 1.7. Im Vergleich zu einer Situation ohne Auflage, bei der mit einem hohen Ertrag von 5 500 KStE/ha und einer N-Menge von 400 kg/ha gerechnet wird, variiert der Deckungsbeitragsrückgang je nach Art der Anpassung zwischen 500,- und 900,- DM/ha.

  Diese Werte erhöhen sich, wenn zur Herstellung eines geschlossenen Nährstoffkreislaufes auf den Zukauf von Kraftfutter oder Grundfutter verzichtet werden soll. Eine Abstimmung des Intensitätsniveaus in der pflanzlichen und tierischen Produktion führt zu einer Verringerung des Futterzukaufs (36).

- Sehr viel einschneidender ist dieses Verbot einer Nutzungsänderung, wenn nach Einführen des Milchkontingentes oder einer Umstrukturierung des Betriebes eine verringerte Futterfläche erforderlich ist. Ein Umbruch von Grünland würde die Möglichkeit des Getreideanbaus geben, auf den jetzt verzichtet werden muß.

  Der Gewinnrückgang setzt sich dann aus dem Deckungsbeitrag/ha Getreide abzüglich der Nutzung des Grünlandes durch Färsen oder Bullen zusammen und erreicht je nach Ertragsniveau einen Wert von 500 - 1 450 DM/ha.

Diese Kalkulationsgrößen haben bisher zu folgenden Ausgleichszahlungen geführt:

Im Rahmen des Halligprogramms (Nordfriesland) werden als Vergütung der für den Naturschutz erbrachten Leistungen als Ausgleich für vereinbarte Bewirtschaftungsauflagen und als Ausgleich für Schäden, die durch Ringelgänse verursacht werden, an die Landwirte bis zu 600 DM/ha - einschl. der Ausgleichszulage von z.Z. 240 DM/GV - gezahlt.

Im Rahmen des schleswig-holsteinischen Extensivierungsprogramms wurden in Nordfriesland vor allem Verträge zum Wiesenvogelschutz abgeschlossen (1986 ca. 1 400 ha). Für die Bewirtschaftungsauflagen werden 350 DM/ha gezahlt, zusätzlich 100 DM/ha bei Umwandlung von Acker- in Grünland.

Eine Extensivierung von Dauergrünland wird in der Vorderpfalz gefördert durch Zahlung eines Ausgleichsbetrages von 400,- DM/ha und Jahr. Für Gänserastplätze in Nordrhein-Westfalen werden in der Grundzone 240,- DM/ha und 1 000 kg Milchkontingent, in der Kernzone darüber hinaus 600 - 2 000,- DM/ha Ausgleichsbeiträge entrichtet.

Eine Konzentration von Naturschutzflächen auf Futterbaustandorten hat zwangsläufig einen Rückgang der wirtschaftlichen Leistungsfähigkeit von Betrieben und Räumen zur Folge. Der Einkommensrückgang aus der Nahrungsmittelproduktion ist dabei kaum durch andere wirtschaftliche Aktivitäten auszugleichen, da andernfalls die Naturschutzmaßnahmen in ihrer Wirksamkeit eingeschränkt werden. Schon jetzt deutlich erkennbar sind die Konflikte zwischen Naturschutz und Nutzung der Räume durch starke Freizeitaktivitäten.

Mit dem Rückgang der landwirtschaftlichen Ertragsfähigkeit der Flächen und fehlenden anderen wirtschaftlichen Aktivitäten ist zwangsläufig ein Sinken der Bodenwerte in den Räumen mit größeren Naturschutzflächen zu erwarten, die maßgeblich mitbeeinflußt werden durch sinkende Produktpreise. Damit geht zwangsläufig ein Rückgang in der Beleihungsfähigkeit dieser Räume mit Fremdkapital einher.

5.3.3.2 Wasserschutz

Über die Auswirkungen von Umweltauflagen potentieller Wasserschutzgebiete liegen wenig Informationen vor. Erwogen bzw. durchgeführt werden folgende Beschränkungen in der Bewirtschaftung:

- Reduzierung des Stickstoffaufwandes/ha LF,
- Verbot spezieller Pflanzenschutzwirkstoffe.

Die Ergebnisse einiger Beispielsrechnungen sollen die Einkommensrückgänge von Auflagen in Marktfrucht- und Veredlungsbetrieben, also stark ackerbaulich ausgerichteten Betriebssystemen, veranschaulichen.

Bei einer Reduzierung des Stickstoffaufwandes in Ackerbaubetrieben, die häufig verbunden ist mit einer Verminderung der Fungizidmenge, kommt es aufgrund der hohen Produktivität der ertragsteigernden Betriebsmittel zu einer Reduzierung des Gewinnes je nach Anpassungsmaßnahmen von 20 - 100 DM/ha LF (= 3,1 - 15,6 %), im Extremfall bis 300 DM/ha LF (= 46,7 %) (56).

Im Veredlungsbetrieb führt eine Reduzierung der Handelsdüngermenge, die ebenfalls mit einer Verminderung des Fungizidaufwandes verbunden ist, zu einer Abnahme des Gewinns von 40 - 100 DM/ha LF (3,5 - 8,7 %).

Eine besondere Bedeutung kommt der Einschränkung bestimmter Wirkstoffe bei den Pflanzenbehandlungsmitteln zu (17). Im Marktfruchtbaubetrieb bewirkt ein Verbot von Nematiziden einen Gewinnrückgang zwischen 260 und 470 DM/ha LF (= 19,0 - 34,3 %). Weniger stark betroffen von einem Verbot von Pflanzenbehandlungsmitteln mit bestimmten Wirkstoffinhalten ist der Veredlungsbetrieb. 20 - 50 DM/ha LF sind als Gewinnrückgang zu erfassen. Dieser Wert erhöht sich auf 200 DM/ha, wenn es zu einer stärkeren Einschränkung des Maisanbaus kommt.

Die Vorranggebiete für den Wassereinzug sind sowohl auf Futterbaustandorten als auch auf Ackerbaustandorten anzutreffen. Die Auflagen zur Einschränkung des Betriebsmitteleinsatzes, primär im Ackerbau, durch reduzierten Stickstoff- und Pflanzenbehandlungsmitteleinsatz haben zwangsläufig ein Absinken der wirtschaftlichen Leistungsfähigkeit zur Folge, wenn bei fehlenden Anpassungsmöglichkeiten mit steigenden Produktionskosten erzeugt werden muß.

Betroffen hiervon sind Standorte mit Wasservorranggebieten, auf denen Pflanzen mit hoher Betriebsmittelintensität angebaut werden. Der Getreide- und Zuckerrübenanbau rechnet dazu ebenso wie der Maisanbau, dessen Wettbewerbsfähigkeit durch ein Verbot von speziellen Wirkstoffen maßgeblich negativ beeinflußt wird. Ein Absinken der Konkurrenzfähigkeit der auf den Maisanbau aufbauenden Schweinemast ist die Folge.

5.3.3.3 Bodenschutz

Für die einzelbetriebliche Kalkulation sind auf erosionsgefährdeten Standorten die Kosten der Wiederherstellung einer leistungsfähigen Ausgangssituation zu erfassen, wenn die langfristige Erhaltung der physiologischen Substanz des Bodens angestrebt wird.

Ein Konflikt kann sich zwischen der Bebauung land- und forstwirtschaftlicher Flächen zur Verbesserung der Infrastruktur und des Erwerbseinkommens und dem Bodenschutz ergeben, dessen Ziel mit in der Erhaltung eines nicht unmaßgeblichen Anteils offener Flächen besteht.

Für den Fall, daß primär Böden bestimmter Qualität einen ökologischen Wert an sich besitzen, sind Grenzen der Flächennutzung durch dichte Wohn- und Industriebebauung sowie Verkehrsanlagen notwendig. Damit entsteht ein Konflikt zwischen den Maßnahmen, die der Einkommensverbesserung und Freizeitgestaltung dienen, und der Ökologie, die jedoch durch eine extensive Wohnbebauung verringert werden kann.

Die Umweltverträglichkeitsprüfung als Instrument ist notwendig, um die Beeinflussung der Umwelt durch bauliche Maßnahmen beurteilen zu können. Ein Umdenken in der Landnutzung ist primär auf Standorten mit ökologisch knappen Flächen notwendig, deren Nutzung Vorrang haben müßte vor der Lebensmittelproduktion bzw. Wohn- und Industriebebauung.

Eine weitere Aufgabe des Bodenschutzes besteht in der Verhinderung von Nährstoffeinträgen ins Grundwasser durch den Klärschlamm. Dieses Produkt der Entsorgung kann bei Absonderung von Schwermetallen (Cadmium, Zink, Kupfer und Blei) und ordnungsgemäßer Ausbringung ein brauchbarer Dünger für landwirtschaftliche Unternehmen sein. Unter diesen Bedingungen würden landwirtschaftliche Betriebe und Entsorgungsunternehmen wirtschaftliche Vorteile aus der Aufarbeitung und Verwertung des Klärschlamms ziehen.

Konflikte ergeben sich jedoch dadurch, daß in der zurückliegenden Zeit eine umweltgerechte Aufbereitung des Klärschlamms nicht erfolgt ist und landwirtschaftlich genutzte Flächen mit Schwermetallen belastet wurden, so daß das Vertrauen in die Nutzung dieses Recycling-Produktes nur sehr begrenzt besteht.

5.3.3.4 Immissionsschutz

Unter dem Einfluß steigender Kosten zur Vermeidung von Umweltschäden verändert sich die regionale Konkurrenzfähigkeit primär von Schweine- und Geflügelhaltung, deren Umfang maßgeblich von den Standortverhältnissen abhängig ist (58). Besonders betroffen sind Veredlungsbetriebe im Umland von Großstädten und zentralen Orten mit sich ausdehnenden Wohngebieten. Anspruchsvolle Maßnahmen für die Geruchsbekämpfung und die Reinhaltung der Gewässer verursachen hohe zusätzliche Kosten, die dazu führen, daß wesentliche Standortvorteile marktnaher Anbieter bei den Produktpreisen wieder verlorengehen.

Die Folge zusätzlicher Umweltauflagen dürfte sein, daß vorhandene Kapazitäten mit dem Zwang, für den Umweltschutz zu investieren, aufgegeben werden müssen. Der Bau neuer Ställe ist nicht mehr wirtschaftlich. Schon jetzt ist diese Entwicklung einer Standortverlagerung der Veredlungsproduktion deutlich zu erkennen (z.B. Rheinland).

Besondere Probleme ergeben sich für die Schweine- und Geflügelhaltung in den Dorflagen, reinen Agrargebieten mit starker Veredlung und dem Wunsch der

Landwirte nach betrieblichem Wachstum über die tierische Produktion. Zwar ist es möglich, daß bei Verständnis der Landwirte untereinander die vorhandene Produktion nicht dem Druck ausgesetzt ist wie in den stadtnahen Gebieten; zusätzliche Umweltschutzinvestitionen sind jedoch bei Aufstockung notwendig, besonders in Gemeinden, in denen der Anteil der Nebenerwerbslandwirte und Nichtlandwirte zu Lasten der Vollerwerbsbetriebe zunimmt.

Sehr oft ist es jedoch bautechnisch nicht möglich, den Umweltschutzanforderungen im Dorf bei Ausweitung der Produktion zu entsprechen. Die Verlagerung der Produktion in die Feldmark stellt dann eine Anpassungsmöglichkeit dar, wenn Vollerwerbsbetriebe weiter über die tierische Produktion wachsen wollen. Diesen Bestrebungen sind jedoch Grenzen gesetzt, wenn Baugenehmigungen im Außenbereich nicht erteilt werden.

Relativ günstige Produktionsbedingungen im Hinblick auf den Umweltschutz stellen Einzelhoflagen (Schleswig-Holstein, Vechta, Kleve) dar, da hier die geringsten Aufwendungen für die Geruchsbekämpfung erforderlich sind. Allerdings ergeben sich hier Beschränkungen durch Gülleverordnungen, z.B. in Nordrhein-Westfalen, die bei nicht möglicher Flächenzupacht eine Aufstockung verbieten.

Zur Verwirklichung der Ziele des Immissionsschutzes sind Investitionen in den Stallbau (Lüftung und Abluftführung) ebenso notwendig wie in Flüssigmistlagerung und einer Vergrößerung des Güllelagers sowie entsprechender Aufbereitungs- und Ausbringungstechnik. Durch diese verstärkten Investitionen ergeben sich zusätzliche Kosten für den Immissionsschutz in Höhe von 40 bis 90 DM je Mastschweineplatz bzw. 2 bis 6 DM je Legehennenplatz.

Die bisher einzeln bewerteten Auflagen haben eine verstärkte Wirkung, wenn

- sie miteinander kombiniert werden oder/und
- ein großer Flächenumfang von Auflagen betroffen ist.

Unter diesen Bedingungen ist die langfristige Existenzfähigkeit der Betriebe aus Einkommensbeiträgen rein landwirtschaftlicher Herkunft abzuschätzen. Dazu ist es erforderlich, die von den Betrieben erwirtschafteten Gewinne aus Land- und Forstwirtschaft in eine längerfristige Betrachtung der Eigenkapitalentwicklung bzw. der Eigenkapital-Fremdkapital-Relation einzubauen.

Tendenziell lassen sich folgende Aussagen zur Entwicklungsfähigkeit unter dem Einfluß von Umweltauflagen größeren Umfanges machen. Unter ungünstigen agrarpolitischen Rahmenbedingungen ist bereits ohne Umweltauflagen eine positive Eigenkapitalbildung nur bei entsprechenden betrieblichen Vergrößerungen der Flächen- und Stallkapazitäten erreichbar. Umweltauflagen in höherem Umfange schränken die betrieblichen Entwicklungsmöglichkeiten jedoch sehr stark ein.

Noch ungünstiger wird die Aussage, wenn die Betriebe bereits in der Ausgangssituation eine niedrige Eigenkapitalquote bei hohem Fremdkapital besitzen. Mit und ohne Auflage muß dann mit einem sehr starken Eigenkapitalverlust gerechnet werden, wenn nicht sehr wesentliche betriebliche Anpassungen ökonomisch wirkungsvoll durchgeführt werden können.

Kurzfristige Anpassungsmöglichkeiten führen zu geringen Einkommensbeiträgen. Umweltauflagen in größerem Umfange bewirken deshalb in Verbindung mit ungünstigen Preis- und Kostenverhältnissen eine Existenzgefährdung bisheriger Vollerwerbsbetriebe.

In einer derartigen Situation kommt der Zahlung von Entgelt für ökologische Leistungen eine wesentliche Bedeutung zu. Eine standortangepaßte Leistungsbewertung für die Ökologie ist notwendig. Pauschale Geldbeträge stellen zwar eine Verwaltungsvereinfachung dar, verändern jedoch den Leistungsbezug und erwecken den Eindruck von Almosen.

Die Gestaltung der Ausgleichszahlung für ökologische Leistungen kann zweistufig erfolgen:

- Auf den ökologischen Vorranggebieten für den Naturschutz und den Wasserschutz mit sehr restriktiven Bewirtschaftungsmaßnahmen ist eine Entschädigung zu zahlen.

- In Räumen mit flexiblen ökologischen Leistungen zur generellen Verbesserung der Wasserqualität und des Naturschutzes wird dem Landwirt ein Preisangebot gemacht, das ihm Entscheidungsmöglichkeiten bietet. Je nach der Werteinstellung des Landwirtes zum Nutzen des Geldes aus einer reduzierten Intensität wird das Angebot in unterschiedlichem Umfang in Anspruch genommen.

Dieser Preisbildungsprozeß ist zu organisieren durch Gespräche zwischen dem anbietenden Landwirt und der Naturschutzbehörde als Vertreter der Nachfrage. Darüber hinaus ist es notwendig, die ökologische Leistung des Landwirtes zu kontrollieren, eine zweifellos nicht ganz einfache Aufgabe in diesem Verfahren.

Kontrovers wird die Diskussion über die Frage der einmaligen oder jährlichen Zahlung geführt. Ein jährliches Entgelt hat den Vorteil einer laufenden Anpassung des Betrages an die Höhe des Verlustes, die allerdings bei sinkenden Preisen auch niedriger sein kann. Hinzu kommt, daß sie im Regelfalle nicht mit einer festen Zusage über die Zahlung verbunden ist.

Bei der einmaligen Zahlung eines Leistungshonorars für mehrere Jahre ist der Preis für längere Zeit gesichert; allerdings stößt die Anpassung an veränderte

Rahmenbedingungen auf Schwierigkeiten, es sei denn, daß nur ein Basisbetrag als fest angesehen wird und eine jährliche Korrektur eine Anpassung ermöglicht.

Für besonders wesentlich wird von Landwirten häufig die feste Zusage einer Zahlung für eine ökologische Leistung angesehen. Bei der Beurteilung dieses Vorschlages ist jedoch zu bedenken, daß Transferzahlungen, wenn sie einen Preis für eine ökologische Leistung darstellen sollen, in einem marktwirtschaftlichen System ähnlichen Schwankungen unterliegen, wie dies bei Lebensmitteln oder industriellen Rohstoffen der Fall ist. Die Forderung nach festen Preisen erschwert die konzeptionelle Einordnung in einen marktwirtschaftlichen Mechanismus.

Probleme einer Verbesserung der ökologischen Situation durch den Landwirt bestehen dann, wenn in strukturschwachen Gebieten kein leistungsfähiger landwirtschaftlicher Betrieb mehr vorhanden ist bzw. die Preisangebote der Naturschutzbehörde nicht hinreichenden Anreiz zur Übernahme von ökologischen Leistungen bieten. Unter diesen Bedingungen ist dann der Staat zur Unterstützung von Maßnahmen zum Naturschutz und Wasserschutz aufgefordert. Dies kann bis zur Einrichtung von staatlichen Pflegebetrieben im Naturschutz führen.

Die Einordnung der Naturschutz- und Wassereinzugsgebiete in die Raumordnung sollte mit Hilfe ökologisch ausgerichteter Bodenordnungsmaßnahmen erfolgen, die als Fachplanung die Erhaltung von strukturellen Gütern der Dörfer einschließen sollte.

Der ländliche Raum verlangt eine stärkere raumplanerische Beachtung. Neue Raumordnungskonzepte, die an die Stelle der klassischen Flurbereinigung treten, sind notwendig, weil sich die Struktur der Agrarproduktion, die Funktion des Raumes und die Erwerbsstruktur ändern. In den Mittelpunkt der Raumplanung rückt die Ordnung der verstärkt anfallenden ökologischen Vorrangflächen und ihre Bewirtschaftung.

Ordnungskonzepte mit vorrangiger Betonung ökologischer Flächen sind primär auf Grenzstandorten mit hohen Grünlandanteilen notwendig, die dann nicht mehr vorrangig der Agrarproduktion dienen. Mit dem Rückgang der landwirtschaftlichen Betriebe verliert der Raum seine Marktkapazitäten und damit landwirtschaftliches Einkommenspotential.

5.4 Folgerungen für Raumordnung und Landesplanung

5.4.1 Veränderungen und Probleme im Ländlichen Raum

5.4.1.1 Zum Gegenstand der Raumplanung

Gegenstand der Raumordnung, Landesplanung und Ortsplanung (Raumplanung) sind räumliche Probleme oder räumliche Konflikte, die sich aus der Begrenztheit des Raumes und aus den vielschichtigen und vielseitigen Ansprüchen an den Lebensraum ergeben. Raumplanung ist deshalb immer agierende Antwort auf die zu lösenden räumlichen Probleme oder zumindest der Versuch, sie auf der Grundlage raumordnerischer Ziele (vgl. Kap. 5.1.4) in ihrer Entstehung und Entwicklung steuernd und lenkend zu beeinflussen (39, S. 6). Negative Einflüsse des menschlichen Verhaltens auf kritisch zu bewertende Veränderungen des Lebensraumes werden zur Mahnung, räumliche Probleme ernst zu nehmen und sich zu Grundwerten der räumlichen Ordnung zu bekennen (31, S. 100 ff.).

Für die Raumplanung selbst sind räumliche Probleme Herausforderungen zur Entscheidung und zum Handeln. Die große Schwierigkeit für die Raumordnung und Landesplanung liegt häufig darin, daß aufgrund räumlicher Probleme gehandelt werden muß, die mit Nichtwissen, Grenzen des Wissens und unbeantworteten, somit offenen Fragen belastet sind. Raumplanerische Problemlösungen sind, des ständigen Flusses der auf sie einwirkenden Kräfte wegen, nie endgültig (39, S. 10 f.). Raumplanung ist deshalb Prozeßplanung, ist umfassende Auseinandersetzung mit den räumlichen Problemen - nicht nur mit den Zielen - vom Erkennen der Probleme bis hin zur Erfolgskontrolle der Maßnahmen auf das räumliche Geschehen.

5.4.1.2 Raumwirksame Probleme der Landwirtschaft

Im Ländlichen Raum (LR) sind viele Entwicklungen im Gange, die vielschichtige Probleme aufwerfen und von großem Einfluß auf die Struktur und Qualität des Raumes sein werden. Der Funktionswandel des LR wird sich in den nächsten Jahren verstärkt fortsetzen. Diese Entwicklungen beziehen sich zunächst und vor allem auf die Landwirtschaft, die als Wirtschaftszweig in der Bundesrepublik Deutschland derzeit zwar noch mehr als die Hälfte der Gesamtfläche bewirtschaftet, aber deren Anteil an Beschäftigung und BWS in den meisten Regionen auf weniger als 10 % abgesunken ist. Die Entscheidungen über die Gestaltung und Entwicklung des Lebensraumes LR sind in der EG, aber auch im nationalen Rahmen der anderen Fachpolitiken, wie etwa der Regional- und Umweltpolitik, nur noch begrenzt regional spürbar, weil trotz vielfältiger räumlicher und fachlicher Teillösungen immer der Lebensraum als Ganzes in die politischen Überlegungen einbezogen werden muß.

Die Entwicklung des LR ist vor allem abhängig von der agrarpolitischen Entscheidung, ob zur Marktentlastung und zur Umweltverbesserung eine allgemeine Extensivierung oder ein Rückgang der Nahrungsmittelproduktion, primär auf den ertragsschwachen Standorten, durch Flächenstillegung erfolgen soll. Agrarpolitische Maßnahmen zur Erhaltung des Familienbetriebes sowie zur Verringerung der Marktüberschüsse bestimmen die Weiterentwicklung von landwirtschaftlichen Betrieben und Räumen. Fortschreitende technische Veränderungen sowie Geldknappheiten zur Finanzierung der Überschußproduktion stellen wesentliche Rahmenbedingungen dar. In der Agrarpolitik ist der notwendige Abbau von Produktionsüberschüssen mit Sicherung einer Einkommensbasis für die landwirtschaftliche Bevölkerung zu verbinden und gleichzeitig den ökologischen Erfordernissen durch veränderte Nutzung Rechnung zu tragen (5, S. 5).

Die EG-Akzeptanz ist Voraussetzung für die Durchführung von Maßnahmen im Bereich der Einkommens- und Umweltpolitik. Einseitige nationale Maßnahmen zur Verbesserung der Umweltsituation verschlechtern die Wettbewerbfähigkeit der bundesdeutschen Betriebe, die sich in zunehmendem Maße im internationalen Wettbewerb behaupten müssen. Da eine ökologisch erwünschte allgemeine Extensivierung EG-weit nicht durchsetzbar ist, wird allgemein und in den Regionaluntersuchungen (vgl. Kap. 4) damit gerechnet, daß eine regional differenzierte Entwicklung eintritt, auf speziellen Standorten eine wettbewerbsfähige Lebensmittelproduktion in den Vordergrund rückt, an anderen Standorten dagegen die Lebensmittelproduktion sehr stark zurückgedrängt wird und die ökologische Leistung im Vordergrund steht. Zwischen diesen beiden Extremen sind variantenreiche Übergänge denkbar.

Das Grundprinzip einer Regionalisierung mit dem Ziel einer international wettbewerbsfähigen Lebensmittelproduktion auch in der Bundesrepublik sollte erhalten bleiben. Die Produktion ist dabei stark auf eine komplementäre Wirkung von finanziellen und ökologischen Effekten durch Maßnahmen des ordnungsgemäßen Landbaus auszurichten.

Die zur Marktentlastung praktizierten und geplanten Maßnahmen haben positive Auswirkungen auf die Verbesserung der Umwelt. So führt eine weitere Reduzierung der Milchquoten auf ertragsschwachen Futterbaustandorten zu extensiv genutzten Flächen bis hin zur Brache. Flächenstillegungsprogramme bewirken in Abhängigkeit von der Höhe der Transferzahlungen nicht mehr landwirtschaftlich genutzte Flächen, die im größeren Umfang jedoch mit hohem ökologischen Wert auch auf Ackerbaustandorten anfallen. Im Zuge des Strukturwandels und der Marktentlastung steigt dadurch der Anteil der Flächen mit geringerer Intensität.

Es ist zu vermuten, daß die agrarpolitischen Maßnahmen allein keine ausreichenden Wirkungen im Bereich der Umwelt erreichen. Sie sind vorrangig auf finanzielle Größen ausgerichtet aufgrund der dominierenden Stellung des Geldes im Zielsystem von Produzenten und Konsumenten. Aus diesem Grunde sind in jedem Fall ergänzende regionale Maßnahmen, die primär auf die Schaffung von Arbeitsplätzen intendieren und auf ökologische Werte ausgerichtet sind, erforderlich. Finanzielle Anreizsysteme sollten mit dazu beitragen, den Wert von Umweltgütern mit in die einzelbetrieblichen Entscheidungen einzubauen. Eine Verbesserung der ökologischen Situation verlangt eine stärkere Berücksichtigung standortspezifischer Bedingungen, die durch umweltpolitische Maßnahmen unterstützt werden können. Spezielle Umweltplanungen und Programme zum Schutz von Biotopen, Wasser und Boden werden in steigendem Maße notwendig.

Ein wachsender Anteil der betroffenen landwirtschaftlichen Nutzflächen beeinflußt die Einkommenssituation landwirtschaftlicher Unternehmen, deren Existenz dann in steigendem Maße durch die Transferzahlungen für Umweltleistungen erhalten werden muß. Die unterschiedliche Höhe der Umweltleistungen führt zu regional differenzierten Ausgleichszahlungen. Auf den verschiedenen Standorten ergeben sich dadurch unterschiedliche Erwerbsstrukturen. Während auf den Standorten mit stärkerer Betonung der Lebensmittelproduktion die Einkommensbeiträge aus dieser Tätigkeit dominieren, ist in den Räumen mit starkem Angebot ökologischer Leistungen ein sinkender Einkommensbeitrag aus der Landwirtschaft zu erwarten, der bei Aufrechterhaltung der Existenz der Betriebe entsprechende Transferleistungen für ökologische Leistungen verlangt.

Mit der Verschlechterung der Einkommensverhältnisse der landwirtschaftlichen Betriebe und der Abgabe von Marktkapazitäten sinkt die wirtschaftliche Tragfähigkeit des LR mit der Konsequenz einer Veränderung der Struktur der Dörfer und Gemeinden. Sinkende Werte landwirtschaftlich genutzter Flächen reduzieren die Kreditfähigkeit von Betrieben und Räumen. Das gilt auch für Standorte mit starker tierischer Produktion, bei denen aus ökologischer Sicht eine Reduzierung der Tierbestände einen Rückgang der wirtschaftlichen Tragfähigkeit bedeutet, wenn nicht andere, neue Aktivitäten gefunden oder geschaffen werden. Sehr unterschiedliche Dorftypen mit steigenden Anteilen von Wohnbevölkerung und landwirtschaftlichen Nebenerwerbsbetrieben sind primär auf den Standorten in der Nähe der Verdichtungsgebiete zu erwarten. Das Dorf mit Dominanz der landwirtschaftlichen Vollerwerbsbetriebe wird immer mehr zurückgedrängt mit Auswirkungen auf die Erhaltung der Bausubstanz des Dorfbildes sowie auf soziale Systeme. Primär auf den ertragsschwachen Standorten mit geringen Einkommensbeiträgen aus der Landwirtschaft sind Veränderungen der Sozialstruktur zu erwarten. In verkehrsgünstigen Gebieten führen ein Rückgang der in der Landwirtschaft tätigen Menschen und eine Zunahme gewerblich tätiger Arbeitnehmer zu neuen Dorfstrukturen. Verkehrsferne Gebiete laufen Gefahr, einen Teil ihrer wirtschaftlichen Tragfähigkeit zu verlieren. Entleerungen von Teilen des LR und ein Zusammenbruch der bestehenden kulturellen Substanz sind nicht auszuschließen.

Agrar- und umweltpolitische Maßnahmen bewirken eine Veränderung des Landschaftsbildes. Der Rückgang in der Bedeutung der Lebensmittelproduktion und der wachsende Anteil der Flächen mit ökologischen Leistungen führen auf den verschiedenen Standorten zu unterschiedlichen Mischungsverhältnissen. Eine großflächige Vielfalt wird verbunden mit kleinflächiger stärkerer Spezialisierung, die auf einkommensstarken Standorten die Lebensmittelproduktion präferiert, auf ökologisch wertvollen Standorten dagegen den Naturschutz- und die Wassergewinnung in den Vordergrund rückt.

Agrar-, Umwelt- und Raumordnungspolitik müssen zusammenwirken, um den LR als Lebensraum der ansässigen Bevölkerung unter den veränderten Rahmenbedingungen der Bevölkerungsentwicklung, den Änderungen im wirtschaftlichen Bereich (EG-Binnenmarkt) und den Folgewirkungen von Umweltbelastungen, als Wirtschaftsraum für die Landwirtschaft, als Erholungsraum für Naherholung und Fremdenverkehr sowie als ökologischen Ausgleichsraum zu erhalten und zu gestalten (5, S. 5). Dies bedingt allerdings eindeutige Regelungen über Transferleistungen als Ausgleich für die Wahrnehmung ökologischer Aufgaben und für die Erhaltung der vielfältigen Kulturlandschaft.

5.4.2 Konzeptionen und Handlungserfordernisse der Raumordnung und Landesplanung

5.4.2.1 Veränderungsperspektiven und Konzepte zur integrierten Entwicklung ländlicher Regionen

Der LR ist eine Herausforderung für die Raumordnungspolitik. Die angestrebten Veränderungen für LR richten sich zunächst an den Problemen der einzelnen Regionen aus und haben - entsprechend den Raumordnungszielen (Kap. 5.1.4) - zum Ziel, die Lebensformen und die räumliche Qualität zu erhalten oder zu erhöhen. Wie die Regionaluntersuchungen (Kap. 4) gezeigt haben, ist die staatliche Politik in sehr unterschiedlicher Weise in den verschiedenen Regionen gefordert, so in der Nähe der Verdichtungsräume anders als in den abgelegenen LR. Aber auch hier können die Perspektiven sehr unterschiedlich sein. Generell sollte man, ähnlich wie die Niederländer (46), nicht mehr von Konzepten der "Aktiven Sanierung" oder "Passiven Sanierung" sprechen, sondern von einer Politik "Aktiver Erhaltung Ländlicher Räume" dort, wo die Lebensverhältnisse sich in der Region durch die neuen agrarischen Entwicklungen derart verändern, daß Abwanderungen und mangelhafte Versorgung die Folge sein werden. Vor allem hier werden verstärkte Eigeninitiative, Durchsetzung des Subsidiaritätsprinzips, Hebung der Wirtschaftskraft, Infrastrukturgerechtigkeit, Stärkung der

Selbstverwaltungskraft der Gemeinden und vermehrte Privatinitiative für die Entwicklung dieser LR erforderlich sein.

Die Raumordnung in der Bundesrepublik hat zwei wichtige konzeptionelle Ansätze: "Ausgeglichene Funktionsräume" (AF) und "Eigenständige Regionalentwicklung" (ER). Ziel der AF-Konzeption ist die aktive Integration strukturschwacher ländlicher Teilräume in den gesellschaftlichen Entwicklungsprozeß. Auf der Basis ausgeglichener Regionen/Funktionsräume/Lebensräume sollen in allen Teilgebieten der Bundesrepublik Mindeststandards erreicht und gesichert werden (64). Ziel der ER-Konzeption ist die Stärkung regionaler Wirtschaftskreisläufe durch interregionale Leistungsverflechtung und regionale Integration der Wirtschaft. Neben der Sicherung multifunktionaler Lebensräume wird in dieses Entwicklungskonzept die Eigenständigkeit und Selbstverantwortung mit einbezogen; ein Demokratisierungsprozeß und ein Partizipationsprozeß werden angestrebt. Die Bevölkerung benachteiligter LR soll ihre Lebenssituation in regionalem Zusammenhang verstehen lernen und diese als "Träger der regionalen Entwicklung" selbst in die Hand nehmen. Die Gewerkschaften und der Beirat für Raumordnung haben sich grundsätzlich - wenn auch mit unterschiedlicher Akzentuierung - für die ER-Konzeption ausgesprochen. Leider liegt für die Konzeption "Eigenständige Regionalentwicklung" noch keine voll durchdachte fundierte Grundlage vor. Viele theoretische und praktische Fragen (politische Steuerung, Träger, Partizipation, Ausschöpfung regionaler Ressourcen) sind noch offen bzw. nicht ausreichend durchdacht. Bis zur Abklärung dieser Fragen bleibt die Politik für LR auf die Nutzung und Kombination von Elementen beider Konzeptionen angewiesen (64).

Die Raumordnungspolitik hat in den letzten Jahren von der Regionalpolitik kräftige Unterstützung für die Entwicklung integrierter Ansätze für Regionalpolitik im LR erhalten. So kann z.B. aus Bayern, aus Nordrhein-Westfalen, aus Rheinland-Pfalz und aus Schleswig-Holstein von der Aufstellung und Durchführung "Regionaler Aktionsprogramme" berichtet werden, die ihren Ausgangspunkt bei den Zielen der Raumordnung finden und unter Beachtung der Umweltbelange Vorschläge für die Entwicklungspolitik in abgegrenzten Funktionsräumen entwickeln und durchführen. Als Musterbeispiel für derartige Programme können im Verdichtungsraum Aachen-Maastricht-Lüttich mit seinem LR das "Grenzüberschreitende Aktionsprogramm für die Euregio Maas-Rhein" und für den LR im Umland von Verdichtungsgebieten das "Grenzüberschreitende Aktionsprogramm der EUREGIO" gelten.

Aus der Sicht der Raumordnung sollten vordringlich für die problematischen LR räumlich angepaßte Lösungsansätze für eine umweltverträgliche Landbewirtschaftung im Rahmen der Regionalwirtschaft, unter Beachtung der allgemeinen Rahmenbedingungen, entwickelt werden. Unter Federführung der Regionalplanung wären für regional zusammenhängende und zusammengehörige Gebiete (Arbeitsmärkte,

Mittelbereiche in Oberbereichen) Lösungsansätze für die Regionalprobleme im Zusammenhang mit der gesamten Regionalentwicklung zu finden. Auf der Grundlage einer umfassenden "Sozio-ökonomischen Analyse" könnte mit Hilfe der Landschaftsplanung und in Abstimmung mit den verschiedenen Fachplanungen eine Stärken-Schwächen-Analyse für die Regionen erarbeitet sowie darauf aufbauend ein Regionalkonzept entwickelt werden, das Entwicklungsziele aufzeigt z.B. für:

- Möglichkeiten zur Verbesserung der Wettbewerbsposition der Region;
- sinnvolle Maßnahmen zur Erhöhung der Funktionsfähigkeit der Arbeitsmärkte und zur Aufnahme der aus der Landwirtschaft ausscheidenden Arbeitskräfte;
- Vorschläge für die Beseitigung von Engpässen in der Infrastruktur;
- Überlegungen und konkrete Maßnahmen zur Erhaltung und zur Verbesserung der natürlichen Umwelt einschließlich der Schadenabwehr für Umweltkatastrophen und
- Ansätze für eine bessere Koordination der räumlichen und raumwirksamen Planungen und Maßnahmen (6, S. 128).

Alle politischen und administrativen Ebenen und Instanzen (Bund, Länder, Regionen, Kommunen) als auch die gesellschaftlichen Gruppen und die Einwohner in den Regionen selbst müssen die regionale Entwicklung zu ihrer Sache machen. Dafür kann die Stärken-Schwächen-Analyse für die Region die grundlegenden Informationen bereitstellen, das Arbeitskräfte- und das Infrastrukturpotential darstellen und das regionale Nachfragepotential aufzeigen. Auf der Grundlage einer derartigen Analyse lassen sich dann im Regionalkonzept regionale Entwicklungsziele aufstellen, die in einem mittelfristigen Handlungsprogramm, einem sogenannten "Regionalen Aktionsprogramm", die notwendigen Maßnahmen zur Zielerfüllung nach Prioritäten geordnet aufzeigen und soweit wie möglich auch den Finanzbedarf abklären. Die Regionalplanung sollte an der Ingangsetzung und an der Umsetzung des Programms mitwirken und die erforderliche Erfolgskontrolle durchführen. An dem etwa alle fünf Jahre fortzuschreibenden "Regionalen Aktionsprogramm" sollten neben den Gebietskörperschaften alle gesellschaftspolitisch relevanten Gruppierungen mitarbeiten, damit die künftige Regionalentwicklung von einem breiten gesellschaftspolitischen Konsens getragen wird. Nur so kann es zu einer konsequenten Entwicklungspolitik in den LR kommen, die auch die Probleme der Landbewirtschaftung und der Umwelt in ausreichendem Maße mit in die integrierten Entwicklungsmaßnahmen einbeziehen. Voraussetzung für eine effektive Umsetzung einer derartigen "Selbstverantworteten Entwicklung" Ländlicher Räume im Rahmen der Raumordnung und Landesplanung ist allerdings eine Stärkung der politischen und administrativen Verantwortung der kommunalen Gebietskörperschaften in den Regionen (6, S. 129).

Wohl nicht zuletzt auf dem Hintergrund der Europäischen Kampagne für den LR werden in der letzten Zeit auf Landesebene, so z.B. für Baden-Württemberg und ansatzweise für NRW, Entwicklungskonzepte für LR erarbeitet (vgl. Kap. 5.1.4). Hiermit versuchen die Länder auf der Grundlage der Ziele der Raumordnung einen konzeptionellen Rahmen für viele fachpolitische Handlungsfelder für eine Politik zum Nutzen des LR vorzugeben (45; 38). Auch der Gemeindetag Baden-Württemberg z.B. hat "Kommunale Leitsätze und Forderungen zur Entwicklung des Ländlichen Raumes" formuliert. Unter dem Leitmotiv "Die Zukunft des Ländlichen Raumes sichern!" werden ca. 150 sehr konkrete und umsetzungsorientierte Maßnahmen und Forderungen an die Landes- und Bundesregierung aufgestellt. Alle diese begrüßenswerten Konzeptionen und Programme für Gemeinden, Regionen und ländliche Räume können jedoch nicht - wegen der sehr unterschiedlichen regionalen Verhältnisse und Probleme - die konkreten, z.T. aufzustellenden und fortzuschreibenden regionalen und kommunalen Pläne und Handlungsprogramme ersetzen, die in den nächsten Jahren zwingend erforderlich werden, wenn die Raumordnungs-, Regional-, Umwelt und Agrarpolitik die differenzierten Entwicklungsprobleme Ländlicher Räume zum Wohle der lebenden Bevölkerung und künftiger Generationen bewältigen will.

5.4.2.2 Wichtige Aufgaben der Raumordnungsinstanzen auf allen Planungsebenen

Die Probleme des LR zeigen deutlich die Notwendigkeit einer Stärkung der Raumordnungsinstanzen als zwingende Voraussetzung für die Bewältigung der anstehenden Entwicklungsprobleme auf. Neben der vollen Ausschöpfung der vorhandenen gesetzlichen Mitwirkungsrechte bei sämtlichen raumbedeutsamen Planungen und Maßnahmen einschließlich der finanzpolitischen Entscheidungen bedarf es in Teilbereichen der Ergänzung raumordnungspolitischer Grundlagen hinsichtlich der rechtlichen, instrumentellen und statistischen Planungsgrundlagen (5, S. 6). Hierzu bedarf es des Willens und des vollen Einflusses aller politischen Mandatsträger. Wichtigste Handlungserfordernisse auf Bundes- und Länderebene sind:

- Novellierung des ROG entsprechend dem ROG-E (13);
- Novellierung der wichtigsten Fachplanungsgesetze, deren Vollzug wesentliche Erfordernisse der Raumordnung berühren, um zur Abstimmung mit der Raumordnung einheitliche Raumordnungsklauseln zu schaffen (5, S. 6);
- Einräumung eines aufschiebenden Einspruchsrechts der obersten Raumordnungsbehörden in den Geschäftsordnungen der Bundes- und Landesregierungen (5, S. 7);
- Konkretisierung, Umsetzung und Weiterentwicklung der "Programmatischen Schwerpunkte der Raumordnung" (13; 5, S. 7);
- Verzahnung und verfahrensmäßige Verklammerung zwischen Raumordnung und Umweltschutz zur besseren Durchsetzung der Umweltbelange (5, S.7);
- Anpassung des landesplanerischen Zielsystems und Instrumentariums an die zu erwartenden Veränderungen im Raumordnungsrecht sowie im Hinblick auf eine

zukunfts- und bedarfsgerechte Siedlungsentwicklung und umweltgerechte Freiraumsicherung (38, S. 42);
- verbesserte personelle und materielle Ausstattung der Raumordnungsinstanzen auf allen Planungsebenen (5, S. 7).

Einer Intensivierung der raumordnerischen Koordination würde es dienen, wenn die Raumordnungsinstanzen jeweils in Ausrichtung auf Teilräume Anforderungsprofile mit strategisch wichtigen Forderungen an die Fachpolitiken im einzelnen entwickeln würden. Daraus ließen sich auf Legislaturperioden bezogene Handlungskonzepte ableiten, nach denen die raumbedeutsamen Aktivitäten des Staates, der Kreise und der Gemeinden entsprechend den Grundsätzen und Zielen der Raumordnung räumlich, zeitlich und finanziell abgestimmt und durchgesetzt werden könnten (5, S. 7).

Wichtigste Handlungserfordernisse auf regionaler Ebene - wie sie auch aus den Regionalstudien abgeleitet werden können - sind:

- Stärkung der Regionalplanung als die Planungsstufe mit dem höchsten Konkretisierungsgrad der Raumordnung und Landesplanung (5, S. 7);
- ständige Überprüfung und Weiterentwicklung des regionalplanerischen Instrumentariums (71, S. 6);
- klare Unterscheidung zwischen dem Regionalplan als normativer Konzeption und den Erläuterungen und Begründungen sowie Verzicht auf nachrichtliche Wiedergabe von Fachplanungen (71, S. 4);
- konkrete Zielfindung und Kennzeichnung der Zieladressaten sowie scharfe Trennung zwischen Zielen des Regionalplanes als Abwägungsergebnis und den Grundsätzen, die noch für weitere Abwägungen offen sind (71, S. 4);
- Vertiefung und Ausweitung des regionalplanerischen Koordinierungsauftrages zwecks zielbezogenem Einwirken auf räumliche Entwicklungsprozesse im Zusammenhang mit Planerstellung, Planeinsetzung und einer beratenden Tätigkeit im Hinblick auf die Durchführung der Fachplanungen;
- Förderung insbesondere der wirtschaftlichen Entwicklung in der Region - unter Beachtung der Umweltbelange - zwecks Schaffung neuer und zusätzlicher Arbeitsplätze;
- Sicherung der langfristigen, sich wandelnden Landbewirtschaftung und Vermeidung von Brache möglichst durch Landschaftspflege;
- Sicherung des Bodens und seiner ökologischen Funktionen, insbesondere durch Reduzierung des Bodenverbrauchs und des haushälterischen Umganges mit Boden;
- Integration der Landschaftsplanung in die Regionalplanung zum Schutz, zur Pflege und zur Entwicklung der Landschaft, mit Landschaftsrahmenplan und speziellen Programmen für Feuchtgebiete, Trockenrasen, Ackerrandstreifen etc. und den Naturschutz;
- Ausweisung von vernetzten Grünzügen und Klimaschutzzonen in der Region;

- Ausweisung von Natur- (ca. 10 % der Gesamtfläche) und von Landschaftsschutzgebieten (ca. 50 % der Gesamtfläche);
- Freiraumschutz, besonders in und in der Nähe von Verdichtungsgebieten, durch Innenausbau der Städte und Dörfer, durch Konzentration der Besiedlung auf die bereits ausgewiesenen Bauflächen und generell durch sparsamen Umgang mit Freiflächen für Siedlungszwecke;
- Hilfen zur örtlich richtigen Stillegung von landwirtschaftlichen Flächen und bei der Extensivierung landwirtschaftlicher Nutzung (durch Auflagen oder ökonomische Anreize) - möglichst mit Hilfe eines langfristigen Vertragsschutzes;
- Ausweisung von Vorrangflächen für:
  - agrarische Nutzung, insbesondere für spezialisierte Intensivnutzung (z.B. für Gartenbau);
  - Wasserversorgung, Schutz des Grundwassers und der Heilquellen;
  - landschaftsgebundene Freizeit und Erholung einschließlich von Erholungsschwerpunkten, vor allem in und in der Nähe von Verdichtungsräumen;
  - Arten- und Biotopenschutz unter weitgehender Berücksichtigung ihrer künftig notwendigen Vernetzung;
  - Naturrückeroberung durch Aufgabe der Landwirtschaft;
  - Ausweisung von Gebieten für Erstaufforstungen und für Aufforstungen brachfallender Landschaftsflächen (Mindestwaldanteil 15 %; Maximalwert für Waldanteil 60 %);
  - Gebiete für die Sicherung und Versorgung mit Rohstoffen (Rohstofflagerstätten), insbesondere für transportkostenempfindliche mineralische Rohstoffe.

Der Einsatz dieser Instrumente der Raumordnung und Landesplanung, vor allem auf der Ebene der Regionalplanung, soll insbesondere dazu dienen:

- Probleme und Konflikte zwischen Raumnutzungsansprüchen noch besser als bisher zu identifizieren;
- langfristige Leitziele für die künftige Nutzung der Flächen aufzustellen, um konkurrierende Nutzungsansprüche zum Ausgleich zu bringen;
- Landwirtschaftsflächen, die im nächsten Jahrzehnt im beträchtlichen Umfange, allerdings regional sehr unterschiedlich, brachfallen werden, den örtlichen Gegebenheiten und Erfordernissen sowie den Umweltbelangen entsprechend für künftige Nutzungen vorzusehen.

Die regionalen Untersuchungen haben gezeigt, daß es aufgrund der neuen agrarischen Entwicklung in allen untersuchten Regionen regionstypische und regionsspezifische Probleme gibt, die raumplanerisch bewältigt werden müssen. Die unterschiedlichen Regionalergebnisse in den verschiedenen Regionstypen, aber auch die gleichen Probleme in allen Regionstypen zeigen, daß es eine ganze Reihe kreistypenbezogener Lösungen gibt, die sich in unterschiedlichen Zielen und Maßnahmen der Raumordnung und Landesplanung in den Landesentwicklungsplänen und -programmen niederschlagen bzw. ausgewiesen werden können. Die regionstypischen Probleme und Aufgaben der Raumordnung müssen aber, in den landesplanerischen Zusammenhang der Regionen gestellt, weitgehend in der Region und vor Ort, d.h. in den zu einer Region gehörenden Kreisen und Gemeinden, gesehen und gefunden werden. Auf die Lösung dieser Probleme und Aufgaben müssen dann auch die Ziele und Maßnahmen der Regionalplanung, koordiniert mit den Maßnahmen anderer raumwirksamer Politiken, ausgerichtet sein. Die Entwicklung Ländlicher Räume bedarf künftig stärker als bisher einer Abstimmung aller auf die Region bezogenen raumwirksamen Ziele und Maßnahmen. Eine Raumplanung für die Region, die sich auf neue Entwicklungen und Probleme einstellen und viele Möglichkeiten für künftige Generationen offenhalten will, muß soweit wie möglich in der Region auf der Grundlage eines Raumbewußtseins von allen Beteiligten betrieben und akzeptiert werden.

5.5 Zusammenfassung

Die Ziele der Agrarpolitik und ebenso ihre Instrumente sind untereinander widersprüchlich und haben weder zu befriedigenden Einkommen der Landwirte noch zu einem Ausgleich von Angebot und Nachfrage geführt. Da die finanziellen Kräfte der EG nicht mehr ausreichen, die ständig wachsenden Überschüsse auf dem übervollen Weltmarkt abzusetzen, müssen entweder die Erzeugerpreise drastisch gesenkt, die Produktion kontingentiert oder Flächen in großem Umfang stillgelegt werden. Wahrscheinlich wird die EG zusammen mit den Mitgliedstaaten fortfahren, alles gleichzeitig zu tun, um den notwendigen und unvermeidbaren Strukturwandel in der Landwirtschaft aus wohlbegründeten sozialen Motiven zu verlangsamen und abzufedern.

Gleichzeitig erfüllt die Landwirtschaft ihre ureigenste Aufgabe, die Kulturlandschaft, die Bodenfruchtbarkeit, die Güte des Grundwassers und die Vielfalt der Arten zu erhalten, nicht mehr zufriedenstellend. Sie wird sich also Einschränkungen der Intensität und der Flächennutzung gefallen lassen müssen. In jedem Falle werden Maßnahmen notwendig sein, Bewirtschaftung und Agrarstruktur den neueren Entwicklungen anzupassen. So wären etwa der Bodenmarkt und der Wandel der Agrarstruktur zu beeinflussen sowie neuere Formen der extensiven, agrarwirtschaftlichen oder der nichtlandwirtschaftlichen Nutzung zu fördern. Bei der Entwicklung leistungsfähiger Betriebe und der Umwidmung von Flächen müssen bürokratische Hindernisse abgebaut werden.

Die notwendigen Maßnahmen des Umweltschutzes werden die Intensität stellenweise begrenzen oder Flächen aus der landwirtschaftlichen Nutzung herausnehmen müssen. Dennoch sollte das Grundprinzip einer Regionalisierung mit dem Ziel einer international wettbewerbsfähigen Lebensmittelproduktion auch in der

Bundesrepublik erhalten bleiben. Die Produktion ist dabei stark auf eine komplementäre Wirkung von finanziellen und ökologischen Effekten durch Maßnahmen des ordnungsgemäßen Landbaus auszurichten.

Letzten Endes sind neuere agrarwirtschaftliche Entwicklungen in der Bundesrepublik Deutschland von untergeordneter Bedeutung für die wirtschaftliche Entwicklung ländlicher Räume. Fast durchweg gibt es dort mehr Arbeitslose als landwirtschaftliche Vollarbeitskräfte. Der Beitrag der Landwirtschaft zur Bruttowertschöpfung (BWS) liegt in den hier untersuchten ländlichen Räumen zwischen 5 und 13 %. Selbst wenn auf 10 bis 40 % der LF nicht mehr produziert würde und darüber hinaus die BWS/ha LF noch um 15 % sinken würde, nähme die BWS je Untersuchungsgebiet direkt und indirekt nur um 2 bis 8 % innerhalb von 10 bis 15 Jahren ab.

Die Entwicklung der ländlichen Räume und die Stärkung ihrer Wirtschaftskraft sind deshalb nicht durch die Agrarpolitik, sondern nur durch Raumordnung und Regionalpolitik möglich. Gleichzeitig wird es die Landesplanung sein, die die anderweitige Nutzung stillgelegter LF in die richtigen Bahnen zu lenken hat.

Hierzu und zur Bewältigung anderer wichtiger Zukunftsaufgaben im Ländlichen Raum bedarf es einer Stärkung der Raumordnung und Landesplanung einschließlich der Regionalplanung. Die Raumordnung verfügt heute bereits über erprobte Mittel und Methoden, um die unterschiedlichen und sich überlagernden Ansprüche an unseren Lebensraum zu koordinieren sowie Problemlösungen aufzuzeigen, die über kurzfristige Erwägungen hinaus auch mittel- und langfristigen Zusammenhängen und Erfordernissen Rechnung tragen (5, S. 4). Dies wird z.B. besonders in den Regionen deutlich, die bereits über eine Regionalplanung verfügen, die den in Kap. 5.4.2 aufgezeigten Anforderungen entspricht. Eine auf den Zielen der Raumordnung und Landesplanung aufbauende integrierte, ganzheitliche Entwicklung des LR bedarf einer weiteren Verbesserung der Ziele der Raumordnung, einer Schärfung ihrer Instrumente und einer Verstärkung ihrer Kapazitäten auf allen Planungsebenen.

Die Hauptprobleme des LR können nur durch ein Zusammenwirken aller Politikbereiche insbesondere der Raumordnungs-, Regional-, Umwelt-, Verkehrs- und nicht zuletzt der Agrarpolitik auf regionaler und kommunaler Ebene gemeistert werden. Auf der Grundlage wissenschaftlicher Stärken-Schwächen-Analysen und darauf aufbauender, finanzierbarer regionaler Entwicklungsprogramme der Raumordnung und Regionalpolitik, an deren Erarbeitung alle gesellschaftlichen Gruppierungen mitwirken sollten, müssen die anstehenden Probleme gelöst werden. Vor allem die Mitwirkung der Kommunen in der Regionalplanung und bei der Regionalpolitik und die Ausformung der übergeordneten Vorgaben der Raumordnung und der Fachplanungen erlauben auf diesen Ebenen - wie dies den bisherigen Überlegungen der Akademie für Raumforschung und Landesplanung entspricht -

eine wirksame horizontale und vertikale Koordinierung im Gegenstromverfahren (5, S. 7). Nur wenn die Raumordnungsinstanzen für eine derartige aktive Raumordnungs- und Landesentwicklungspolitik die erforderliche politische Unterstützung bekommen, können die langfristigen Probleme der Ländlichen Räume zufriedenstellend und zukunftsweisend mit Rücksicht auf die kommenden Generationen bewältigt werden.

6. Literaturverzeichnis

Literaturangaben zu Kapitel 1 "Einführung"

Agrarberichte 1964, 1974 und 1987, Bundestagsdrucksachen.

Akademie für Raumforschung und Landesplanung: Der Beitrag der Landwirtschaft zur regionalen Entwicklung. FuS XXXVI, Raum und Landwirtschaft 6, Hannover 1967.

Bundesminister des Innern: Bodenschutzkonzeption der Bundesregierung. Bundestagsdrucksache 07.03.1985.

Henrichsmeyer, W.; S. Bauer und O. Gans: Zur Reform der EG-Agrarpolitik. Schriftenreihe des BML, Reihe A, Angewandte Wissenschaft, Heft 248, Münster 1981.

Kiechle, I.: ... und grün bleibt die Zukunft. Seewald Verlag. Stuttgart, Herford 1985.

Kommission der Europäischen Gemeinschaft: Perspektiven für die gemeinsame Agrarpolitik. Brüssel 1985.

Kronberger Kreis: Für eine neue Agrarordnung. Kurskorrektur für Europas Agrarpolitik. Frankfurter Institut für wirtschaftspolitische Forschung e.V. 1984.

Mansholt, S.: Haushalt-Konzept zum Abbau der Überschüsse. Agrareurope 17/87.

Priebe, H.; W. Scheper und W. von Urff: Agrarpolitik in der EG - Probleme und Perspektiven. Nomos-Verlagsgesellschaft. Baden-Baden 1984.

Rajet, C.: Agrarpolitische Berichte der Organisation für wirtschaftliche Zusammenarbeit und Entwicklung (OECD), Heft 21, 1984.

Raumordnungsbericht 1986. Bundestagsdrucksache.

Reinken, G.: Zukünftige Produktion und Absatzentwicklung in der Landwirtschaft. In: Die Zukunft des ländlichen Raumes, 2. Teil. Entwicklungstendenzen der Landwirtschaft. FuS der Akademie für Raumforschung und Landesplanung 83: 45 - 59. Hannover 1972.

Zielvorstellungen der Landwirtschaft und deren regionale Konsequenzen. A. Ökonomische Zielvorstellungen. In: Die Zukunft des ländlichen Raumes, 3. Teil. Sektorale und regionale Zielvorstellung. Konsequenzen für die Landwirtschaft. FuS der Akademie für Raumforschung und Landesplanung 106: 77 - 95. Hannover 1976.

Thiede, G.: Agrarpolitisches Langzeitprogramm unter Berücksichtigung der wissenschaftlich-technischen Fortschritte. Agrarwirtschaft 27: 225-34, 1978.

Literaturangaben zu Kapitel 2.1 "Gesamtwirtschaftliche Entwicklung"

Bericht über die Bevölkerungsentwicklung in der Bundesrepublik Deutschland. Analyse der bisherigen Bevölkerungsentwicklung und Modellrechnung zur künftigen Bevölkerungsentwicklung. BT-Drucksache 8/4437 v. 8.8.80.

Donges, J.B.; Schmidt, K.-D. et. al.: Mehr Strukturwandel für Wachstum und Beschäftigung. Die deutsche Wirtschaft im Anpassungsstau. Tübingen 1988.

Ewringmann, D. u.a.: Die Gemeinschaftsaufgabe "Verbesserung der regionalen Wirtschaftsstruktur" unter veränderten Rahmenbedingungen. Berlin 1986.

Fischer, M.: Bedeutung der neuen Informations- und Kommunikationstechniken für den Raum, in: ARL: Auswirkungen neuer Technologien auf den Raum unter besonderer Berücksichtigung der Informations- und Kommunikationstechnik, Arbeitsmaterial Nr. 111, Hannover 1986, S. 3 - 12.

Gerstenberger, W.: Strukturwandel unter veränderten Rahmenbedingungen. Strukturberichterstattung 1983. Berlin-München 1984.

Henckel, D.; Nopper, E.; Rauch, N.: Informationstechnologie und Stadtentwicklung. Schriften des Deutschen Instituts für Urbanistik, Bd. 71, Stuttgart u.a. 1984.

Klemmer, P.: Regionalförderung in der Wachstumsschwäche: Geänderte gesamtwirtschaftliche Rahmenbedingungen und ihre Bedeutung, in: Regionalförderung auf dem Prüfstand. Berlin 1984, S. 18 - 39.

Schmahl, H.-J.: Wandel in der weltwirtschaftlichen Situation, in: Böckenhoff, E.; Steinhauser, H.; v. Urff, W.: Landwirtschaft unter veränderten Rahmenbedingungen. Schriften der Gesellschaft für Wirtschafts- und Sozialwissenschaften des Landbaus e.V., Bd. 19, Münster-Hiltrup 1982, S. 15 - 24.

Tank, H.: Stadtentwicklung - Raumnutzung - Stadterneuerung. Theoretische Grundlagen, Stadtentwicklungspotential und die Orientierung der Stadtentwicklungspolitik. Göttingen 1987.

Literaturangaben zu Kapitel 2.2 "Einstellungen und Verhalten der landwirtschaftlichen Bevölkerung"

Bendixen, E.O.: Einstellungen der Landwirte zu ihrem Arbeitsplatz, ASG-Materialsammlung Nr. 147, Göttingen 1981.

Hülsen, R.: Umweltinformationen für Landwirte, Schriftenreihe des Bundesministers für Ernährung, Landwirtschaft und Forsten, Angewandte Wissenschaft, Heft 265, Münster-Hiltrup 1982.

Klages, H.: Wertorientierungen im Wandel, Frankfurt/New York 1984.

Knirim, Ch., u.a.: Familienstrukturen in Stadt und Land, Forschungsgesellschaft für Agrarpolitik und Agrarsoziologie, Heft 222, Bonn 1974.

Mrohs, E.: Landwirte in der Gesellschaft, Forschungsgesellschaft für Agrarpolitik und Agrarsoziologie, Heft 265, Bonn 1974.

Planck, U.: Situation der Landjugend, Schriftenreihe des Bundesministers für Ernährung, Landwirtschaft und Forsten, Reihe A: Angewandte Wissenschaft, Heft 260, Münster-Hiltrup 1982.

Planck, U.: Wertewandel und demographische Veränderungen, Beiträge der Akademie für Raumforschung und Landesplanung, Bd. 91, Hannover 1986.

Literaturangaben zu Kapitel 2.3 "Agrarpolitik"

Bohte, Hans-Günter: Landeskultur in Deutschland. Berichte über Landwirtschaft, 193. Sonderheft, Hamburg und Berlin 1976.

Kluge, Ulrich: Vierzig Jahre Landwirtschaftspolitik der Bundesrepublik Deutschland 1945/49-1985. In: Aus Politik und Zeitgeschichte, Bd. 42, Bonn 1986, S. 3 - 19.

Thiede, Günther: Landwirt im Jahr 2000 - so sieht die Zukunft aus, Frankfurt 1988.

Die Raumwirksamkeit der EG-Agrarpolitik. In: Forschungs- und Sitzungsberichte der ARL, Bd. 155, Hannover 1985, S. 121 - 155.

Literaturangaben zu Kapitel 3.1 "Konzept für Regionalstudien ländlicher Gebiete"

1. Akademie für Raumforschung und Landesplanung (Hrsg.): Der Beitrag der Landwirtschaft zur regionalen Entwicklung, FuS Band XXXVI, Hannover 1967; sowie den einleitenden Beitrag zu diesem Band von G. Reinken: "Räumliche Auswirkungen neuerer agrarischer Entwicklungen", in Kap. 1.

2. Akademie für Raumforschung und Landesplanung (Hrsg.): Die Zukunft des ländlichen Raumes, 3. Teil: Sektorale und regionale Zielvorstellungen - Konsequenzen für die Landwirtschaft, FuS Bd. 106, Hannover 1976.

3. Bundesforschungsanstalt für Landeskunde und Raumordnung (Hrsg.): Aktuelle Daten und Prognosen zur räumlichen Entwicklung, Informationen zur Raumentwicklung, Heft 12, 1983; vgl. hierzu auch: Gatzweiler, H.-P.: Entwicklungen des ländlichen Raumes im Bundesgebiet, in: Der ländliche Raum aus interdisziplinärer Perspektive, HiMoN-Sammelband, Siegen 1985.

4. Bundesforschungsanstalt für Landeskunde und Raumordnung (Hrsg.): Aktuelle Informationen zur Situation und Entwicklung ländlicher Räume, Materialien aus der Laufenden Raumbeobachtung der BfLR v. 03. 1985, Bericht zum ARL-Symposium "Ziele und Wege zur Entwicklung dünn besiedelter ländlicher Regionen" am 23. und 24. April 1985 in Trier, Vorbereitungspapier.

5. Bundesminister für Raumordnung, Bauwesen und Städtebau, Der (Hrsg.): Raumordnungsbericht 1986, Schriftenreihe "Raumordnungsbericht" 1986, Schriftenreihe "Raumordnung" des BMBau, Bonn-Bad Godesberg 1986.

6. Dams, Th.: Bemerkungen zu einer räumlichen Betrachtung von Landwirtschaft und Landnutzung in der volkswirtschaftlichen Entwicklung, in: Akademie für Raumforschung und Landesplanung (Hrsg.): Der Beitrag der Landwirtschaft zur regionalen Entwicklung, a.a.O., Hannover 1967.

7. Klemmer, P.: Regionalpolitik auf dem Prüfstand, Köln 1986.

8. "Programmatische Schwerpunkte der Raumordnung", Bundestagsdrucksache 1 C/3146 vom 03.04.1985.

9. Vgl. hierzu den in Kap. 3.3.2 von G. Reinken für diese Untersuchungen zusammengestellten "Wertprämissenkatalog".

10. Der größte Teil der Daten der Tab. 2 wurde zusammengestellt aus den Daten der Laufenden Raumbeobachtung der BfLR, insbesondere aus: Bundesforschungsanstalt für Landeskunde und Raumordnung (Hrsg.): Aktuelle Daten zur Entwicklung der Städte, Kreise und Gemeinden 1984, bearbeitet von: H.-P. Gatzweiler und L. Runge, Bonn 1984, und neuen Informationen der "Laufenden Raumbeobachtung" der BfLR.

Literaturangaben zu Kapitel 5 "Anregungen für Agrarpolitik, Umweltschutz und Raumordnung aus den Untersuchungen der ausgewählten ländlichen Räume"

1. Akademie für Raumforschung und Landesplanung (Hrsg.): Der Beitrag der Landwirtschaft zur regionalen Entwicklung, FuS. Bd. XXXVI., Hannover 1967.

2. Akademie für Raumforschung und Landesplanung (Hrsg.): Die Zukunft des ländlichen Raumes, 3. Teil: Sektorale und regionale Zielvorstellungen - Konsequenzen für die Landwirtschaft, FuS. Bd. 106, Hannover 1976.

3. Akademie für Raumforschung und Landesplanung (Hrsg.): Landesentwicklung in peripheren Räumen, Hannover 1980.

4. Akademie für Raumforschung und Landesplanung (Hrsg.): Ziele und Wege zur Entwicklung dünnbesiedelter ländlicher Regionen, ARL-Beiträge Bd. 90, Hannover 1985.

5. Akademie für Raumforschung und Landesplanung (Hrsg.): Anforderungen an die Raumordnungspolitik in der Bundesrepublik Deutschland, Hannover 1986.

6. Akademie für Raumforschung und Landesplanung (Hrsg.): Die Entwicklung des ländlichen Raumes, ARL-Beiträge Bd. 101, Hannover 1987.

7. Akademie für Raumforschung und Landesplanung (Hrsg.): Novellierung des Raumordnungsgesetzes, Vorschläge des Ad-hoc-Arbeitskreises der Akademie, Hannover 1988.

8. Becker, H.-J.: Zerfall der ländlichen Bausubstanz - Folge des Wertewandels? Städte- und Gemeindebund 5 (1988), S. 205 - 207.

9. Bergmann, H.: Arbeitsteilung und Spezialisierung in der Landwirtschaft - Betriebstypen für die EWG, Essen 1962.

10. Bergmann, H.: Zum Problem der Zersiedlung der Landschaft, Raumforschung und Raumordnung, 2 (1971).

11. Bundesminister für Ernährung, Landwirtschaft und Forsten, Der, Presse- und Informationsstelle (Hrsg.): Entwicklungschancen ländlicher Räume, Pressenotiz vom 18.08.1987, als Manuskript vervielfältigt, o.O.

12. Bundesministerium für Wirtschaft (Hrsg.): Regionale Wirtschaftsförderung in der Bundesrepublik Deutschland, Bonn 1988.

13. Bundesministerium für Raumordnung, Städtebau und Wohnungswesen: Gesetzentwurf der Bundesregierung zum "Entwurf eines Gesetzes zur Änderung des Raumordnungsgesetzes" vom 16. Juni 1988.

14. Bundesregierung: Regierungserklärung vom 18.03.1987, Presse- und Informationsamt der Bundesregierung.

15. Bundesregierung: Agrarberichte 1987 und 1988.

16. Buchholz, H.E.: Zur Absatz- und Einkommenssituation der Landwirtschaft in der Bundesrepublik Deutschland, Agrarwirtschaft 2 (1988).

17. Chappuis, A.v.: Entwicklungs- und Existenzfähigkeit von Betrieben in Wasservorranggebieten, Bonner Dissertation in Vorbereitung.

18. Damm, H.: Entwicklungstendenzen auf dem Markt für landwirtschaftlich genutzte Flächen in ausgewählten Ländern der EG, Agrarwirtschaft 1 (1987), S. 24.

19. Deutscher Bundestag: Programmatische Schwerpunkte der Raumordnung, Unterrichtung durch die Bundesregierung, Drucksache 10/3146 vom 03.04.1985.

20. Deutscher Bundestag: Antwort der Bundesregierung auf die große Anfrage der Abgeordneten Sauter u.a. "Ländlicher Raum und Landwirtschaft", Drucksache 10/5384 vom 23.04.1986.

21. Deutscher Bundestag: Beschlußempfehlung und Bericht des Ausschusses für Raumordnung, Bauwesen und Städtebau zum Raumordnungsbericht 1986, Drucksache 11/1173 vom 12.11.1987.

22. Deutscher Bundestag: Agrarbericht 1988, Unterrichtung durch die Bundesregierung, Drucksache 11/1760 vom 5. Februar 1988.

23. Deutscher Städte- und Gemeindebund: Aktionsprogramm Ländlicher Raum, Eildienst LKT NW Nr. 1/88, S. 3 - 5.

24. Doll, H.: Karten zur Darstellung räumlicher Schwerpunkte der Nutzviehhaltung, Institut für Strukturforschung, Braunschweig 1987.

25. Fasterding, F.: Anzahl von Familienarbeitskräften und Arbeitseinsatz in landwirtschaftlichen Betrieben, Arbeitsberichte 9/86 des Instituts für Strukturforschung, Braunschweig-Völkenrode.

26. Gemeindetag Baden-Württemberg: "Die Zukunft des ländlichen Raumes sichern!" - Kommunale Leitsätze und Forderungen -, Die Gemeinde, Sonderdruck, 2. Auflage, Januar 1988.

27. Gießübel, R.: Ausgleichszahlungen an die Landwirtschaft, hrsg. von der ARL, Hannover 1988.

28. Hanf, C.-H.: Räumliche Verteilung der landwirtschaftlichen Produktion und interregionale Wettbewerbsfähigkeit, Vortrag auf der 28. Tagung der GEWISOLA, Bonn 1987.

29. Innenministerium Baden-Württemberg (Hrsg.): Städtebauliche Erneuerung im ländlichen Raum, Stuttgart 1987.

30. Isermeier, F.: Wandel der optimalen Betriebsgrößen unter dem Einfluß des technischen Fortschritts, Vortrag auf der 28. Tagung der GEWISOLA, Bonn 1987.

31. Kirchenamt im Auftrage des Rates der Evangelischen Kirche in Deutschland (Hrsg.): Landwirtschaft im Spannungsfeld zwischen Wachsen und Weichen, Ökologie und Ökonomie, Hunger und Überfluß, Gütersloh 1984.

32. Klemmer, P.: Regionalpolitik und Umweltpolitik, ARL-Beiträge Bd. 106, Hannover 1988.

33. Knauer, N. u.a. (Hrsg.): Extensivierungen der Landnutzung, agrarspectrum, Bd. 13, Frankfurt, München, Münster, Wien, Bern 1987.

34. Kötter, H.: Landwirtschaft und Industriegesellschaft, Städte- und Gemeindebund 5 (1988), S. 180 - 183.

35. Kötter, Th.: Das Förderungsinstrumentarium für die Dorferneuerung, der landkreis, 1 (1988), S. 18 - 26.

36. Kühbauch, W., Thome, U. und Hens, A.: Biotop und Artenschutz im Rahmen der Landbewirtschaftung - Extensivierung von Grünland, in: Vorträge der 40. Hochschultagung der Landwirtschaftlichen Fakultät der Universität Bonn, 1987, S. 105 ff.

37. Landesregierung Nordrhein-Westfalen (Hrsg.): Landesentwicklungsbericht 1984, Schriftenreihe des Ministerpräsidenten des Landes NRW, Heft 46, Düsseldorf 1985.

38. Landtag Nordrhein-Westfalen: "Zur Europäischen Kampagne für den ländlichen Raum", Mitteilung der Landesregierung, Drucksache 10/2281 vom 11.08.1987.

39. Lendi, M.: Grundriß einer Theorie der Raumplanung, Zürich 1988.

40. Magel, H.: Auf dem Wege zu einer ganzheitlichen Dorfentwicklung, Städte- und Gemeindebund 5 (1988), S. 194 - 198.

41. Mansholt, S.: Konzept zum Abbau der Überschüsse, Agra-Europe 17/87 - Dokumentation.

42. Minister für Umwelt, Raumordnung und Landwirtschaft des Landes Nordrhein-Westfalen (Hrsg.): Umweltschutz und Landwirtschaft, 5. Programm zum Schutze der Feuchtwiesen, Recklinghausen 1987.

43. Minister für Umwelt, Raumordnung und Landwirtschaft des Landes Nordrhein-Westfalen, (Hrsg.): Feuchtgebiete von internationaler Bedeutung in Nordrhein-Westfalen, Düsseldorf 1987.

44. Minister für Umwelt, Raumordnung und Landwirtschaft des Landes Nordrhein-Westfalen (Hrsg.): Das Feuchtwiesen-Schutzprogramm Nordrhein-Westfalen - Neues Miteinander von Landwirtschaft und Naturschutz hat sich bewährt, Pressemitteilung, Mai 1987, o.O.

45. Ministerium für Ländlichen Raum, Landwirtschaft und Forsten Baden-Württemberg (Hrsg.): Ländlicher Raum mit Zukunft - Leitlinie und Entwicklungskonzept der Landesregierung von Baden-Württemberg vom 19.10.1987.

46. Ministerium für Wohnungswesen, Raumordnung und Umwelt der Niederlande, Abteilung Information und Auslandsbeziehungen (Hrsg.): Auf dem Wege nach 2015, gekürzte Ausgabe der 4. Note über Raumordnung in den Niederlanden, Den Haag 1988.

47. Neander, E.: Strukturelle Entwicklungstendenzen in der Veredlungswirtschaft, 11. Hülsenberger Gespräch, 1986.

48. Neander, E., Fasterding, F.: Perspektiven für die landwirtschaftliche Arbeitsmobilität und den betrieblichen Strukturwandel, Ms. 1987.

49. Plate, R., Woermann, E., Grupe, D.: Landwirtschaft im Strukturwandel der Volkswirtschaft, Agrarwirtschaft, Sonderheft 14, 1962.

50. Saurenhaus, G.: Stillegung landwirtschaftlicher Flächen aus der Sicht der Regionalplanung, - Ein Problemaufriß -, Manuskript eines Vortrages vor der LAG-NRW der ARL vom 13. Oktober 1987.

51. Seuster, H.: Haupterwerbsbetrieb und Nebenerwerbsbetrieb unter gesamtlandwirtschaftlichen Aspekten, Berichte über Landwirtschaft 65 (1987), S. 216.

52. Schmidt, G., Gebauer, R.H.: Der Agrarbericht der Bundesregierung, Agrarwirtschaft 5 (1987).

53. Schneider, O.: Eigenständige Lebensfähigkeit im ländlichen Raum sichern, Agra-Europe 20/87, Länderberichte S. 21.

54. Schneider, O.: Begrüßungsansprache des Bundesministers anläßlich der konstituierenden Sitzung des Beirates für Raumordnung am 10. November 1987 in Bonn.

55. Schneider, O.: Zukunft für ländliche Gemeinden und Regionen, Rede des Bundesministers für Raumordnung, Bauwesen und Städtebau am 1. Februar 1988 in Berlin, Presseerklärung des BMBau.

56. Schulte, J.: Der Einfluß eines begrenzten Handelsdünger- und Pflanzenschutzmitteleinsatzes auf Betriebsorganisation und Einkommen verschiedener Betriebssysteme, Bonner Dissertation 1983, S. 179, 184, 214.

57. Schuster, F., Burberg, P.-H., Spiekermann, B.: Politik für den ländlichen Raum, Was ist zu tun? hrsg. vom Institut für Kommunalwissenschaften der Konrad-Adenauer-Stiftung, St. Augustin, Juli 1987.

58. Steffen, G.: Umweltschutzmaßnahmen - ihr Einfluß auf die Konkurrenzfähigkeit der Veredlungsproduktion, in: "Der Tierzüchter", 5 (1975), S. 188 ff.

59. Steffen, G.: Betriebswirtschaftliche Fragen bei Produktionsbeschränkungen, in: Schriftenreihe für Ländliche Sozialfragen der ASG, Hannover 1980, S. 45 ff.

60. Steffen, G., Bodden, R.: Betriebswirtschaftliche Vorschläge zur Bewertung von Umweltauflagen im Bereich des Natur- und Wasserschutzes, in: Vorträge der 38. Hochschultagung der Landwirtschaftlichen Fakultät der Universität Bonn, 1985, S. 71 ff.

61. Steffen, G., Schaaffhausen, J.v.: Einzelbetriebliche Beurteilung landschaftspflegerischer Elemente, verringerter Betriebsmittelintensitäten und erweiterter Fruchtfolgen unter verschiedenen agrarpolitischen Rahmenbedingungen, in: 40. Hochschultagung der Landwirtschaftlichen Fakultät, Universität Bonn, 1987, S. 119 ff.

62. Thiede, G.: Europas Grüne Zukunft, Düsseldorf 1975.

63. Thiede, G.: Aufbruch der Landwirtschaft ins nächste Jahrhundert, DLG-Verlag Frankfurt, 1988.

64. Tönnies, G.: Stand und Perspektiven der Forschung für den Ländlichen Raum, Manuskript vom 23.11.1987.

65. Weinberger, B.: Bevölkerungsentwicklung und deren Auswirkungen in der Bundesrepublik Deutschland, der Städtetag, L 11 (1986), S. 702 - 709.

66. Weinschenck, G., Gebhardt: Agrarwirtschaft, o.O., o.J.

67. Bodenschutzkonzeption der Bundesregierung, Bundestagsdrucksache 10/2977, S. 7.

68. Bundesimmissionsschutzgesetz vom 15. März 1974, § 1.

69. Naturschutzgesetz § 1 vom 20.12.1976, in: Naturschutzrecht, München 1977, S. 1.

70. O. Verf.: Schwerpunkte des Grundwasserschutzes, in: Agra-Europe 50/87, 14.12.1987, Dokumentation, S. 31 - 39.

71. Kistenmacher, H.: Die zukünftigen Aufgaben der Raumplanung, Informationen der Planungsgemeinschaft Rheinhessen - Nahe, 16 (1988), S. 1 - 11.